SPORT STUNDE

Leicht gemacht!

von Christian Koch

NEUER SPORTVERLAG

Hinweis

Alle Personen, Sportlehrer, Trainer, Übungsleiter sowie Athleten, Schüler und Teilnehmer werden immer in der neutralen Form beschrieben, die sich stets auf das männliche wie das weibliche Geschlecht bezieht. Damit wird ausdrücklich auf die Verwendung von z. B. Schüler*Innen oder Sportler*Innen verzichtet.

Impressum

Sportstunde – Leicht gemacht!
ISBN 978-3-96416-078-2

Autor
Christian Koch

Herausgeber
Neuer Sportverlag

Projektleitung und Redaktion
Hendrik Schulze Kalthoff, Nadine Müller

Gestaltung
Joschka Silzle, Janina Reuß, Hendrik Schulze Kalthoff

Layout, Satz und Bildbearbeitung
Janina Reuß, Hendrik Schulze Kalthoff

Produktion & Vertrieb
Neuer Sportverlag, 71332 Waiblingen, www.neuersportverlag.de

Bildnachweis

Fotografie
Alle Fotos Horst Anger
info@ha-photo.de
www.ha-photo.de
S. 195 oben: designua – stock.adobe.com

Videodreh und -schnitt
Horst Anger
info@ha-photo.de
www.ha-photo.de

Für meine Ehefrau Lilia.
Danke für deine Geduld!

Sportstunde – Leicht gemacht!

Ein Wegweiser für alle Sportlehrer, Trainer und Übungsleiter

Unterteilt nach der jeweiligen Sportart, dem Inhalt und der Zielsetzung sowie dem Stundenaufbau, werden einzelne Übungsstunden anhand von praktisch leicht anwendbaren und interessanten Beispielen vorgestellt. Dabei reichen die Stundenbeispiele vom gemischten Sportunterricht (wie z. B. in der Grundschule) bis hin zum differenzierten Sportunterricht (wie z. B. in der Oberstufe/Gymnasium).
Ebenso werden aber auch das Vereinstraining (z. B. Handball, Turnen oder Leichtathletik) im Jugendbereich wie auch die Gesundheits- und Fitnesskurse (z. B. Fit mit 50+, Yoga-Pilates oder Cross-Fit) für Erwachsene aufgezeigt.
Ein besonderes Augenmerk gilt zusätzlich den sogenannten Präventions- und Rehabilitations-Kursen. Gerade diese werden (unter bestimmten strengen Qualitätskriterien) seitens der Gesetzlichen Krankenkassen (GKK) gefördert und können u. a. von Vereinen (mit Gesundheitssiegel/DOSB) oder der VHS (mit qualifiziertem ÜL/ZPP) angeboten werden.

Die vorliegenden Beispiele orientieren sich dabei stets an einer methodischen Übungsreihe (z. B. von leicht zu schwer) und sind bemüht, bereits zu Beginn der Stunde das (vorrangige) Trainingsziel erkennen zu lassen.
Nicht nur für Sportlehrer, sondern auch für Übungsleiter im Verein soll also dieses Nachschlagewerk eine kleine praktische Hilfe sein, wenn es darum geht, mehr Abwechslung in die regelmäßige Stunde zu bringen.
So freut es die Sportler und Teilnehmer nicht nur, wenn ihr Trainer immer wieder mit „neuen“ Übungen glänzt. Auch die Aufmerksamkeit und Begeisterung werden damit stets hochgehalten.
Denn es gibt nichts Schlimmeres, als wenn sich eine Trainingsmonotonie und Leistungsstagnation gerade wegen „eingefahrener“ Übungsabläufe einschleicht!

i Eine Besonderheit, ja ein Novum im Handling mit diesem Buch ist der Zugriff auf umfangreiches, ergänzendes **Video**-Material. Über **QR-Codes** lassen sich passend zu vielen Übungen annähernd 200 Videos per **Smartphone** aufrufen. So können Sie, liebe Leserinnen und Leser, ergänzend zu Text, Fotos und Skizzen, zu jedem Kapitel viele der einzelnen Übungen und Spielformen quasi „live“ begutachten. Damit sind Ihnen eine kinderleichte Anwendung und Umsetzung garantiert.

Inhalt

Kapitel 6: Ideenwerkstatt Turnhalle

Kapitel 7: Gesundheits- und Reha-Sport

Kapitel 8: Abwärmen (Cool-down)

Kapitel 9: Testen – Messen – Planen (B-A-S-Ko-K)

Kapitel 10: Sportwissenschaftliche Fakten

Vorwort

Seit nunmehr über 16 Jahren widme ich mich mit Herzblut dem Schulsport. Dieser reicht von der fünften Klasse bis hin zur Oberstufe. Darüber hinaus unterrichte ich zusätzlich an der Fachoberschule und bilde begleitend Sportlehrer, Trainer und Übungsleiter aus.
So unterschiedlich die Anspruchs- und Erwartungshaltung in diesen einzelnen Altersgruppen zu sein scheint, so gemeinsam sind hingegen die Aufgabe und die Zielsetzung: nämlich allen einen strukturierten und doch interessanten Stundeninhalt zu bieten.

Nicht anders verhält es sich da bei den Kursen für Gesundheits- und Rehabilitations-Sport. Auch hier erwarten die Teilnehmer eine zwar sanftere, aber gleichwohl attraktive Stunde mit viel Abwechslung und Witz.

So ist es stets mein Bestreben, passend zum sport-motorischen wie zum kognitiven Niveau eine abwechslungsreiche Trainingseinheit zu bieten. Dabei kann bereits das eigentliche Thema der Stunde dies enorm erleichtern. Schwerpunkte wie Kraft oder Schnelligkeit verlangen andere, teils zwingende Aufwärm- und Vorbereitungsübungen als ein Warm-up zum Brennball-Spiel. Weiter entwickeln sich aus der Größe der Gruppe, dem (Durchschnitts-)Alter, dem Geschlecht oder den Sport-Trends in der Konsequenz bestimmte Stundeninhalte und geben den Weg vor.

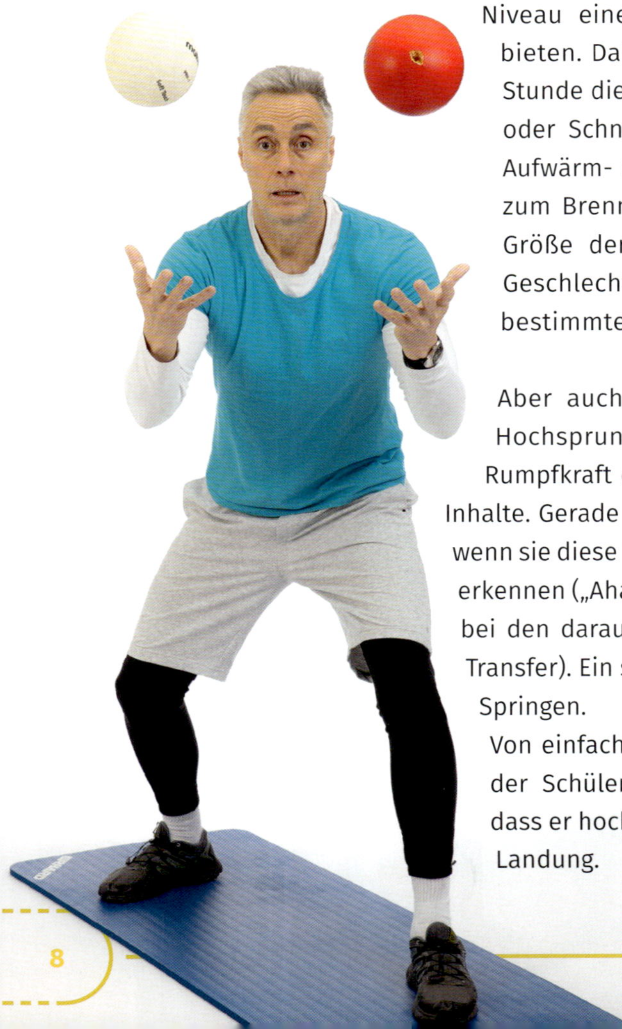

Aber auch stundenübergreifende Lernziele wie der Hochsprung, das Pritschen oder nur eine bessere Rumpfkraft erfordern ihre eigenen, schlüssigen Übungs-Inhalte. Gerade den jüngeren Schülern hilft es dabei enorm, wenn sie diese Bewegungen bzw. Bewegungsabläufe wiedererkennen („Aha-Effekt"), um diese dann bedeutend sicherer bei den darauffolgenden Einheiten umzusetzen (positiver Transfer). Ein sehr gutes Beispiel hierfür ist das Trampolin-Springen.
Von einfachen Sprüngen auf und über den Kasten lernt der Schüler, das Trampolin technisch so einzusetzen, dass er hoch (und nicht weit) springt, inkl. einer sicheren Landung.

Diese Bewegungserfahrung hilft dem Schüler dann, erfolgreicher in der Luft zu rotieren (Salto), bis zum Basketball-Korb zu springen (Dunking) oder sicher den Sprungwurf im Handball (Kempa) umzusetzen.

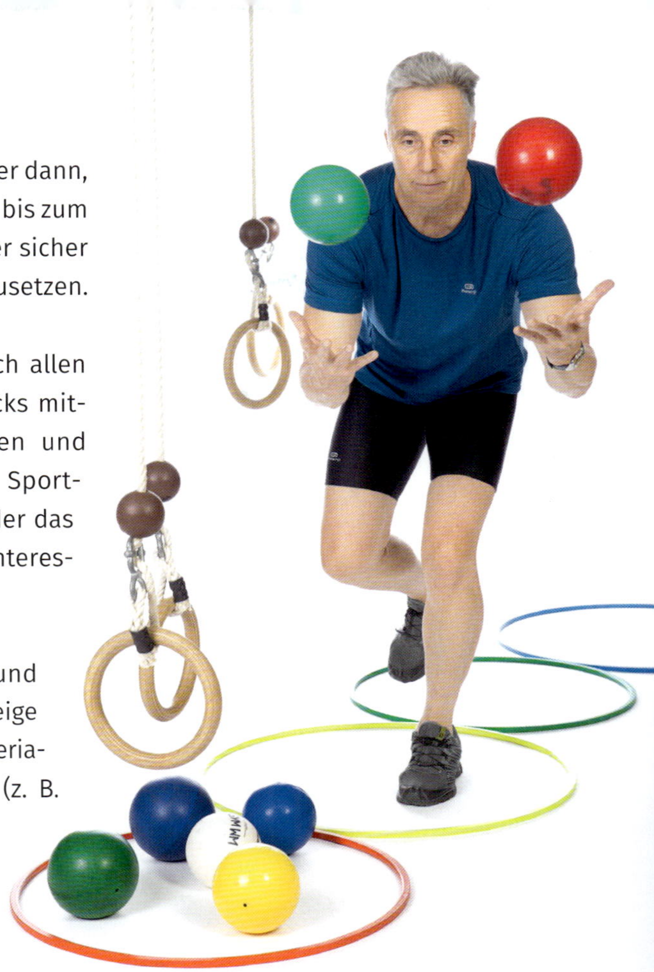

Mit meinem vorliegenden Buch möchte ich allen Sportlehrern und Trainern Tipps und Tricks mitgeben, wie mit (überwiegend) einfachen und bewährten Mitteln sowohl die einzelne Sportstunde wie auch das saisonale Training oder das Kursangebot über Monate oder Jahre hin interessant und abwechslungsreich bleiben.

Dabei greife ich bewusst auf die Klein- und Großgeräte aus der Turnhalle zurück und zeige auf, dass auch mit diesen „Oldschool-Materialien" die modernen Trainingsmethoden (z. B. Schlingen-Training, Cross-Fit oder Brain-Fitness) leicht umzusetzen sind.

→ Warum also eine **Koordinationsleiter** kaufen, wenn wir in der Turnhalle über (meist) farbige Reifen verfügen?

→ Warum in einen einzelnen (teuren) **Schlingentrainer** investieren, wenn Turnringe und Turnseile von der Decke hängen?

→ Warum **Jonglierbälle** und Wurfsäckchen erwerben, wenn doch bunte Gymnastikbälle vorhanden sind?

Sie werden sehen, dass eine spannende Sportstunde nicht alleine von innovativen Materialien und Trends abhängen muss. Wichtiger hingegen ist es, wie man die vielen Übungsideen für Schüler, Sportler und Teilnehmer anbietet.
Dabei nehmen vor allem die Begeisterungsfähigkeit, das richtige Maß für die Intensität und die Variabilität seitens des Trainers eine besondere, wenn nicht gar die zentrale Rolle ein.

Über den Autor

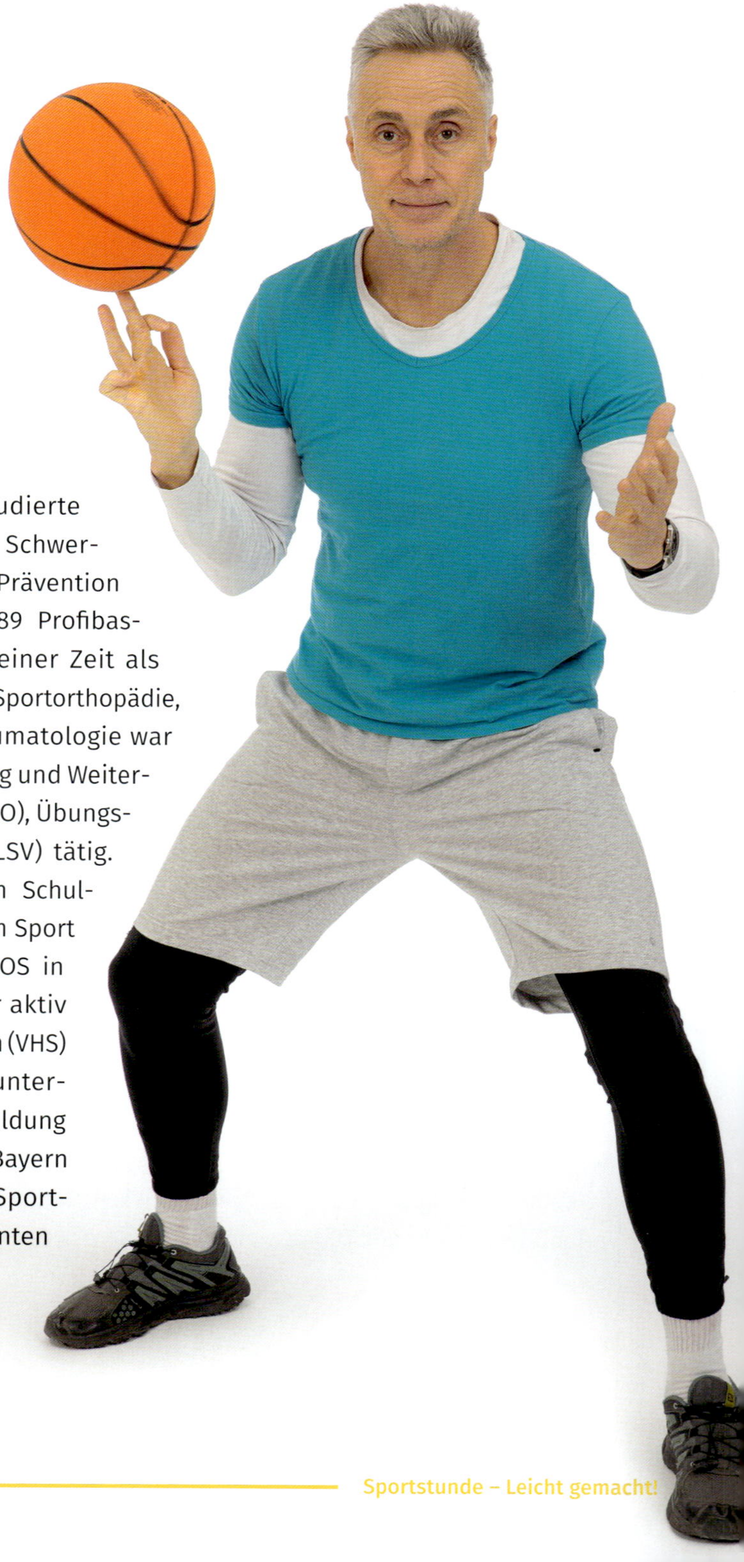

Christian Koch (geb. 1966) studierte Sportwissenschaft mit den Schwerpunkten Rehabilitation und Prävention in München und war bis 1989 Profibasketballer. Bereits während seiner Zeit als Sporttherapeut im Bereich der Sportorthopädie, der Kardiologie und der Rheumatologie war er als Dozent für die Ausbildung und Weiterbildung von Sportlehrern (LASPO), Übungsleitern (BSJ) und Trainern (BLSV) tätig. Ab 2004 wechselte er in den Schuldienst und unterrichtet seitdem Sport am Gymnasium und an der FOS in Weilheim. Zusätzlich bietet er aktiv Gesundheitskurse für Prävention (VHS) und Rehabilitation (BVS) an, unterstützt die Fort- und Weiterbildung im Bereich Herzsport der LAG Bayern e. V. und arbeitet als leitender Sporttherapeut in einem ambulanten Reha-Zentrum.

Zur Anwendung der Videos:

Viele der hier im Buch gezeigten Übungen und Spielformen haben wir zur besseren Veranschaulichung und Nachvollziehbarkeit als Videos umgesetzt. In der Regel werden für jedes Kapitel und Unterkapitel zu den jeweiligen Übungen die dazu passenden Videos per QR-Code angezeigt (z. B. Fangspiele S. 20: 3 Videos). Bei einigen Themen (z. B. modernes Warm-up) stehen die Videos passend zu diesem Thema, werden aber ebenso für andere Themen (z.B. Warm-up für den Ballsport) verwendet (hier: Lauf-ABC).

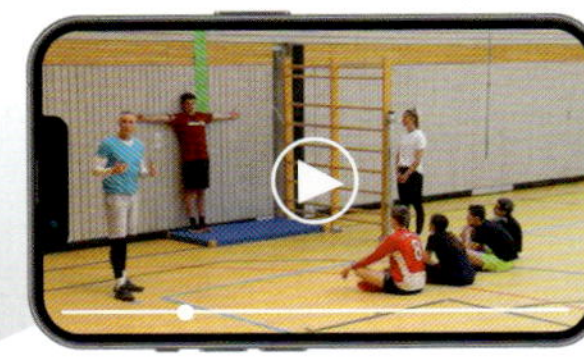

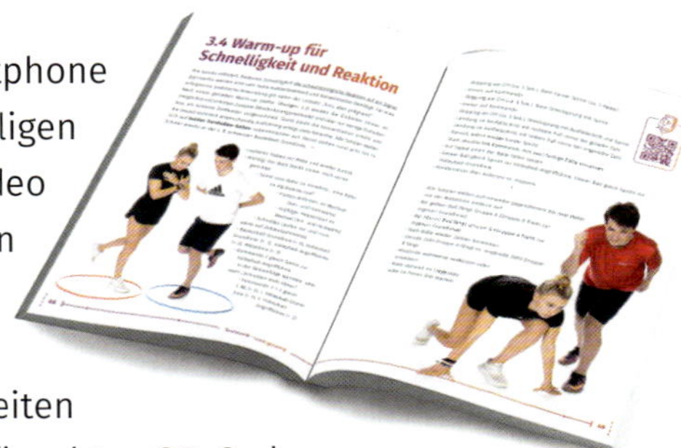

Scannen Sie per Smartphone oder Tablet den jeweiligen QR-Code, um das Video aufzurufen. Zu einigen Übungen bieten wir mehrere Videos an. Sollten Sie Schwierigkeiten beim Scannen des gewünschten QR-Codes haben, decken Sie von Hand benachbarte QR-Codes ab oder zoomen Sie den QR-Code näher heran um zielgerichtet das gewünschte Video abspielen zu können.

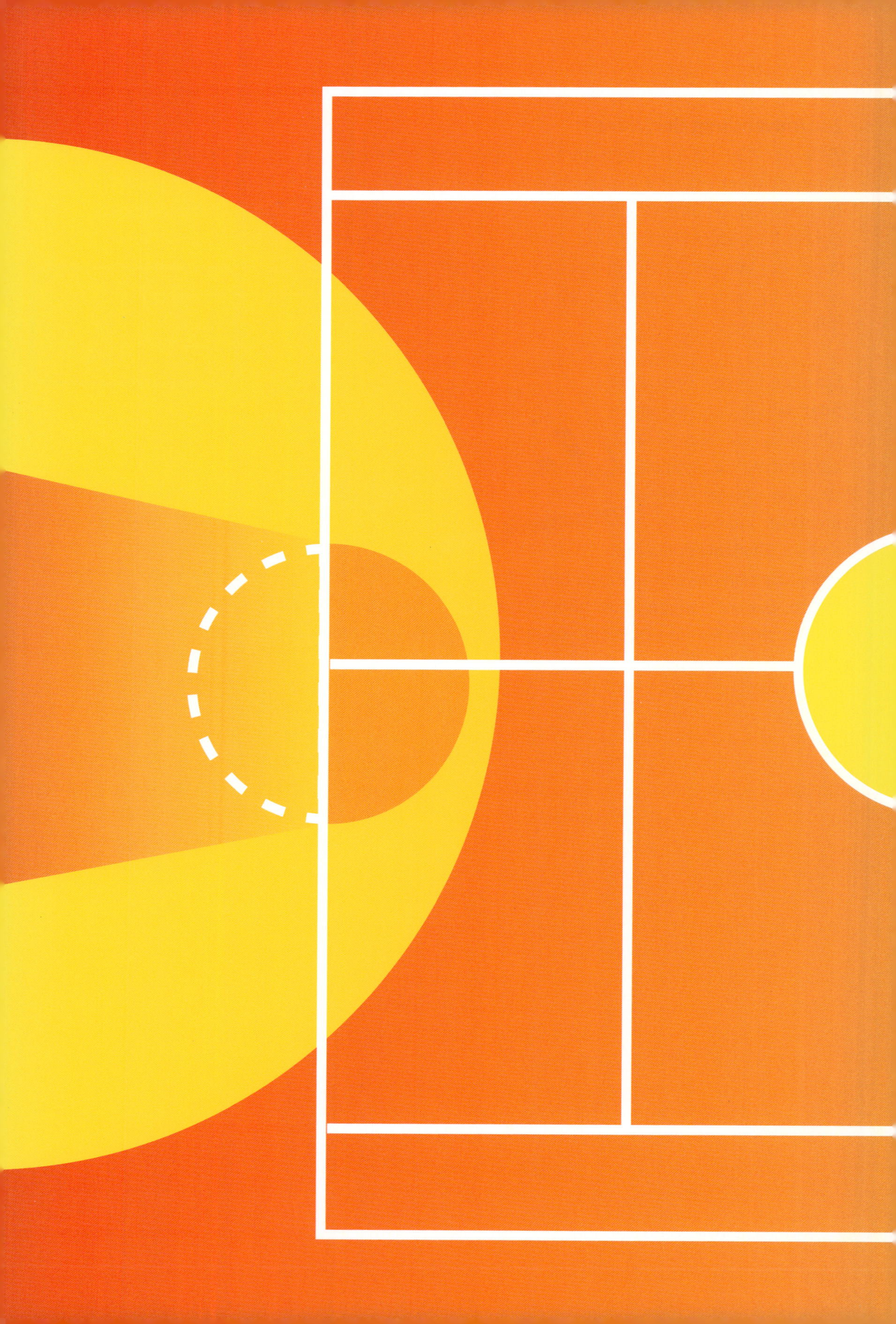

KAPITEL 1:
BEWEGUNGS-FREUDE

1.1 Sportstunden mit großen Gruppen (> 20 Teilnehmer)

Egal, ob Kinder oder Jugendliche, in beiden Altersgruppen gilt gerade im Schulsport das primäre Ziel, die Freude an der Bewegung zu fördern. Vor allem spielerisch und ungezwungen, auch um eigene Ideen und Tricks zu ermöglichen. Trotzdem bedarf es kleiner Regeln, damit nicht nur Spiele mit ihren unterschiedlichen Inhalten funktionieren, sondern gleichwohl das so wichtige **soziale** Miteinander, sprich die **Fairness**, gut gelingt. Und dies umso mehr, wenn mit großen Schulklassen oder Teams unterrichtet bzw. trainiert wird. Denn gerade hier stellt es oft eine Herausforderung dar, eine (Doppel-)Stunde so zu gestalten, dass vom Warm-up über den Hauptteil bis hin zum Cool-down alle Inhalte abgedeckt, ja erfüllt werden.

Warm-up 1.0: Alle zusammen – jeder für sich!

- laufen/traben/walken quer **durch** die Turnhalle
- Wichtig: **nicht** im Kreis, sondern durcheinander/querbeet.
- alle Richtungen (vorwärts, rückwärts, seitlich) **ohne** Berührungen
- nun mit seitlich **gestreckten Armen** und ohne Berührungen
- laufen/traben/walken mit **Zusatzaufgaben,** nämlich:
- bei Pfiff (oder Klatschen) kurz (2 bis 3 Sek.) auf **einem Bein** stehen;
- bei Pfiff kurz (2 bis 3 Sek.) auf einem Bein stehen und **Augen** schließen
- zusätzlich mit der linken **Gegenhand** auf rechtes Standbein klatschen
- statt Pfiff nun **Seitenansage** für rechtes oder linkes Standbein
- zusätzlich **Augen** schließen
- zusätzlich mit der linken **Gegenhand** auf rechtes Standbein klatschen
- statt Seitenansage nun gerade **Zahl** für rechts, ungerade Zahl für links
- Steigerung über **Augen** schließen und Gegenhand einsetzen
- statt Zahlen für Seitenansage nun **Obst** und **Gemüse** wählen
- rechtes Standbein bei (z. B.) Apfel, linkes Standbein (z. B.) bei Paprika
- laufen/traben/walken mit **neuen** Zusatzaufgaben, nämlich:
- **einmal** Klatschen: Alle Schüler sitzen am **Boden ohne** Hände und Füße.
- **zweimal** Klatschen: Alle Schüler stützen am **Boden nur** auf Händen und Füßen.
- **dreimal** Klatschen: Alle Schüler dürfen den **Boden nicht** berühren.
- statt Klatschen/Pfiffe nun wieder **Zahlen** benennen, nämlich:
- Zahl **1** steht für Stütz am Boden mit **beiden Händen** und nur **linkem Fuß**.

- Zahl **2** steht für Stütz am Boden mit nur **rechter Hand** und **beiden Füßen**.
- Zahl **3** steht für Stütz am Boden mit nur **linker Hand** und nur **rechtem Fuß**.
- Zahl **4** steht für Stehen auf der **Langbank**.
- Zahl **5** steht für Klettern an der **Sprossenwand**.
- Zahl **6** steht für Füße und Hände vom **Boden** weg.

Zusammenfassung:

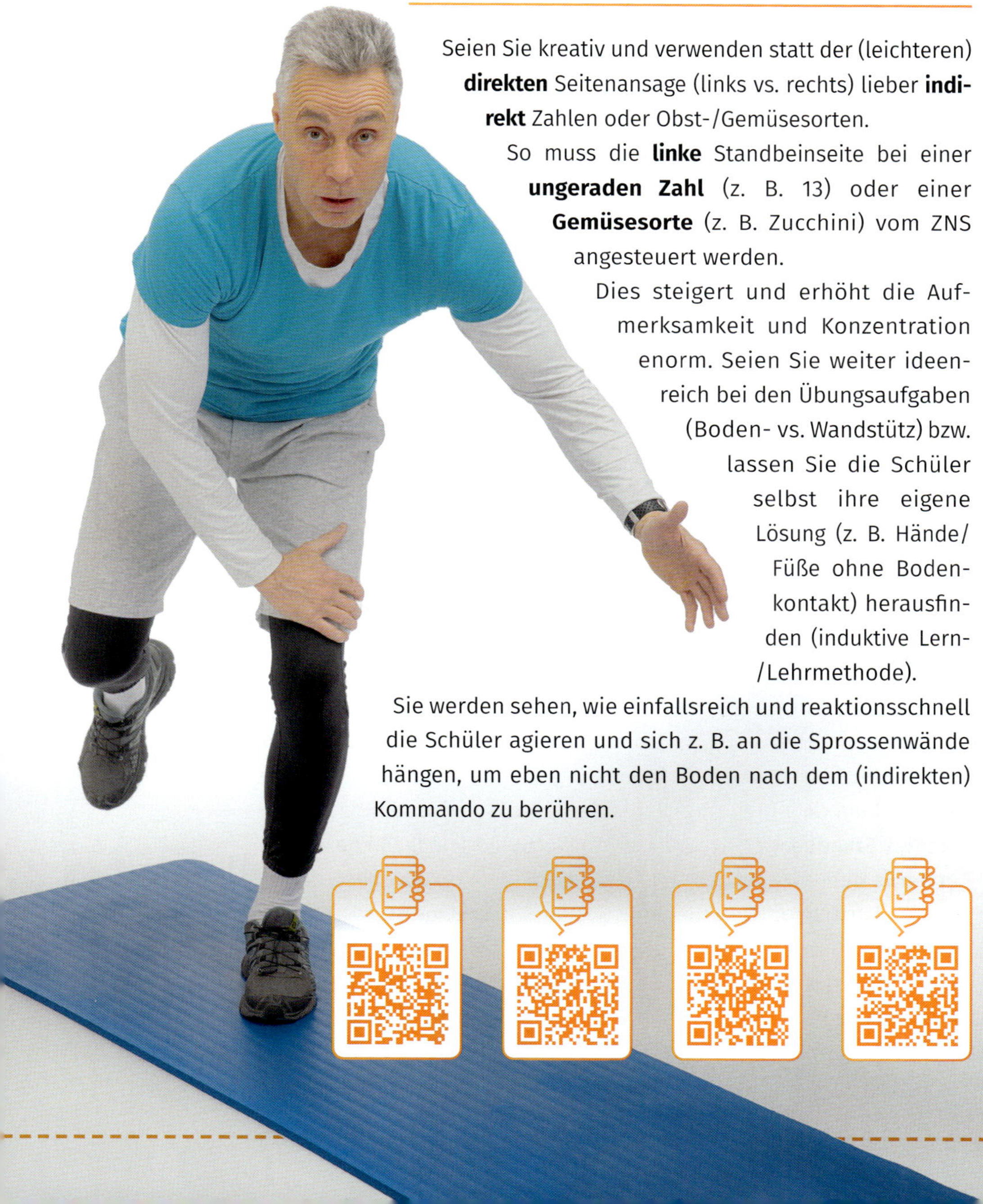

Seien Sie kreativ und verwenden statt der (leichteren) **direkten** Seitenansage (links vs. rechts) lieber **indirekt** Zahlen oder Obst-/Gemüsesorten.

So muss die **linke** Standbeinseite bei einer **ungeraden Zahl** (z. B. 13) oder einer **Gemüsesorte** (z. B. Zucchini) vom ZNS angesteuert werden.

Dies steigert und erhöht die Aufmerksamkeit und Konzentration enorm. Seien Sie weiter ideenreich bei den Übungsaufgaben (Boden- vs. Wandstütz) bzw. lassen Sie die Schüler selbst ihre eigene Lösung (z. B. Hände/Füße ohne Bodenkontakt) herausfinden (induktive Lern-/Lehrmethode).

Sie werden sehen, wie einfallsreich und reaktionsschnell die Schüler agieren und sich z. B. an die Sprossenwände hängen, um eben nicht den Boden nach dem (indirekten) Kommando zu berühren.

Nachdem jeder Schüler quer durch die Turnhalle gelaufen/getrabt ist und erfolgreich die verschiedenen Koordinations- und Reaktionsübungen für sich alleine gemeistert hat, schließen sich weitere ähnliche Übungen an. Diese (kurzen) Berührungsaufgaben benötigen jedoch immer einen **Partner**. Dabei finden mehrere Durchgänge statt, aber mit stets **wechselnden/neuen** Partnern.

Warm-up 2.0: Übungen zu zweit – mit wechselnden Partnern!

- Alle Schüler laufen/traben wieder quer durch die Turnhalle.
- Auf Pfiff suchen diese sich einen Partner.
- Als erste Übungen berührt man sich kurz mit der **rechten** Fußspitze.
- Danach erfolgen mehrere Durchgänge (ca. fünf- bis achtmal).
- Hierzu wird selbstständig stets ein neuer Partner ausgesucht.
- Auf Pfiff erfolgt die nächste Übungsvariante wie **linke** Fersenberührung.
- Auch hier wieder mehrere Durchgänge mit wechselndem Partner.
- Weitere Berührungsideen (mit stets neuen Partnern) sind:
- ganze Fußsohle zu ganzer Fußsohle;
- linkes (angewinkeltes) Außenknie an linkes (angewinkeltes) Außenknie;
- rechte Ferse und linke Hand zu rechter Ferse und linker Hand;
- rechte Hand unter linkem (angewinkeltem) Bein zueinander;
- beide Hände hinter dem Rücken zueinander;
- beide Hände mit gestreckten Armen zueinander.
- Auf Pfiff suchen die Schüler sich einen Partner.
- Auf Kommando (z. B. 1, 2, und **3**) springen beide synchron hoch.
- In der Luft berührt man sich mit beiden Händen (Abklatschen).
- Das Kommando wechselt stets bei jedem neuen Partner.
- Wir achten immer auf eine sichere Landung.
- Weitere Berührungsideen in der Luft (mit neuem Partner) sind:
- Landung auf nur einem Bein und beidhändigem Abklatschen;

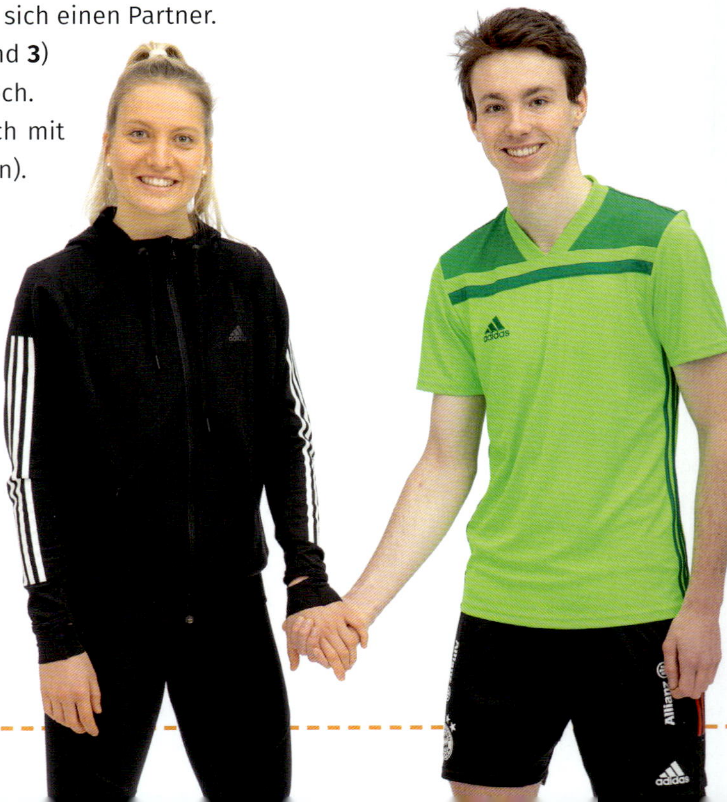

- Abklatschen mit der Gegen-Hand (linke Hand und rechtes Bein);
- Drehung um 180 Grad (Rücken an Rücken);
- Drehung um 360 Grad (frontal zueinander);
- Seitsprünge mit Landung auf beiden Füßen/Beinen;
- Seitsprünge mit Landung auf Außen-Fuß/Außen-Bein;
- Landung auf dem „angesagten" Bein (direkt: 1, 2, 3 und links);
- Seitsprünge mit Landung auf dem „angesagten" Bein (links vs. rechts);
- Landung auf dem „angesagten" Bein (indirekt: 1, 2, 3 und Apfel = rechts);
- Landung nach beidhändigem Abklatschen mit geschlossenen Augen;
- Landung auf dem Bein ohne Ansage (was macht der Partner?).

Zusammenfassung:

Nachdem jeder Schüler für sich agieren durfte, schließen sich die ersten Berührungsübungen an. Dabei ist es günstig(er), zu Beginn mit den (sanften) Fußkontakten zu starten, bevor die Hände, die Schultern oder der (obere) Rücken zum Einsatz kommen. Durch die wechselnden Partner müssen sich die Paare stets „neu abstimmen". Und auch das so wichtige **akustische** Kommando erfolgt immer im Wechsel.

Im Anschluss an das Laufprogramm, kombiniert mit vielen Reaktionsübungen, folgt eine (kurze) Einheit zur **Mobilisation**. Dabei verteilen sich wieder alle Schüler im **Kreis** oder stellen sich zum Trainer hin **frontal** auf.

Warm-up 3.0: Mobilisation & Beweglichkeit!

- in lockerer Position mit angewinkelten Beinen stehen
- **Kopf** drehen (links-rechts)
- **Kopf** seitlich ablegen (links-rechts)
- **Schultern** rollen (vor-zurück)
- **Schultern** gegengleich rollen (links-vor/rechts-zurück)
- **Arme** schwingen (vor-zurück)
- **Arme** gegengleich schwingen (links-vor/rechts-zurück)
- **Oberkörper** seitlich mit den Armen drehen (links-rechts)
- **Oberkörper** und Rumpf mit den Armen drehen (links-rechts)
- **Rumpf** kreisen
- **Hüfte** nach außen drehen (im Wechsel)
- **Ausfallschritt** groß (im Wechsel)

Es bietet sich an, alle Übungen z. B. von Kopf bis Fuß (oder umgekehrt) durchzuführen. Mit Fokus auf den Hauptteil (Werfen vs. Laufen) dürfen aber auch gezielt der Schulter-/ Arm- oder Beinbereich intensiver aktiviert werden. Dabei erfolgen nur wenige Wiederholungen (ca. drei bis fünf Wiederholungen) je Übung über nur wenige Sekunden (nähere Informationen hierzu: Kapitel **10.1** ff.).

Das aufgezeigte **Warm-up** inkl. der Mobilisation dauert i. d. R. etwa **15** bis **20** Minuten und hat sich gerade mit einer großen Anzahl an Schülern sehr gut bewährt.

Gleichwohl lässt sich dieses Programm auch auf die kleineren Gruppen direkt übertragen.

Dieses zeitgemäße Aufwärm-Programm liefert viel an natürlicher Bewegung (ohne Spezialisierung), gepaart mit Reaktions- und Konzentrationsübungen. Jeder Schüler agiert dabei für sich und darf sein individuelles Tempo (ob Laufen, Joggen oder Walken) stets selbst

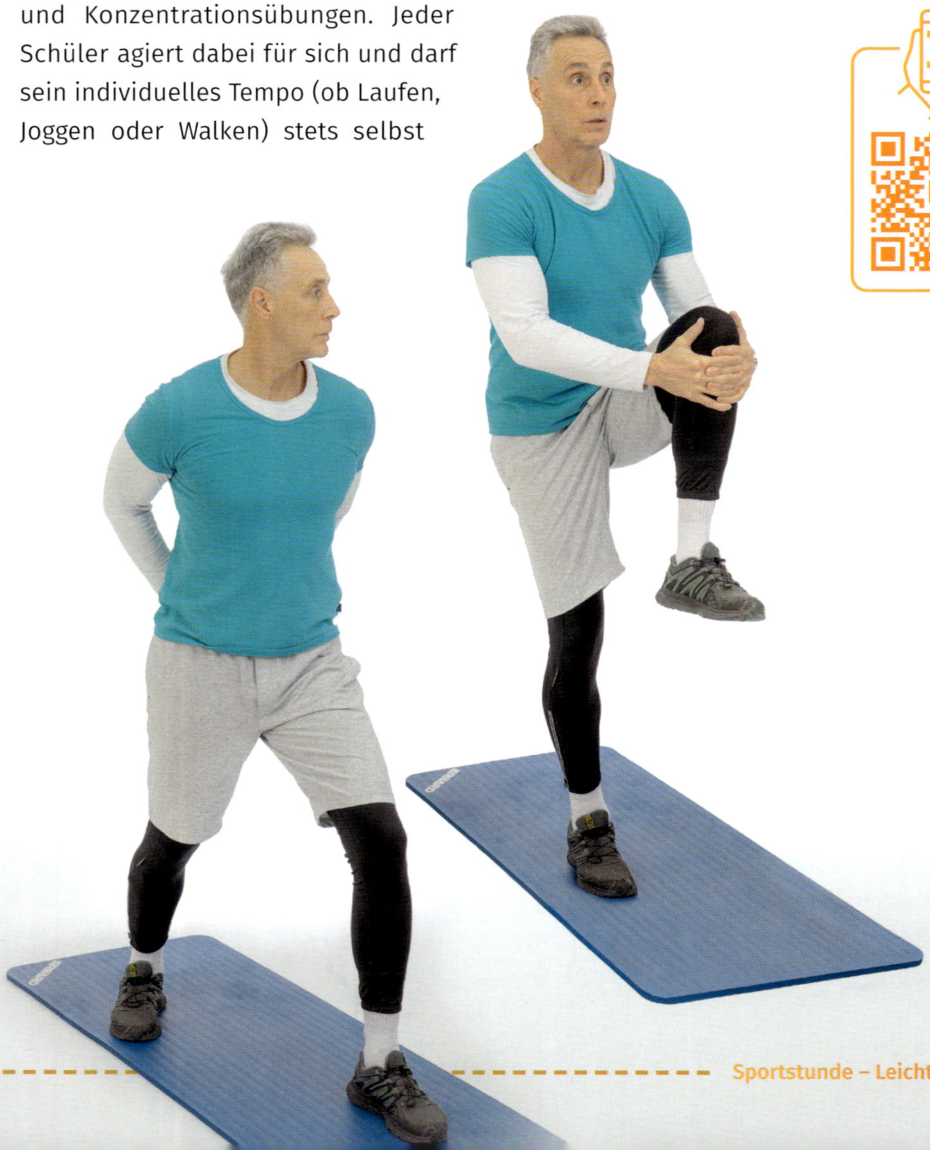

bestimmen. Insbesondere die Auswahl an Reaktionsübungen lässt die Sportlehrkraft viel Handlungsspielraum und Ideenreichtum gewähren und orientiert sich immer auch an dem jeweiligen Fitnesslevel der Schülergruppe. Das anschließende Mobilisationsprogramm erhöht die Beweglichkeit und bereitet alle Muskelgruppen kurz, aber effektiv und wohldosiert auf den anstehenden Hauptteil vor, **ohne** die Reaktionsfähigkeit dabei zu mindern.

Nach dem Aufwärm- und Beweglichkeits-Programm werden nun einige (Fang-)**Spiele** vorgestellt, die sich mit einer großen Schulklasse sehr gut umsetzen lassen und sich ebenso sehr gut bewährt haben.

Fangspiel 1: Da geht die Post ab!

- Alle Schüler agieren zu Beginn für sich, also **„jeder gegen jeden“**.
- Im Mittelkreis liegen **Leibchen**, genau die Hälfte der Schülerzahl.
- Die bunten Leibchen dienen als **Erkennung** (wer ist der Fänger?).
- Der erste (freiwillige) **Fänger** startet mit seinem Leibchen.
- Startpunkt (auch für die kommenden Fänger) ist jeweils der **Mittelkreis**.
- Ziel ist die **Hälfte** der Spieler als Fänger (mit Leibchen).

Fangspiel 2: Kettenfangen!

- Fängt er einen Mitschüler, halten sich beide als **Paar** am Leibchen fest.
- Als Fangen genügt ein **Berühren** oder Abklatschen mit der Hand.
- Fangen beide einen **dritten** Mitschüler, holt dieser sich sein Leibchen.
- Alle **drei** halten sich also an **zwei** Leibchen fest und fangen zu dritt.
- Wird ein **vierter** Schüler gefangen, bleibt das **Dreier**-Team, und zusätzlich fängt der **vierte** Schüler mit **seinem** Leibchen weiter.
- Der **fünfte** gefangene Schüler geht mit dem **vierten** Schüler zusammen.
- Somit fangen drei und zwei Schüler weiter.
- Der **sechste** Schüler geht mit dem (Zweier-)Pärchen zusammen.
- Somit fangen nun zwei Dreier-Teams weiter usw.
- Das bekannte Kettenfangen erfolgt also hier nur (max.) zu **dritt**/Team.
- Somit sollen die Schüler lernen, zu taktieren und sich abzustimmen.
- Gegen Ende reihen sich z. B. vier Dreier-Teams nebeneinander auf.
- Damit können die restlichen Schüler leichter gefangen werden.

Fangspiel 3: Befreie mich!

- Eine weitere Variante ist der Start mit **drei** Fängern (mit Leibchen).
- Alle drei Fänger agieren selbst, **ohne** sich festzuhalten.
- Ihre Aufgabe ist das **Versteinern** der Gegner.
- Wird ein Mitschüler **berührt**, muss er sich z. B. auf den Boden legen.
- Seine (noch) freien Mitschüler können diesen aber wieder befreien.
- Die Befreiung kann z. B. ein (sicheres) **Überspringen** sein.
- Binnen z. B. **einer Minute** müssen die drei Fänger alle Schüler versteinern.
- Die Möglichkeiten zu versteinern bzw. zu befreien sind dabei offen,
- z. B. grätschen und durch die Beine krabbeln oder
- im Zehenstand sich mit den Händen abklatschen oder
- am Boden sitzen und sich mit den Fußspitzen berühren.

Fangspiel 4: Spinnenmann!

- Eine weitere Idee ist das Fang-Spiel **Spinnenmann**.
- Hier startet wieder nur ein (freiwilliger) **Fänger** mit Leibchen.
- Berührt er erfolgreich einen Mitschüler, muss dieser auf den Boden.
- Hier darf der Schüler als **Spinne** krabbelnd mitfangen.
- Somit erhält der Fänger **Hilfe** von seinen gefangenen Mitschülern.
- Es ist wieder von Vorteil, wenn sich die Spinnen seitlich aufreihen.

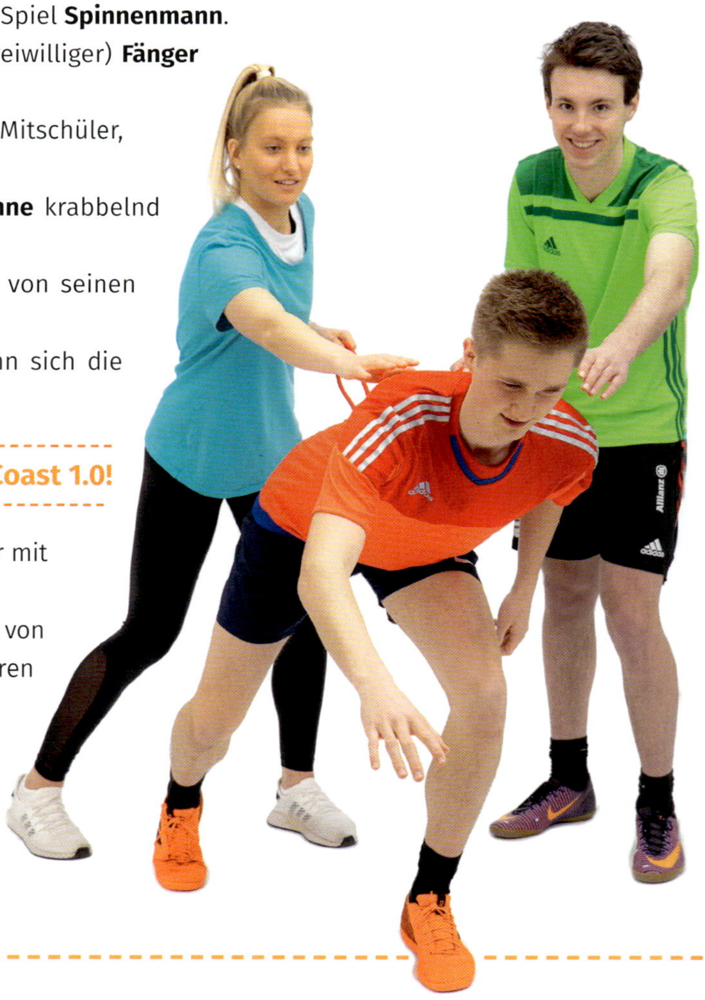

Fangspiel 5: From Coast to Coast 1.0!

- Es startet wieder nur **ein** Fänger mit Leibchen.
- Die Lauf- und Fangrichtung geht von einer **Turnhallen-Seite** zur anderen Turnhallen-Seite.
- Fangen/Berühren gilt dabei nur in der **Vorwärts-** und **Seitbewegung**.

- Wer gefangen wurde, **wechselt** zum Start-Fänger.
- Wahlweise fängt **jeder** für sich oder
- als **Paar** bzw. zu dritt als **Kleinkette**.
- Wer zum Ende hin übrigbleibt, ist **Sieger** und wird zum neuen **Fänger**.
- Das Fangspiel ist auch unter **„Wer hat Angst vorm weißen Hai?“** bekannt.

Fangspiel 6: From Coast to Coast 2.0!

- Es startet wieder nur **ein** Fänger mit Leibchen.
- Die Lauf- und Fangrichtung geht von einer **Turnhallen-Seite** zu anderen Turnhallen-Seite.
- Fangen/Berühren gilt dabei nur in der **Vorwärts-** und **Seitbewegung**.
- Als Fang-Variante krabbeln die neuen Fänger als **Spinne** am Boden
- und unterstützen den regulären Fänger.
- Auch hierbei nur in die beiden Richtungen (vorwärts und seitlich).
- Somit kombinieren wir das Fangspiel **„Hai“** und **„Spinnenmann“**.

Exkurs:

Der Spielname **„Wer hat Angst vor dem schwarzen Mann?“** ist ein seit vielen Jahrzehnten gängiger Titel. Er umschreibt dabei nur, dass der Fänger als gefährlich oder als böse gilt und sich alle Spieler vor ihm retten müssen. Leider wird diese Umschreibung (fälschlicherweise) mit einer rassistischen Bloßstellung bzw. Beleidigung der schwarzen Hautfarbe eines Mitmenschen/-schülers gleichgesetzt. Um daher weitere Diskussionen zu vermeiden und als Prävention gerade im Sportunterricht, sollten daher andere Titel (s. o.) gewählt werden.

Zusammenfassung:

Die vorgestellten **Fang-Spiele** gelingen ohne großen Materialaufwand. Die Leibchen schützen vor einem direkten Handkontakt und gewähren mehr Spielraum. Den meisten Schülern sind die (Fang-)Regeln aus dem Klassiker **„Wer hat Angst vorm weißen Hai?“** bekannt. All diese Spielformen sind für die Schüler aus (sport-)pädagogischer Sicht sehr geeignet, da es stets keine Verlierer gibt. Wer berührt wurde, agiert weiter als (Mit-)Fänger.

1.2 Sportstunden mit kleineren Gruppen (< zwölf Teilnehmer)

Ausgehend von den meist großen Sportklassen, steht die Lehrkraft immer auch vor der Aufgabe, alle Schüler gleichzeitig zu bewegen. Dies gelingt mit der Aufteilung in **Vierer-Gruppen** zu je drei bis sieben (bei zwölf bis 28) Schülern sehr gut.
Hier sollte das Zufallsprinzip (Anzählen von 1 bis 4) seitens des Sportlehrers gewählt werden, um stets **homogene Kleingruppen** zu bestimmen. In der sogenannten Einfach-Turnhalle werden an den Eckpunkten des **Volleyball**-Feldes **vier** Hütchen (Pylonen) aufgestellt. Das Volleyball-Feld (**blaue** Linien) mit **9** zu **18** Meter hat einen Umfang von **54** Metern!
Jede Kleingruppe stellt sich weit hinter den Eckpunkten auf.

Lauf-Variante 1: Joggen & Rechnen!

- Zu Beginn starten **alle** Schüler von ihren **Eckpunkten** gleichzeitig.
- I. d. R. wählen wir die Laufrichtung **gegen** den Uhrzeigersinn ↺ nach rechts.
- Somit laufen/joggen insgesamt **zwölf** Schüler (bei vier Teams je drei Schüler).
- Bis hin zu **28** Schüler (bei vier Teams je sieben Schüler) mit genügend Abstand.
- Dabei sollen die Schüler ihre **gelaufenen Meter** berechnen.
- Bei **drei** Schülern/Team ergeben sich somit **drei** Runden mal **54** Meter (= **162** Meter)
- Bei **sieben** Schülern/Team ergeben sich somit **sieben** Runden mal **54** Meter (= **378** Meter)

Lauf-Variante 2: Sprinten & Abklatschen!

- Es startet jeweils nur **ein** Schüler mit einer schnellen Umrundung.
- Damit laufen **vier** Schüler (bei vier Teams) gleichzeitig los.
- Bei seiner Gruppe angekommen, „klatscht" er am Mitschüler ab.
- Es wechselt somit der nächste Schüler zur nächsten Runde.
- Hier geht es um **Schnelligkeit** je Runde.
- Eine schnelle Runde (54 Meter) wird dabei unter **zehn** Sekunden gelaufen/gesprintet.

Lauf-Variante 3: Pyramidenlauf!

- Die nächste Laufübung benötigt hingegen mehr **Ausdauer**.
- Je **ein** Schüler/Team startet mit seiner **ersten** Runde.
- Damit laufen **vier** Schüler (bei vier Teams) gleichzeitig los.
- Bei seiner Gruppe angekommen, läuft der Schüler seine **zweite** Runde.
- Und mit ihm läuft ein **zweiter** Schüler (seine erste Runde).
- Somit laufen **acht** Schüler gleichzeitig.
- Bei ihrer Gruppe angekommen, laufen die beiden ihre nächsten Runden.
- Zusätzlich startet der **dritte** Schüler (mit seiner ersten Runde).
- Somit laufen **zwölf** Schüler in der **dritten** Runde gleichzeitig (usw.).
- Je Gruppenstärke ergibt sich ein **Pyramidenlauf** von drei bis sieben Runden.
- Aber es laufen immer alle Schüler die **gleiche** Rundenzahl.

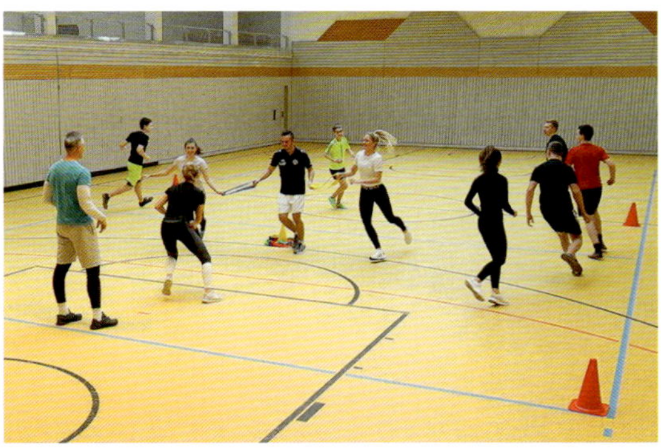

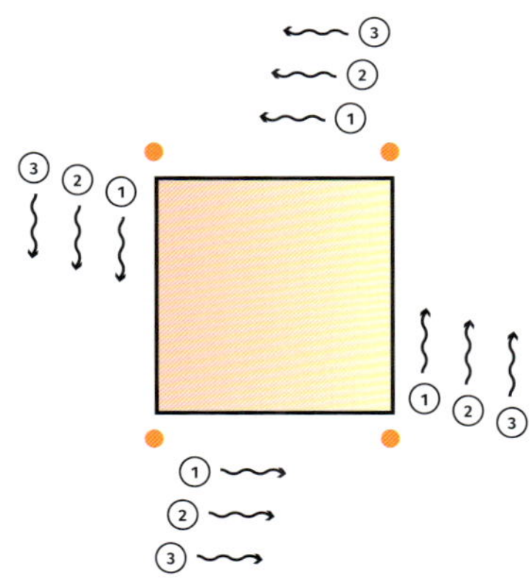

Abbildung 1: Pyramidenlauf

Tipp:

- In einer **Zweifach**-Turnhalle können **zwei Volleyball**-Felder verwendet werden.
- Beide Felder nebeneinander ergeben **20** zu **25** Meter (= 90 Meter).
- Mit Laufabstand um die Eckpunkte ergeben sich ca. **100** Meter/Runde.
- In einer **Dreifach**-Turnhalle kann das **Handball-Feld** verwendet werden.
- Die **roten** Linien haben die Maße **20** zu **40** Meter (= 120 Meter).
- Bei **drei** Runden mit Abstand um die Eckpunkte ergibt dies ca. **400** Meter.
- Zur Umrundung der Eckpunkte werden **Hütchen** oder **Matten** eingesetzt.

Lauf-Variante 4: Aufgepasst 1.0!

- In der nächsten Lauf-Variante starten **alle** Schüler/Team zusammen.
- Start ist jeweils wieder aus den **vier** Eckpunkten heraus.
- An der Mittellinie stehen zusätzlich seitlich **zwei** (weitere) Pylonen.
- Es wird somit immer nur ein **halbes Volleyball-Feld** je Team abgelaufen.
- Somit laufen je **zwei Teams** auf ihrer Turnhallen-Seite.
- Alle Schüler/Team laufen ihre (erste) **Längsbahn** (neun Meter).
- Danach folgt die (erste) **Diagonale** (ca. 13 Meter)
- und anschließend wieder die (zweite) **Längsbahn**
- sowie die (zweite) **Diagonale**.
- Start- und Zielpunkte sind stets **gleich** (= **geschlossener** Laufweg).
- Dabei müssen sich die **entgegenkommenden** Gruppen beobachten.
- Je zwei Gruppen laufen dabei **im** Uhrzeiger-Modus ↻.
- Je zwei Gruppen laufen dabei **gegen** den Uhrzeiger-Modus ↺.

Lauf-Variante 5: Aufgepasst 2.0!

- Gelingt diese Laufaufgabe, wird das Laufpensum **erweitert**.
- Nach dem **Halbes-Volleyball-Feld**-Durchgang laufen die Schüler weiter,
- nun um und diagonal durch das **ganze** Volleyball-Feld
- und wieder nach dem gleichen Modus:
- Start mit der (ersten) langen **Längsbahn** (18 Meter),
- gefolgt von der (ersten) langen **Diagonale** (ca. 20 Meter).
- Auch hier müssen sich alle Schüler abstimmen und beobachten.
- Während der Laufeinheiten berechnen die Schüler die Laufmeter.

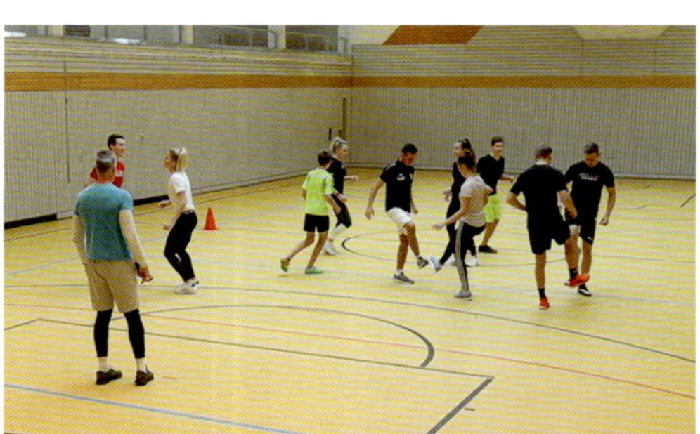

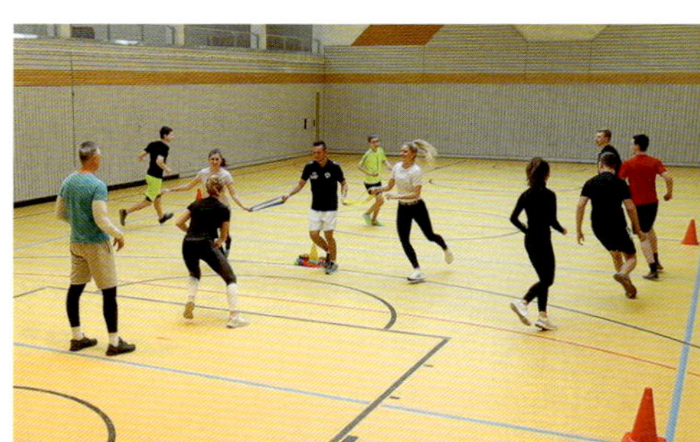

Lauf-Variante 6: Das Haus vom Nikolaus 1.0!

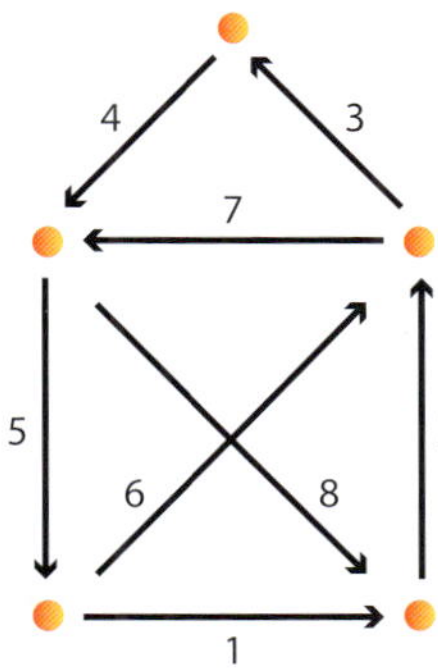

Abbildung 2: Das Haus vom Nikolaus

- Bei der nächsten Lauf-Übung **wechseln** der Start- und der Zielpunkt.
- Damit ergibt sich ein **offener** Laufweg.
- Dieses Laufspiel ist auch bekannt als **„Das Haus vom Nikolaus“**.
- Hierzu wird zusätzlich je eine Pylone an der **Basketball**-Freiwurflinie aufgestellt.
- Alle **vier** Teams starten von ihrem Start-(Eck-)Punkt gemeinsam.
- Insgesamt werden **acht** Bahnen gelaufen.
- Das Ziel ist jeweils die (seitlich) liegende **Volleyball-Ecke.**
- Dabei beginnen die Teams mit der (ersten) **Querbahn** (links <-> rechts).
- Danach folgt die (erste) **Längsbahn**,
- danach die (zweite) **Querbahn** mit der (ersten) und (zweiten) **Dachbahn**,
- danach die (erste) **Diagonale** mit der (zweiten) **Längsbahn**
- und endet mit der (zweiten) **Diagonale**.
- **Keine** Bahn wird somit zweimal gelaufen.

Lauf-Variante 7: Das Haus vom Nikolaus 2.0!

- Es wird wieder nach dem gleichen Muster gelaufen.
- Aber jetzt starten nur **zwei** größere Teams aus je einer Turnhallen-(Volleyball-Ecke).
- Team 1 und 3 starten zusammen von **links** (Volleyball-Ecke) nach → **rechts**.
- Somit laufen Team 1 und 3 **gegen** den Uhrzeiger-Sinn ↺.
- Team 2 und 4 starten zusammen von **rechts** (Volleyball-Ecke) nach ← **links**.
- Somit starten Team 2 und 4 **im** Uhrzeiger-Sinn ↻.
- Die **Dachspitze** ist eine Pylone an der gegenüberliegenden Basketball-Freiwurflinie.
- Eine **Skizze** an der Wand hilft den Schüler bei den Laufwegen.

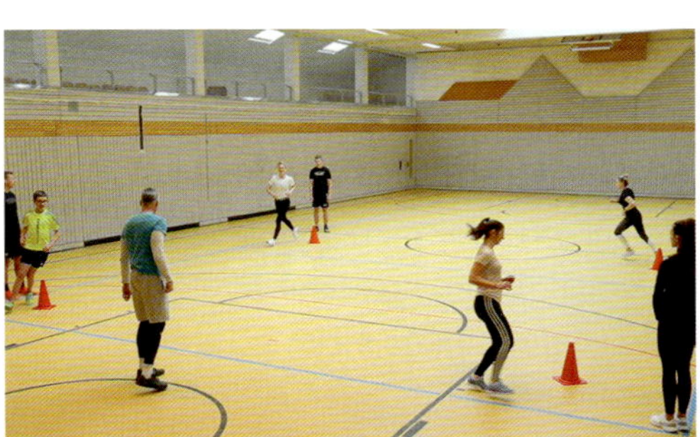

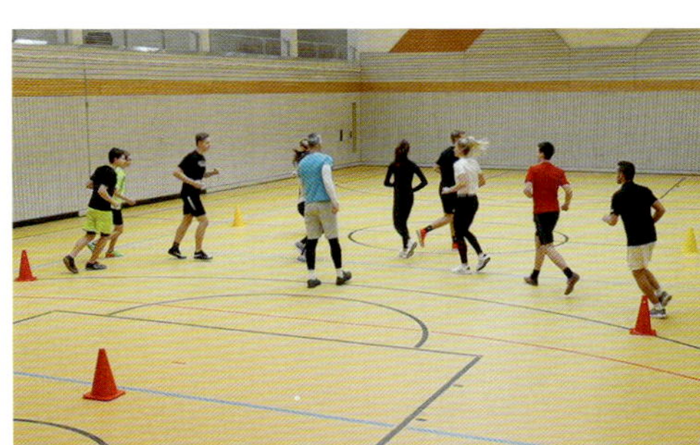

Zusammenfassung:

Die **Fangspiele** in Kapitel 1.1 benötigen keine **vorgegebenen** Laufwege. Somit können sich die Schüler frei im Raum bewegen und trainieren auf natürliche Weise ihre Reaktion, ihre Schnelligkeit und ihre Ausdauer. Die anschließenden **Laufübungen** (Kapitel 1.2) benötigen hingegen **feste** bzw. **vorgegebene** Laufwege. Diese sind i. d. R. sowohl um das Volleyball-Feld als auch diagonal bzw. quer. Hierbei unterstützt wieder der methodische Aufbau von einer Umrundung bei nur einem Schüler bis hin zu allen Schülern gemeinsam und mehreren Laufrunden. Interessant ist hierbei, wie schwer es den Schülern vor allem in der Unterstufe fällt, die richtige Laufdistanz oder Netz- und Korbhöhe abzuschätzen. So ergeben **sieben** Runden um das Volleyball-Feld genau **378** Meter und entsprechen somit nur knapp einer Runde auf der 400-Meter-Bahn. Eine Skizze kann dabei helfen, die komplexeren Laufübungen gut zu meistern.

1.3 Sportstunden mit gemischten Gruppen

Nicht nur in der Grundschule und dem Vereinssport, sondern auch in den Unterstufen wird immer wieder Sportunterricht mit **Jungen** und **Mädchen** angeboten. Hier ergeben sich in der Konsequenz wichtige organisatorische Fragen, damit der Ablauf untereinander gelingt. So ist es beinahe natürlich wie verständlich, dass sich in den ersten Einheiten Jungen und Mädchen getrennt positionieren und Abstand halten. Die folgenden Spielformen sind daher sehr gut geeignet, um das Miteinander zu fördern und die Hemmschwellen (Jungs zu Mädchen) abzubauen. Wir übernehmen den organisatorischen Ablauf aus dem vorherigen Kapitel und verteilen die gemischten Kleingruppen an die vier Eckpunkte.

Lauf-Variante 1: Würfeln & Sprinten!

- Jede Kleingruppe erhält einen **Würfel**.
- Auf Kommando der Lehrkraft startet immer nur **ein** Schüler/Team.
- Somit würfeln im ersten Durchgang **vier** Schüler gleichzeitig.
- Die Würfelzahl muss von dem einzelnen Schüler gelaufen werden.
- Bei der Zahl **3** analog **drei** Runden, bei der Zahl **5** analog **fünf** Runden usw.
- Der nächste Würfel-Wurf erfolgt, sobald der erste Läufer/Team im Ziel ist.
- **Sieger** ist die Gruppe, welche zuerst komplett gewürfelt hat/gelaufen ist.

Lauf-Variante 2: Würfeln & mehr!

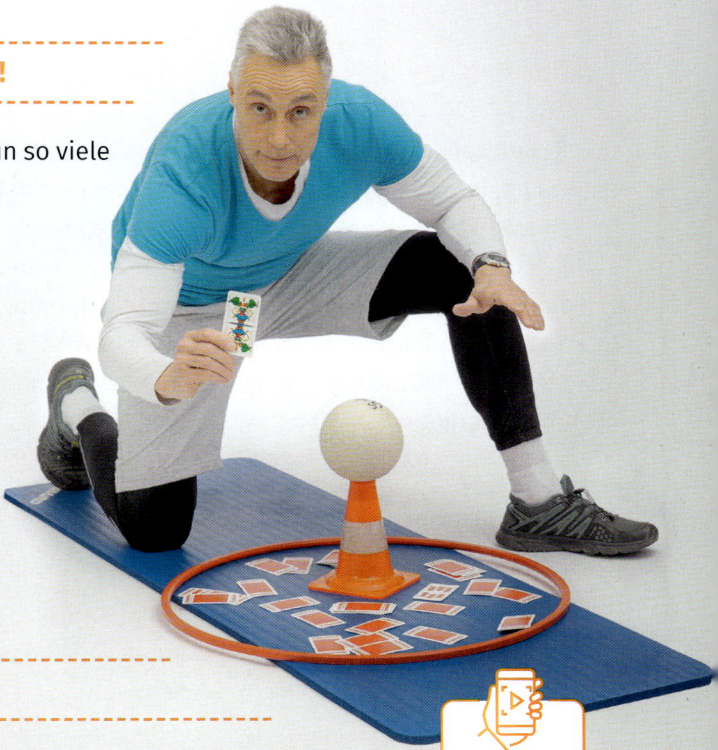

- Nach dem gleichen Prinzip laufen nun so viele Schüler wie gewürfelt.
- Bei der Zahl **2** laufen **zwei** Schüler **zusammen** je **zwei** Runden usw.
- Bei der Zahl **6** laufen **sechs** Schüler zusammen **sechs** Runden.
- Die Schüler organisieren sich innerhalb der Gruppe, wer mit wem läuft.
- Dabei müssen immer ein **Junge** und ein **Mädchen gemeinsam** laufen.
- Hierbei muss möglichst **ohne Zeitverlust** zugeordnet werden.

Lauf-Variante 3: Nur einmal!

- Jedes Team startet wieder auf Kommando der Sportlehrkraft.
- Somit würfeln wieder **vier** Schüler gleichzeitig.
- Die gewürfelte Zahl wird von dem Schüler/Team gelaufen.
- Sobald der erste Schüler im Ziel ankommt, wird gewürfelt.
- Sollte jedoch die gleiche Zahl auftreten, wird wiederholt.
- Es gilt somit, dass keine Zahl zweimal gelaufen werden muss.
- Die Schüler merken sich also die erfolgten Würfelzahlen,
- oder – wie gerne praktiziert – die Zahlen werden notiert.
- Dazu organisiert die Lehrkraft **vier** Stifte und **vier** Zettel.

Lauf-Variante 4: Lauf zur Mitte!

- Die nächsten Laufübungen erfolgen nun zur **Mitte** hin (und wieder zurück).
- Im Mittelkreis steht z. B. eine **Pylone** mit einem **Ball**.
- Dieser darf **nicht** herunterfallen.
- Bei Berührung muss der Ball wieder aufgelegt werden (Zeitverlust).
- Aus den **vier** Ecken startet je ein Schüler um die Pylone (und zurück).
- Im Ziel klatscht er ab, damit sein Mitschüler sofort starten kann.
- Alle Schüler sprinten um ihren Sieg.

Lauf-Variante 5: Was muss ich machen?

- Jede Würfel-Zahl erhält nun eine bestimmte **Lauf-Aufgabe** (Lauf-ABC).
- Zahl **1** steht (z. B.) für **Anfersen**, Zahl **2** für **Hopsern**, Zahl **3** für **Seitgalopp**.
- Zahl **4** steht für **Knieheben**, Zahl **5** für **Seit-Kreuzen**, Zahl **6** für **Rückwärts**.
- Nur je **ein** Schüler/Team würfelt und läuft dabei zur Mitte und zurück.
- Der nächste Würfeldurchgang beginnt immer erst auf **Kommando**.
- Somit müssen die Schüler schnell reagieren.
- Statt der Würfelaktion kann auch die **Sportlehrkraft** die Zahlen **ansagen**
- oder alternativ **anzeigen** (hohe Aufmerksamkeit).

Lauf-Variante 6: Wer läuft mit mir?

- Jeder Schüler erhält in seinem **Sechser-Team** eine Zahl (1 bis 6).
- Der erste Schüler je Team würfelt.
- Somit würfeln wieder **vier** Schüler auf Kommando gleichzeitig.
- Die gewürfelte Zahl benennt den Partner im Team.
- Somit läuft der erste Schüler zusammen mit z. B. Schüler 3 (Würfelzahl 3).
- Beim zweiten Durchgang würfeln wieder die **vier** nächsten Schüler/Team.
- Und wieder auf Kommando der Sportlehrkraft gleichzeitig würfeln.
- Würfelt Schüler 2 die Zahl 2, wird wiederholt.
- Bei Vierer-Teams gelten die Zahl 5 und 6 als Joker.
- Hier darf frei gewählt werden.

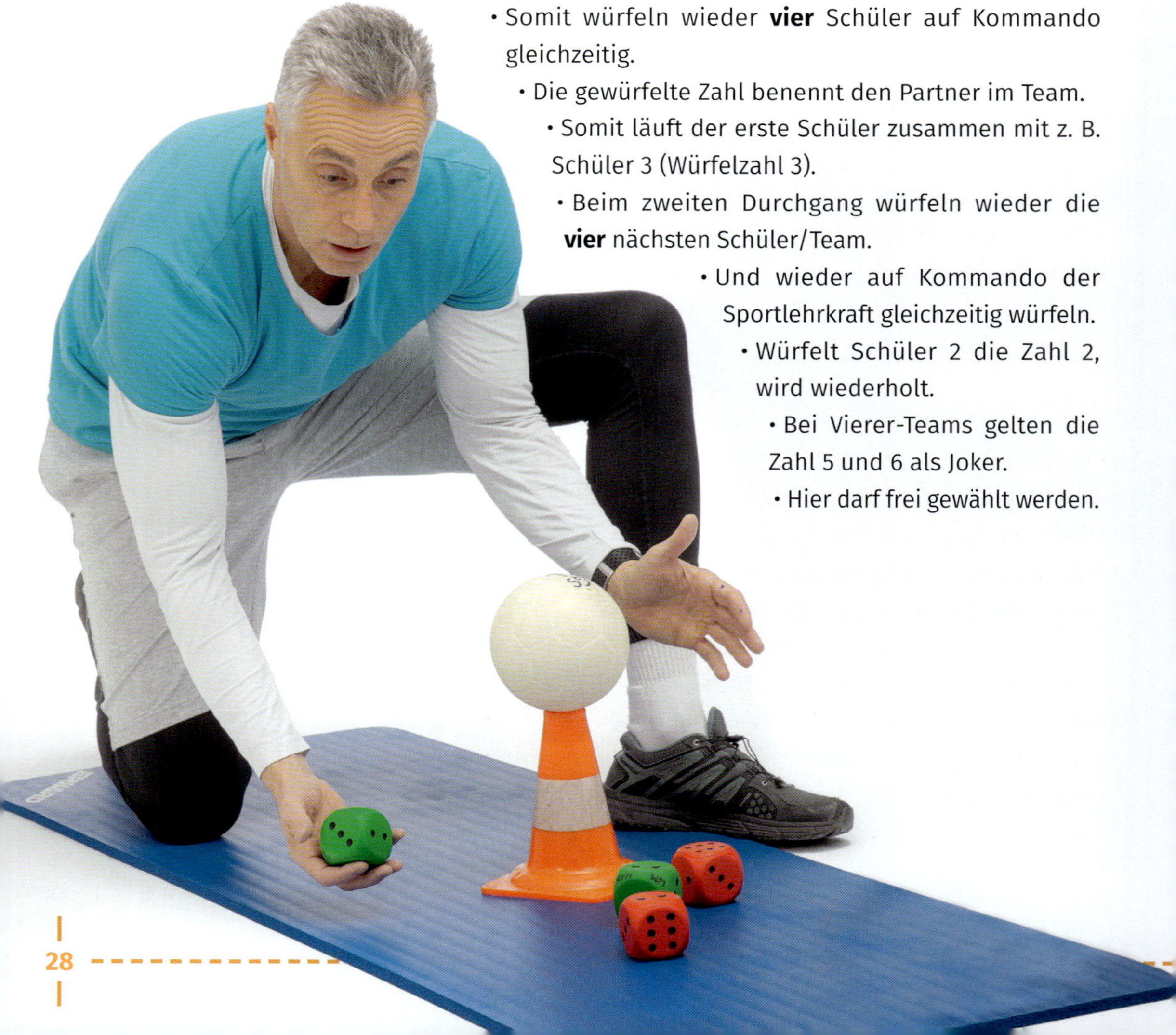

Lauf-Variante 7: Wo ist meine Karte?

- Statt der Würfel kommen nun **Spielkarten** zum Einsatz.
- Jedes Eck-Team erhält zu Beginn die niedrigste Karte (z. B. Herz-6).
- Alle anderen Karten (Herz-7 bis Herz-Ass) werden im Mittelkreis platziert,
- aber **umgedreht**, um die jeweiligen Spielfarben nicht zu erkennen.
- Je Team startet ein Schüler zum Mittelkreis.
- Hier darf er nur **einmal** eine beliebige Karte aufdecken.
- Bei Erfolg rennt er mit seiner Karte zurück.
- Der nächste Mitschüler startet und wiederholt die Suchaktion.
- Bei Nicht-Erfolg legt er die falsche Karte wieder umgedreht hin.
- Sieger ist das Team, welches als Erstes alle **neun** Karten komplett hat.

Lauf-Variante 8: Der Reihe nach!

- Die nächste Variante verlangt das Laufen nach der **Kartenfolge**.
- Nach der Herz-**6** muss also die Herz-**7** gefunden/aufgedeckt werden.
- Danach die Herz-**8** und die Herz-**9** usw.
- Dabei erfolgt weiterhin nur **ein** Versuch je Schüler je Laufweg.
- Bei dieser Variante **erhöhen** sich die Laufeinheiten enorm.
- Jedoch merken sich die Schüler die aufgedeckten Karten.
- Die Schüler helfen sich untereinander und geben Tipps.
- Damit steigert sich das Laufspiel hin zum **Memory**-Spiel.

Lauf-Variante 9: Komm mit!

- In jeder Ecke startet wieder nur **ein** Schüler.
- Es laufen also wieder **vier** Schüler gleichzeitig.
- Nach der Umrundung im Mittelkreis greift man sich seinen Mitschüler.
- Es laufen somit zwei Schüler als Paar um die Mitte (als Zweier-Kette).
- Im Ziel bzw. in der Ecke angekommen, läuft man als Dreier-Kette weiter.
- Bei Vierer-Gruppen ergeben sich demnach Vierer-Ketten.
- Bei Siebener-Gruppen somit Siebener-Ketten.
- Dabei ist es von Vorteil, möglichst eng um die Mitte zu spurten.
- Damit ergibt sich ein kürzerer Laufweg.
- Wer als Erster losgelaufen ist, darf sich als Erster wieder ausklinken.
- Wer als Letzter mitgelaufen ist, läuft bis zum Ende seine gleiche Anzahl.
- Es gilt wieder das Prinzip **Pyramidenlauf**.
- Wahlweise können wieder Leibchen verwendet werden.

Zusammenfassung:

Die gezeigten **Laufspiele** stellen nicht nur eine Abwechslung in puncto Laufrichtung und Lauftechnik dar. Sie fördern zusätzlich die räumliche und zeitliche Orientierung, die Reaktionsfähigkeit sowie die Gruppendynamik. Und fast von selbst lösen sich anfängliche Berührungsängste. Durch die vielen Zusatzaufgaben bleibt das fade Laufgefühl stets im Hintergrund. Etliche Laufspiele um den Mittelpunkt können auch mit einem Fußball oder einem Basketball (sportart-spezifisch) ausgeführt werden (siehe: Kapitel **3** ff.).

1.4 Sportstunden mit Partner

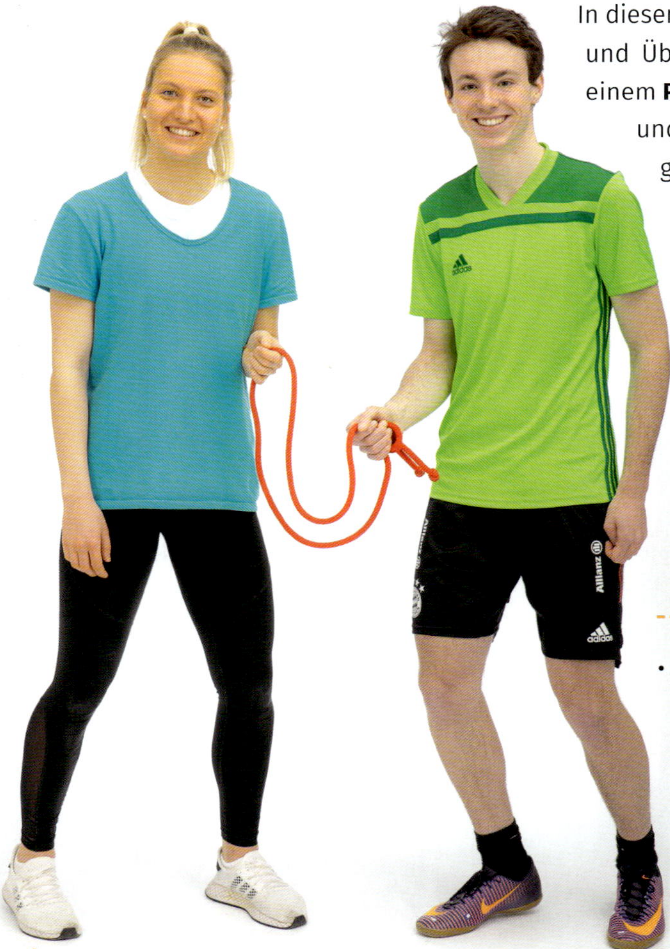

In diesem Abschnitt werden überwiegend Spiel- und Übungsformen vorgestellt, die (nur) mit einem **Partner gemeinsam** gelingen. Von Fang- und Dribbelspielen (querbeet) bis hin zu geordneten Ballübungen in der Gassenaufstellung, alle benötigen hierfür einen Spielpartner. Bei den nächsten Fangspielen bietet es sich an, dass die Paare sich jeweils an einem Leibchen/Seil **indirekt** festhalten. Neben der indirekten Berührung ergibt sich auch eine größere Reichweite über das lose Leibchen.

Lauf-Variante: Schattenlaufen – viele Ideen!

- Jedes **Paar** agiert für sich und läuft oder trabt durch die Turnhalle.
- Nur der **vormachende** Partner trägt das Leibchen (ohne Festhalten).
- **Partner 1** führt für ein Zeitfenster von zwei bis drei Minuten seine Übungen vor.

- **Partner 2** macht die gezeigten Übungen (wie ein Schatten) mit/nach.
- Hier sind Kreativität und Ideenreichtum gefordert:
- von **Geh**- und **Lauf-ABC**-Übungen weiter zu **Sprung**-Übungen;
- von Aktionen wie auf der Langbank balancieren oder auf die Sprossenwand klettern hin zu kleinen **Kraft**-Übungen wie Liegestütz oder Hampelmann.
- Alle Übungen sollten quer durch die Turnhalle erfolgen.
- Wechsel des Partners (inkl. Leibchen) mit neuen Übungen.

Fang-Variante 1: Versteinern!

- Es startet wieder **ein Fänger-Pärchen** aus dem Mittelkreis heraus.
- Jetzt halten sich die Paare am **Leibchen** fest.
- Bei einer erfolgreichen Berührung bleibt das **Beute-Pärchen** stehen.
- Die **Versteinerung** wird wieder von den freien Pärchen aufgelöst.
- Hierzu müssen diese z. B. durch das versteinerte Paar **durchlaufen**.
- Bei zwei oder drei Fänger-Pärchen erhöht sich die Beuteanzahl stetig.
- Es kann wieder über ein Zeitfenster von **einer bis zwei** Minuten gespielt werden.
- Wie viele Paare werden in dieser Zeit versteinert?

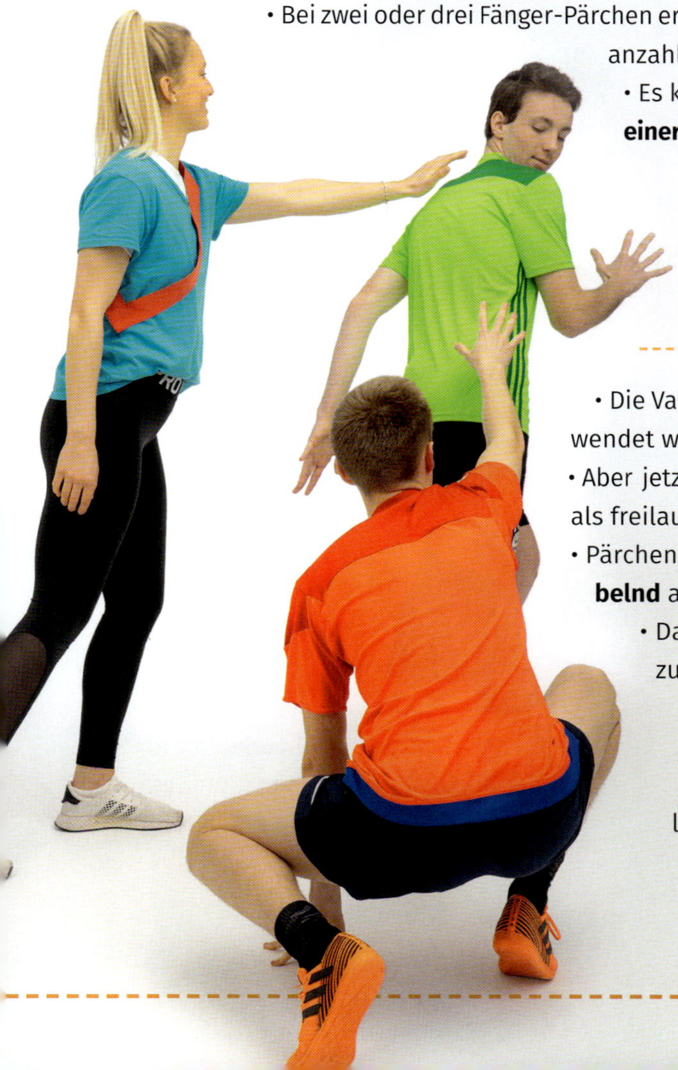

Fang-Variante 2: Spinnenmänner!

- Die Variante kann wie **Spinnenmann** angewendet werden.
- Aber jetzt startet **ein Pärchen** (am Leibchen) als freilaufende Fänger.
- Pärchen, die berührt wurden, fangen **krabbelnd** am Boden weiter.
- Dabei bleiben diese als Paar eng zusammen (**Spinnenmänner**).
- Die Spinnenmänner-Pärchen werden zu krabbelnden Fang-Pärchen
- und unterstützen wieder das freilaufende Fang-Pärchen.

Nach den **Durcheinander-Spielen** stellen sich die Paare nun nebeneinander (ca. zwei bis vier Meter) und gegenüber (ca. drei bis fünf Meter) auf. Es ergibt sich somit eine **Gassenaufstellung**, die für die folgenden Ballübungen sehr empfohlen wird, weil auch der Sportlehrer hier gut korrigieren kann. Jedes Paar beginnt mit **einem** Ball. Vorzugsweise sollten (farbige/bunte) **Gymnastik**-Bälle mit genügend Luft eingesetzt werden. Wahlweise lassen sich auch Basket-, Hand- oder Volley-Bälle (evtl. Fuß-Bälle) verwenden.

Ball-Variante 1: Ein Ball!

- Die Paare werfen sich den Ball **über** Boden zu (**indirekter** Bodenpass).
- Mit der **rechten** Wurfhand den **linken** Fuß vorstellen (und umgekehrt).
- Mit der **rechten** Wurfhand auf dem **linken** Bein stehen (und umgekehrt).
- Die Paare werfen sich den Ball **ohne** Bodenkontakt zu (**direkter** Pass).
- Mit der **rechten** Wurfhand den **linken** Fuß vorstellen (und umgekehrt).
- Mit der **rechten** Wurfhand auf dem **linken** Bein stehen (und umgekehrt).
- **Partner A** steht mit dem Rücken zu **Partner B** (**180** Grad).
- **Partner B** passt **über** Boden und gibt ein **Kommando** (z. B. Hopp).
- **Partner A** springt um **180** Grad und fängt den Ball (und umgekehrt).
- **Partner A** springt um **180** Grad, steht nur auf dem **linken/rechten** Bein und fängt.
- **Partner A** steht (wieder) frontal zu **Partner B**.
- **Partner B** passt **über** Boden (**ohne** Kommando/Blickkontakt).
- **Partner A** springt um **360** Grad und fängt den Ball.
- **Partner A** springt um **360** Grad, steht auf dem **linken/rechten** Bein und fängt.
- **Partner-Wechsel** nach ca. **fünf bis zehn** Einheiten.
- Alle Pass-Übungen nun **ohne** Bodenkontakt, also über **direkte** Pässe.

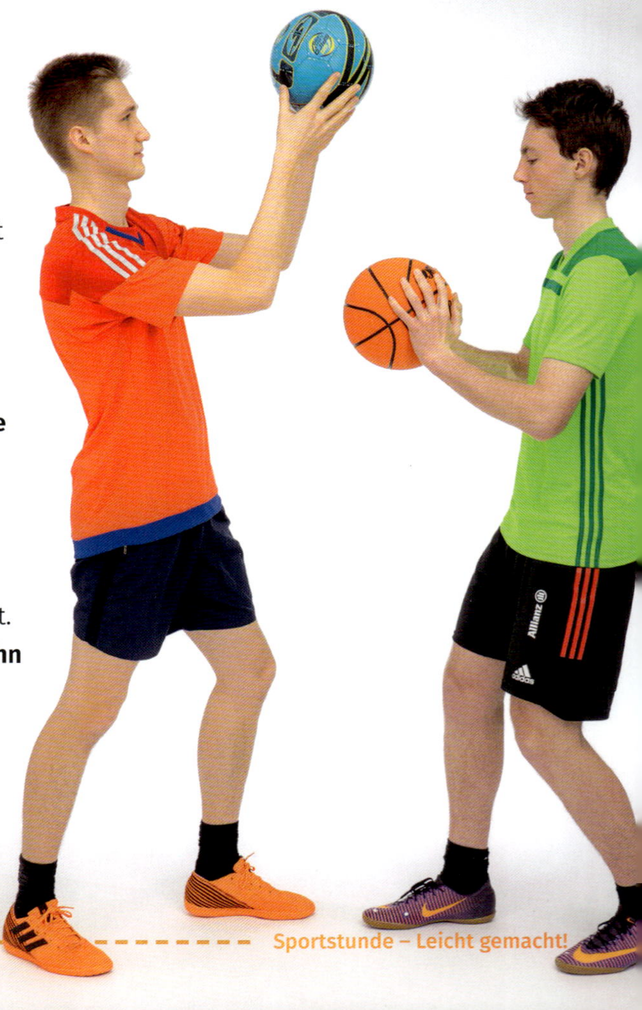

- **Partner A** wirft den Ball hoch zu (Bogenlampe).
- **Partner B** fängt den Ball in der **Luft** und landet sicher.
- **Partner A** wirft den Ball hoch zu (Bogenlampe).
- **Partner B** fängt den Ball in der Luft und landet nur auf dem **linken/rechten** Bein.
- **Partner B** fängt und wirft den Ball in der **Luft** zurück (Alley Oop/Kempa).
- **Beide Partner** fangen den Ball und werfen den Ball in der **Luft** zurück.

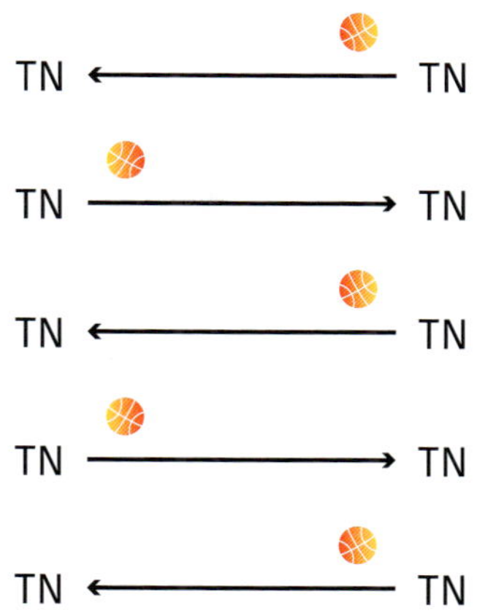

Abbildung 3: Gassenaufstellung

Für die folgenden Paar-Übungen benötigen die Schüler einen **zweiten** Ball. In der **Gassenaufstellung** werfen sich die Paare beide Bälle gleichzeitig zu. Dabei darf der Boden **nicht** berührt werden (direkte Pässe). Ohne nähere Anweisung der Sportlehrkraft sollen die Schüler zu Beginn ihre eigenen Lösungen erarbeiten (induktive Lehrmethode), damit sich die beiden Bälle **nicht** berühren. Danach greift der Sportlehrer/Trainer die Lösungen auf und startet mit seinen Ideen. Für ein gutes Gelingen sind die (akustischen) Kommandos von Vorteil, um die beiden Bälle immer gleichzeitig (je Paar) zu werfen und zu fangen.

Ball-Variante 2.1: Zwei Bälle – mit zwei Händen!

- Beide Bälle nur mit der **rechten** Hand **über Boden/indirekt** zuwerfen,
- aber immer mit **beiden** Händen fangen.
- Dabei zur **rechten** Wurfhand den **linken** Fuß vorsetzen.
- Beide Bälle zirkulieren **gegen** ↺ den Uhrzeiger-Modus.
- Beide Bälle werden in der **horizontalen/waagerechten** Ebene gespielt.
- Seitenwechsel (linke Wurfhand zu rechtem Fuß vor).
- Beide Bälle zirkulieren **im** ↻ Uhrzeiger-Modus.
- Zusätzlich nur auf dem (Gegen-)Bein stehen.
- Steigerung nun über **direkte** Pässe (ohne Bodenkontakt).
- Alle Pässe mit der rechten und mit der linken Hand.
- Nur auf dem **Gegenbein** stehen und fangen wie zupassen.
- Eine Seite der Gasse (Partner 1) passt den Ball **indirekt** zu.
- Die andere Seite der Gasse (Partner 2) passt den Ball **direkt** zu.
- Jetzt zirkulieren beide Bälle in der **vertikalen/senkrechten** Ebene.

Ball-Variante 2.2: Zwei Bälle – mit zwei Füßen!

- Steigerung der Paar-Ballübungen nun über **Fuß**.
- Beide Bälle werden **synchron** mit dem **rechten** Fuß gespielt.
- Somit zirkulieren die Fußbälle wieder **gegen** ↺ den Uhrzeiger-Modus.
- Hier ist das geduldige und **gleichzeitige** Zuspiel besonders wichtig.
- Der Ball muss mit dem **linken** Fuß gestoppt werden,
- bevor dieser dann mit der **rechten** Fuß-Seite zurückgespielt wird.
- Seitenwechsel (linker Fuß) mit Ballzuspiel **im** ↻ Uhrzeiger-Modus.
- **Tipp**: Nur auf Kommando (z. B. und los!) die Bälle spielen.

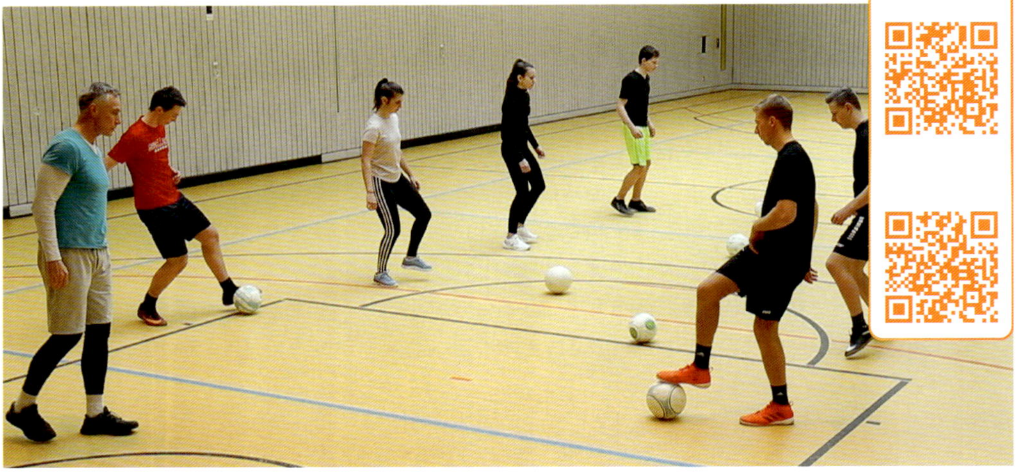

Ball-Variante 3: Ballwurf senkrecht & waagerecht!

- Es werden nun **beide** Wurfebenen kombiniert (waagerecht & senkrecht).
- **Schüler A** wirft sich selbst den Ball **senkrecht** ↑ hoch (mind. zwei bis vier Meter).
- **Schüler B** wirft seinen Ball Schüler A **waagerecht** → und direkt zu.
- **Schüler A** wirft den Ball sofort wieder zu Schüler B **waagerecht** ← zurück.
- **Und Schüler A** fängt seinen (hochgeworfenen) Ball **wieder** ↓ sicher auf.
- **Tipp:** Sobald Schüler A den Ball hochwirft, muss Schüler B bereits passen!
- Je genauer die Pässe, desto erfolgreicher die **Wurf-Fang-Wurf**-Aktion.
- Steigerung über den **Bodenpass** von Schüler B.
- Steigerung über den **Einbeinstand** von Schüler A.
- Steigerung über den **Fuß-Pass** von Schüler B.

Ball-Variante 4: Handball oder Fußball?

- Jetzt **wirft** Schüler A (immer) seinen Ball **direkt zu** Schüler B.
- Schüler B **spielt** (immer) seinen Ball mit dem Fuß zurück.
- Schüler A muss den Fußball wieder in die Hände aufnehmen
- und Schüler B den Handball wieder auf den Boden legen.
- Es starten somit alle Schüler auf der einen Turnhallen-Seite mit **Handball**,
- die Schüler auf der anderen Turnhallen-Seite immer mit **Fußball**.
- Nach ca. zehn bis 20 Pässen wird gewechselt.
- Dabei werden Gymnastikbälle (mit Luft) gewählt,
- wahlweise aber auch ein Fußball und ein Handball je Paar.

Ball-Variante 5: Handball & Fußball!

- Beide Schüler-Seiten spielen nun sowohl **Handball** wie **Fußball**.
- Schüler A spielt den Ball mit der **Hand** zu (Handball).
- Schüler B spielt den Ball mit dem **Fuß** zu (Fußball).
- Schüler A spielt den Fußball von Schüler B wieder zurück.
- Schüler B spielt den Handball von Schüler A wieder zurück.
- Somit spielen beide Schüler synchron Handball und Fußball gleichzeitig,
- aber versetzt oben und unten.
- Wichtig sind der Blickkontakt und das akustische Kommando.

Ball-Variante 6: Handball & Laufen!

- Eine Schüler-Seite startet mit einem **indirekten** Bodenpass.
- Danach rutscht jeder Schüler um eine Position nach rechts (→).
- Die gegenüberliegende Seite bleibt aber stehen und passt wieder zurück.
- Der (Rück-)Pass erfolgt also zu einem „neuen“ Mitspieler.
- Der erste Schüler (rechts) sprintet hinter seiner Gruppe
- auf die freigewordene (linke) Position,
- wahlweise auch mit einem Fußball, Basketball, Volleyball oder Gymnastik-Ball spielen.

Ball-Variante 7: Kegelball!

- Alle Schüler stehen wieder in der **Gassenaufstellung**.
- Der gegenüberliegende Partner ist wieder der Anspielpartner.
- Am Ende der Gasse steht je ein Schüler (oder die Sportlehrkraft).
- Beide **kegeln** sich (z. B.) einen Basketball durch die Gasse zu.
- Die seitlich stehenden Paare versuchen den querenden Ball zu treffen,
- wahlweise als Bodenpass (indirekt) oder mit dem Fuß.
- Dabei muss aber der Partner gegenüber immer angespielt werden.

Ball-Variante 8: Zick-Zack-Ball!

- Alle Schüler stehen wieder in der **Gassenaufstellung**.
- Der gegenüberliegende Partner ist **nicht** der Anspielpartner,
- sondern immer der **links** und **rechts** daneben stehende Partner.
- Zu Beginn startet die Gruppe mit nur einem Ball.
- Die Passwege (im Zick-Zack-Modus) werden einmal durchgeführt.
- Start ist am Gassenanfang,
- danach werden ein zweiter, ein dritter, ein vierter Ball usw. eingesetzt.
- Somit müssen alle Schüler sowohl passen und auch zuspielen,
- aber stets zum schräg gegenüber stehenden „neuen“ Partner.
- Dabei können Fußbälle mit Hand-, Basket- und Volley-Bällen kombinert werden.
- Hier gibt der Ball die Pass-Technik vor.
- Bei farbigen Gymnastikbällen erhöht sich jedoch die Konzentration.
- Blauer Ball steht für Fußball, gelber Ball für Handball usw.

Zusammenfassung:

Die überwiegende Zeit des Sportunterrichts findet (meistens) in einer **Einfach-Turnhalle** statt, und dies mit durchschnittlich 20 Schülern und mehr. Neben dieser sehr großen Teilnehmer-Anzahl muss die Sportlehrkraft oft auch gemischte Sportklassen (Grundschule, Unterstufe wie Oberstufe) nicht nur organisieren. Sie muss auch immer auf die individuellen körperlichen Fertigkeiten (Akzeleration vs. Retardierung) sowie auf die unterschiedlichen Interessen aller Schüler Rücksicht nehmen und stets näher eingehen. Daher bietet es sich an, wenn möglich auf den Sportplatz bzw. auf das freie Schulgelände zu wechseln. Und dies nicht nur bei bestem Wetter. Lassen Sie – wenn möglich – die Schüler zu Beginn der Stunde ihren natürlichen Bewegungsdrang ausleben, gerade nach mehreren Stunden Unterricht in einem engen Klassenzimmer.

Unabhängig von der jeweiligen Jahrgangsstufe können viele der aufgezeigten Aufwärm-Übungen sowie das Mobilisations- und Dehnprogramm stets für alle Altersgruppen eingesetzt werden. Ebenso haben sich die Fangspiele, ob allein, zu zweit oder in einer Kleingruppe, auch bei den älteren Schülern sehr gut bewährt.

Variieren Sie mit den Laufübungen. Statt im **Kreis** auch mal **durcheinander**, zur **Mitte** hin oder von einer zur anderen **Seite** (nebeneinander) laufen lassen. Bauen Sie weiter kleine Zusatzaufgaben mit ein (z. B. Rechnen und Laufen) und erhöhen die Konzentration mit Laufübungen über Würfel oder Karten.

- Fangen **alleine** gegen alle Schüler (mit Erkennungs-Leibchen)
- Fangen zu **dritt** gegen alle Schüler (mit Erkennungs-Leibchen)
- **ohne** Befreiung (Versteinern) vs. **mit** Befreiung (Auflösen)
- Fangen in **Ketten**-Gruppen (max. zu dritt)
- Fangen mit **Helfer** (am Boden krabbelnd/als Spinne)
- **ohne** Zeitfenster vs. **mit** Zeitfenster (innerhalb von ein bis zwei Minuten)
- Laufen **um** das Volleyball-Feld (schnell vs. langsam)
- alleine, zu zweit, zu dritt bis alle Schüler je Team
- Laufen mit **Längs**- und **Diagonal**-Bahnen (geschlossener Weg)
- Laufen mit **Quer**-, **Längs**- und **Diagonal**-Bahnen (offener Weg)
- Laufen mit **Rechen**aufgaben
- Laufen zur **Mitte** hin (und zurück)
- Laufen mit **Würfelzahlen** (Aufgaben wie Lauf-ABC)
- Laufen mit **Karten** (Reihenfolge/Memory-Spiel)
- viele Laufspiele und Fangspiele als **Paar** (nur zu zweit) anwenden
- Die **Ball-Übungen** benötigen (vorerst) keine speziellen Fertigkeiten.
- Diese dienen als Hinführung zu Basketball, Handball, Fußball und Volleyball.

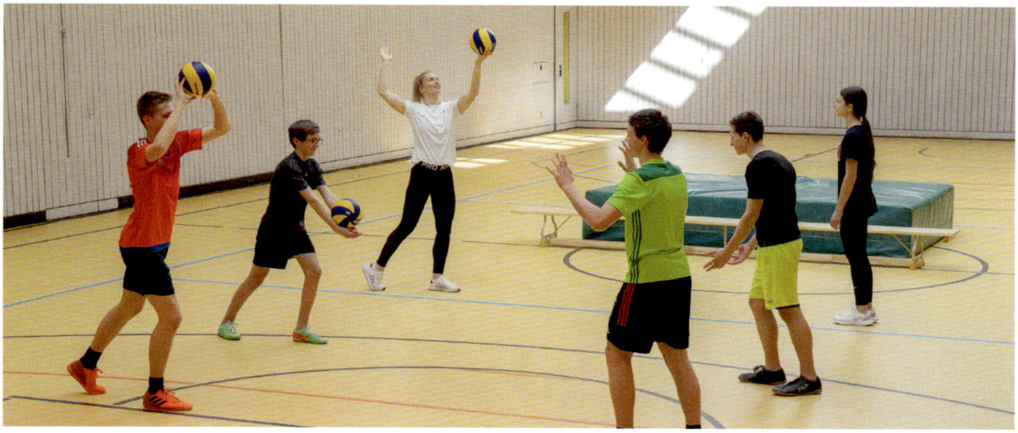

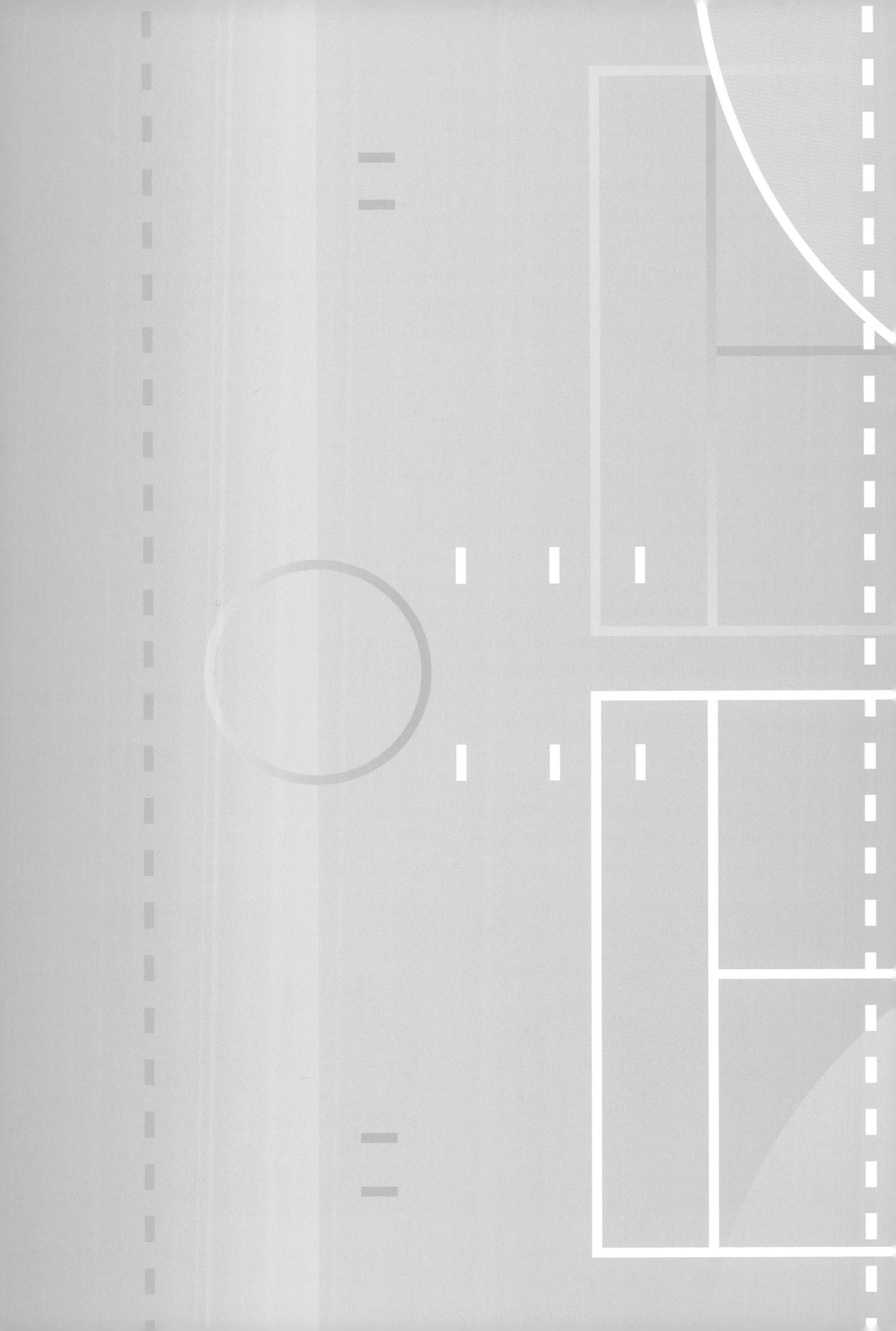

KAPITEL 2:

FITNESS

Der Begriff Fitness ist mittlerweile in aller Munde. Ob sich „fit halten", „ins Fitness-Studio gehen" oder sogar „Fitness-Ernährung", überall erscheint diese Beschreibung. Per Definition beinhaltet Fitness nicht nur alle sport-motorischen (physischen) Fertigkeiten, sondern schließt auch die geistig-mentalen (psychischen) Parameter mit ein.
Das Training von Fitness bedeutet also körperliche Ertüchtigung, um dadurch auch auf den seelischen Zustand (z. B. Stress) eine positive Wirkung (i. S. von Stress-Reduktion) zu erzielen. Dabei nehmen Fitness-Angebote mit Gleichgesinnten (sozialer Aspekt) eine bedeutende Rolle ein.

2.1 Allgemeine Fitness

Das allgemeine Fitness-Training umschließt (soweit möglich) alle fünf sport-motorischen Fertigkeiten. Es sollen folglich innerhalb einer Einheit (TE etwa 45 bis 60 Minuten) ohne Schwerpunkte die **Ausdauer**, die **Kraft**, die **Schnelligkeit**, die **Koordination** und die **Beweglichkeit** trainiert werden.

Je nach Anspruch und Ausgangsniveau erfolgt ein allgemeines wie spezielles **Aufwärm**-Programm. Bereits hier kann der Bereich Ausdauer (i. S. von Kurzzeit-Ausdauer) sowie der Bereich Beweglichkeit vertieft werden. Danach schließen sich die **koordinativen** Übungen an. Nach dem Motto „kurz, aber konzentriert" werden u. a. **Gleichgewichts**-Einheiten absolviert. Erst im Anschluss folgen die komplexeren **Kraft**-Einheiten, wenn möglich überwiegend als Ganzkörper-Training (z. B. Squats oder Langstütz). Den Abschluss bildet das (tonus-senkende) Cool-down mittels **Stretching** oder **Yoga**.

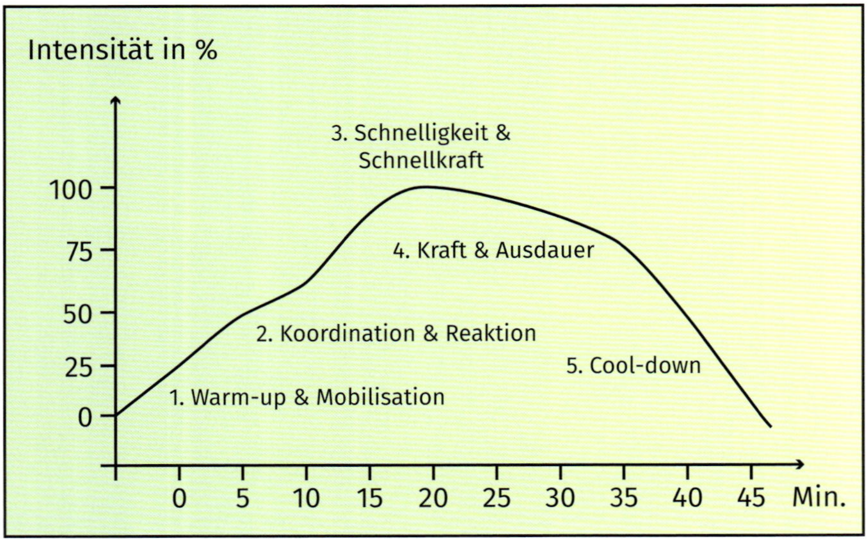

Abbildung 4: Stundenaufbau

Warm-up (ca. 10 Minuten)

- tänzeln/traben am Ort
- beidbeinig twisten/rotieren/vor-zurückspringen
- anfersen/hopsern/Knie heben
- kleine Hocksprünge
- Tapping/Skipping mit Strecksprung

Mobilisation & Beweglichkeit (ca. 5 Minuten)

- Fuß, Bein und Hüfte kreisen
- Rumpf kreisen
- Oberkörper drehen
- Arme schwingen
- Schulter rollen
- Kopf wenden
- Ganzkörper strecken und beugen

Kleine Koordinationsübungen im Stehen (ca. 5 Minuten)

- Einbeinstand und Spielbein beugen/strecken
- Einbeinstand und Spielbein kreisen/herumführen
- Einbeinstand und Oberkörper vorbeugen
- Einbeinstand und Spielbein außen drehen und Arme eindrehen

Kleine Kraft- & Ausdauereinheiten im Stehen (ca. 10 Minuten)

- Kniebeuge mittel und Armvorhalte (ca. 10 bis 15 Wh.)
- Kniebeuge tief und Armvorhalte (ca. 10 bis 15 Wh.)
- großer Ausfallschritt mit Oberkörperdrehung (ca. 10 bis 15 Wh. je Seite)
- großer Ausfallschritt mit Anheben und Senken (10 bis 15 Sekunden)

Kleine Krafteinheiten auf der Matte (ca. 10 Minuten)

- Langstütz und Unterarmstütz (ca. 10 bis 15 Sekunden)
- Langstütz und Seitstütz (ca. 10 bis 15 Sekunden je Seite)
- halbes Klappmesser (ca. 10 bis 15 Wh. je Seite)
- langer Sitz (ca. 10 bis 15 Sekunden)

Cool-down (ca. 5 Minuten)

- Drehsitz
- Ausfallschritt klein
- Oberkörper aufdrehen
- Fuß an das Gesäß ziehen
- vorderes Bein austrecken

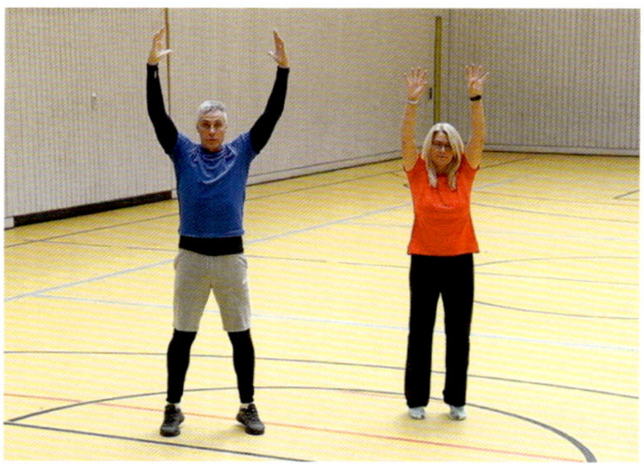

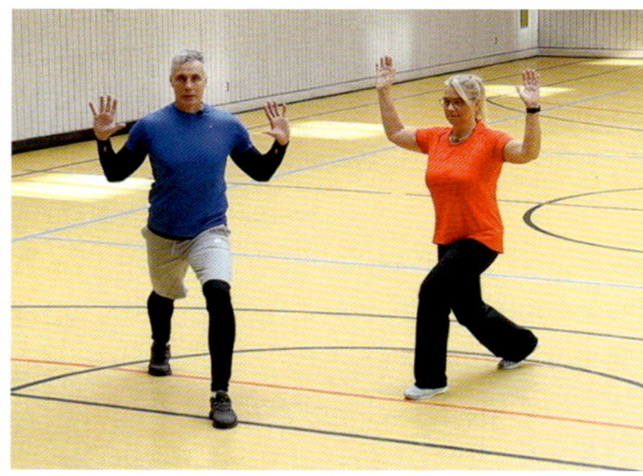

2.2 Kraft und Ausdauer

Nach der allgemeinen Fitness-Stunde werden nun einige Beispiele vorgestellt, wie sich innerhalb einer Trainingseinheit ein intensives Work-out mit dem Schwerpunkt auf **Kraft** und **Ausdauer** umsetzen lässt.

1. Warm-up – Top 10! (je 30 Sek./Übung = 10 Minuten)

- tänzeln/traben am Ort
- twisten (links-rechts)
- kleine Ausfallsprünge (vor-zurück)
- anfersen
- hopsern
- einbeiniges Anfersen
- einbeiniges Hopsern
- Hocksprünge
- Hampelmann
- Skipping/Tapping

2. Hauptteil Kraft – Top 5! (je 30 Sek./Übung = 3 Serien)

- Kniebeuge/Squats
- Liegestütz lang
- Klappmesser halb
- Unterarmstütz dynamisch
- Ausfallschritt groß

3. Hauptteil Ausdauer – Top 5! (je 30 Sek./Übung = 3 Serien)

- Hocksprünge
- Hampelmann
- Liniensprint (6 bis 9 Meter vor-zurück)
- Skipping/Tapping
- Seitsteps (6 bis 9 Meter links-rechts)

4. Hauptteil Kraft & Ausdauer – Top 3! (je 30 Sek./Übung = 3 Serien)

- Strecksprung + Liegestütz im Wechsel
- Hocksprung + Ausfallschritt im Wechsel
- Skipping/Tapping + Kniebeuge/Squats

5. Cool-down – Top 5! (je 30 Sek./Übung = 5 Minuten)

- Grätsche mit Rotation
- tiefer Ausfallschritt mit Rotation
- Kamel kniend
- tiefer Sitz
- Bogen liegend

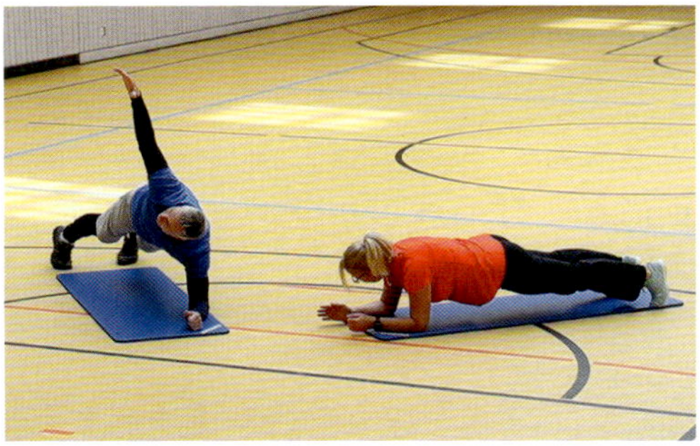

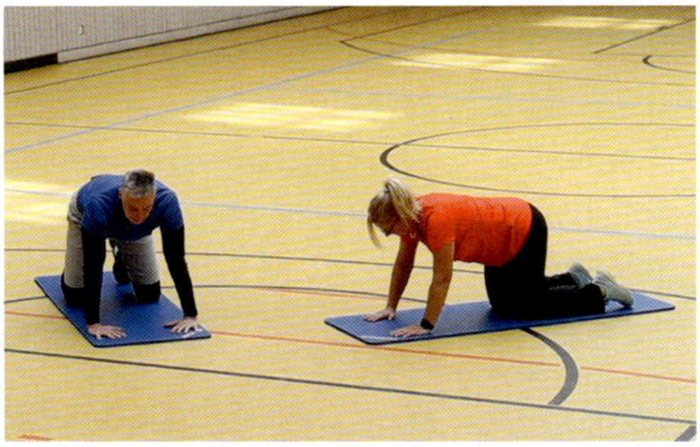

2.3 Koordination und Schnelligkeit

Per Definition stellt die **Koordination** ein optimales Zusammenspiel von Gehirn (ZNS) und Anzahl der (notwendigen) Muskel-Faseranteile dar. Die **Schnelligkeit** bedeutet hingegen die schnellstmögliche Reaktion auf ein (akustisches/optisches) Signal hin!
Dabei hängen beide sport-motorischen Teilfertigkeiten sehr stark voneinander ab bzw. begünstigen sich gegenseitig. Folglich unterteilt man weiter die Schnelligkeit (als Dachbegriff) u. a. auch in eine **Reaktions**-Schnelligkeit, welche wiederum durch die koordinativen Teilbereiche, die Bewegungs-**Kopplung** und -**Vorausnahme** (Antizipation) maßgeblich mitbestimmt und geprägt wird.

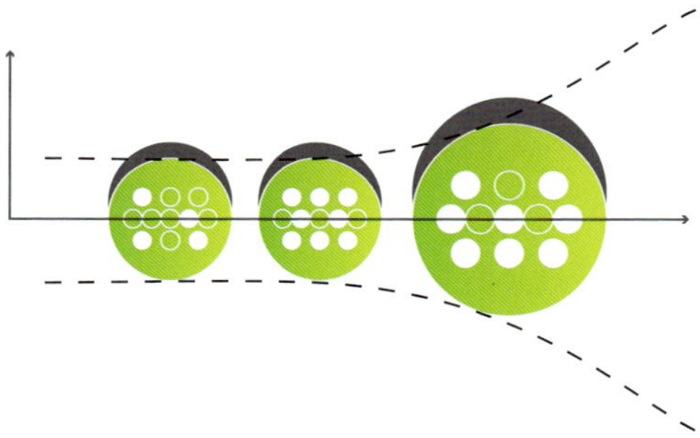

Abbildung 5: Faserrekrutierung

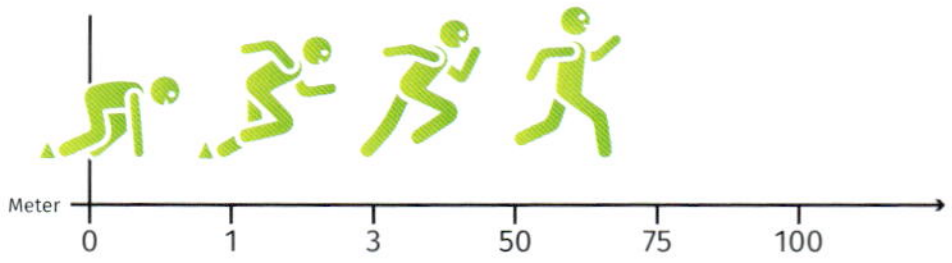

Abbildung 6: Tiefstart

Übungsbeispiele für Schnelligkeit & Reaktion

- Skipping/Tapping
- Skipping/Tapping mit Strecksprung
- Skipping/Tapping mit Strecksprung und Landung im Ausfallschritt
- Skipping/Tapping mit Strecksprung, Landung und Kurzsprint (< 5 Meter)
- Skipping und drei Seitsteps nach links und Kurzsprint
- Skipping und drei Seitsteps nach rechts und Kurzsprint
- drei Seitsteps nach links und zurück und Kurzsprint
- drei Seitsteps nach rechts und zurück und Kurzsprint
- In-Outs in einen Reifen am Boden
- In-Outs in einen rotierenden Reifen
- springen/tänzeln durch verschiedenfarbige Reifen
- Diese (sechs bis zwölf Reifen) liegen in einer Reihe hintereinander am Boden.

- Dabei erfolgen nur kurze Bodenkontakte über den Vorderfußballen.
- je ein Fuß in nur einen Reifen (schnelles Durchlaufen)
- je beide Füße in einem Reifen
- anfersen (im Wechsel) mit beiden Füßen in einem Reifen
- anfersen (im Wechsel) mit je einem Fuß in je einem Reifen
- anfersen nur mit linkem Bein
- anfersen nur mit rechtem Bein (fünfmal, Wechsel fünfmal mit linkem Bein)
- Hopserlauf (im Wechsel) mit beiden Füßen in einem Reifen
- Hopserlauf (im Wechsel) mit je einem Fuß in je einem Reifen
- Hopserlauf nur mit linkem Bein und rechtem Arm (fünfmal)
- Hopserlauf nur mit rechtem Bein und linkem Arm (fünfmal)
- Seit-Steps, Seit-Kreuzen, Übersteigen mit beiden Füßen in einem Reifen
- Seit-Steps, Seit-Kreuzen, Übersteigen mit einem Fuß in einem Reifen
- schnelles Durchlaufen mit offenen Augen
- schnelles Durchlaufen mit geschlossenen Augen
- Sprünge (einbeinig/zweibeinig) mit den Armen wie z. B.
- roter Reifen und rechter Fuß
- gelber Reifen und linker Fuß
- grüner Reifen und rechter Fuß mit Armen vor dem Oberkörper
- blauer Reifen und linker Fuß mit Armen hinter dem Oberkörper
- weißer Reifen und beide Füße mit Armen seitlich
- statt farbige Reifen alternativ Gummi-Reifen (Fahrrad-Mantel)
- Hierzu dienen Zahlen (1 = rot = rechter Fuß; 2 = gelb = linker Fuß).
- Dazu Zahlen auf kleine Zettel notieren und unter/an die Reifen klemmen.
- Je sechs bis zwölf Durchgänge, danach die Reifen-Gruppe wechseln.
- Hohe Konzentration und Aufmerksamkeit erforderlich!
- Zeitfenster für diese Koordinationsübungen ca. 10 bis 15 Minuten

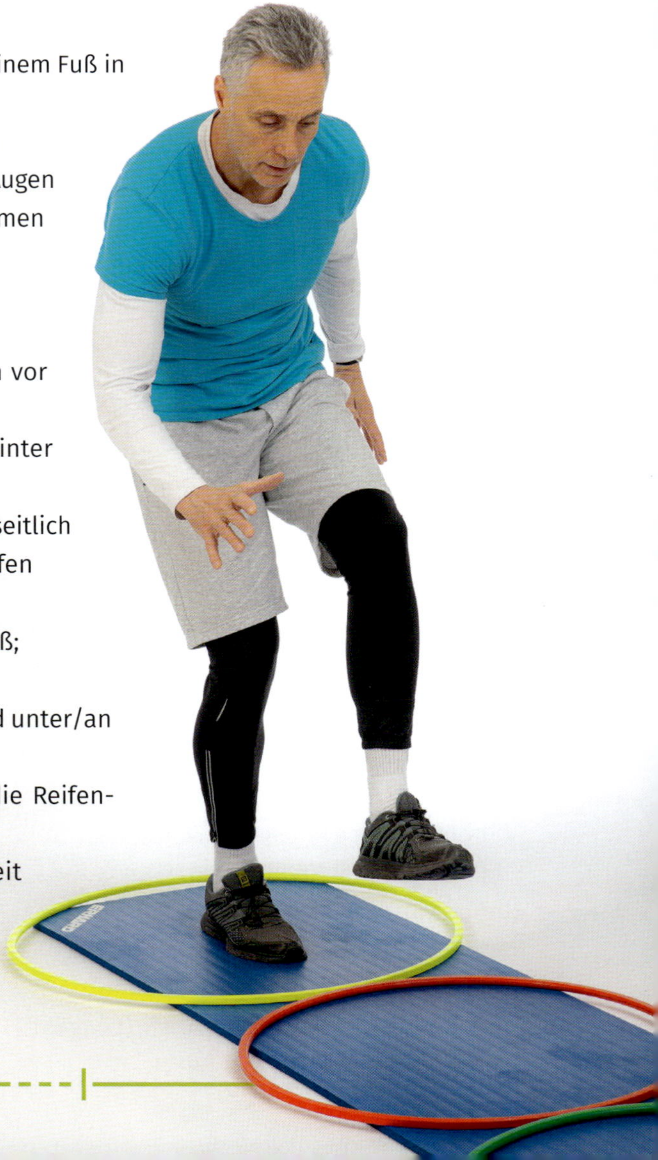

2.3.1 Special: Cross-Fit & Hyrox

Sowohl **Cross-Fit** wie auch **Hyrox** (siehe: Anhang/Glossar) sind relativ neue Trendsportarten bzw. Trainingsmethoden und vereinen viele Elemente aus den Bereichen **Leichtathletik** (Laufen, Sprinten), **Turnen** (Handstand, Klimmzug) und **Gewichtheben** (Kniebeuge, Kreuzheben). Der Grundgedanke ist dabei die funktionelle/funktionale Bewegungsausführung über viele Gelenke mit dem (überwiegend) eigenen Körpergewicht.

Wie lassen sich nun diese **ausdauer**- und **kraft**-betonten Übungen im Schulsport (auch mit größeren Klassen) praxisnah umsetzen?

Im Folgenden werden zwei Beispiele gezeigt, welche mit wenig Materialaufwand in der Turnhalle und/oder im Freien gut anwendbar sind.

1. Cross-Fit „light" (je zwei bis fünf Schüler/Station in der Turnhalle)
Station 1: **Kniebeugen/Squats** (30 Wh. bzw. 30 Sek.)
Station 2: **Liegestütze/Push-ups** (30 Wh. bzw. 30 Sek.)
Station 3: **Bauchroller/Sit-ups** (30 Wh. bzw. 30 Sek.)
Station 4: **Seilspringen/Rope Skipping** (30 Wh. bzw. 30 Sek.)
Station 5: **Unterarmstütze/Planks** (30 Wh. bzw. 30 Sek.)

Je zwei bis fünf Schüler absolvieren an ihrer Station gemeinsam die jeweiligen Kraftübungen über den vorgegebenen Zeitraum von **30** Sekunden.
Nach dem Pfiff wechseln alle Schüler im Uhrzeigersinn ↻ zur nächsten Station und starten sofort mit der nächsten Übung. Es erfolgen also keine längeren Pausen zwischen dem Stationswechsel. Erst nach dem Durchlaufen aller fünf Stationen gibt es eine Pause (ca. fünf Minuten), bevor ein zweiter und ein dritter Durchgang/Satz ausgeführt wird.

2. Hyrox „light" (alle Schüler/Station im Freien)
Station 1: Laufen 400 Meter (1. Runde unter < 2 Minuten bzw. 120 Sek.)
Station 2: 25-mal **Liegestütze/Push-ups**
Station 3: Laufen 400 Meter (2. Runde)
Station 4: 25-mal **Kniebeugen/Squats**
Station 5: Laufen 400 Meter (3. Runde)
Station 6: 25 Sek. **Unterarmstütze/Planks**
Station 7: Laufen 400 Meter (4. Runde)
Station 8: 25 Meter **Ausfallschritte/Lunges**

Alle Schüler starten gemeinsam und laufen zügig (unter zwei Minuten) die erste 400-Meter-Runde. Danach erfolgen sofort **25 Liegestütze/Push-ups**, bevor die zweite Runde absolviert wird. Es wechselt also immer eine **Laufeinheit** mit einer **Kraftübung**. Ein kompletter Durchgang benötigt unter zwölf Minuten und kann mit einer Schulklasse hervorragend umgesetzt werden (auch i. S. eines Warm-up).

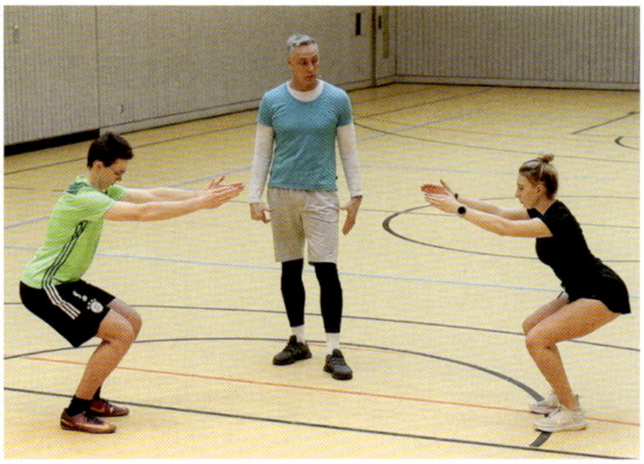

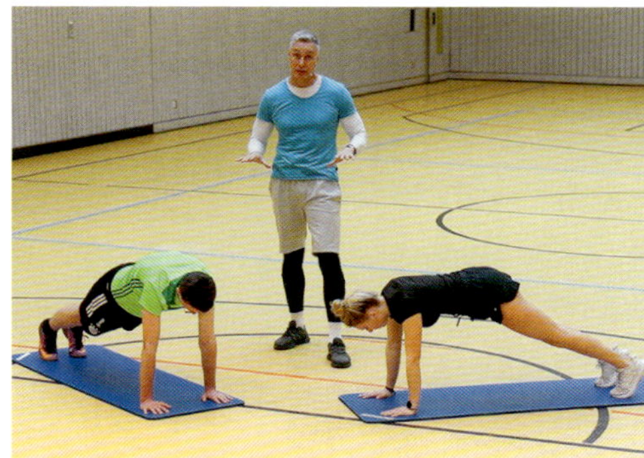

2.4 Beweglichkeit

Unter Punkt **10.2** (ab Seite 195 ff.) wird detailliert auf das sehr wichtige und teils (immer noch) strittig diskutierte Thema **Beweglichkeit** eingegangen. Aus sportpraktischer Sicht interessiert es vor allem die Trainer und die Athleten, mit welchen Trainingsmaßnahmen die Beweglichkeit verbessert oder erhalten werden kann. Oder anders formuliert:

→ **Mit welchen Übungen erziele ich als Sportler den größten Effekt?**

Dabei ist im Vorfeld zu beachten, dass die Beweglichkeit immer nach mehreren Kriterien differenziert zu betrachten und zu analysieren ist. →

1.) Alter (jung vs. alt)
2.) Geschlecht (weiblich vs. männlich)
3.) Körperbau/Größe (Proportionen/Hebelverhältnisse)
4.) Gesundheitsstatus (akute Verletzung/chronische Schädigung)
5.) Notwendigkeit (Fitnessniveau/Defizite)
6.) Sportart (sportart-spezifische Beweglichkeit)
7.) Alltag/Beruf (Dauerbelastung sitzend/stehend)

Zu 1.)
Die Beweglichkeit ist sehr stark abhängig vom **Alter**.
Kinder und Jugendliche sind i. d. R. gut (bis extrem gut) beweglich. Mit zunehmendem Alter schwindet jedoch diese aktive Beweglichkeit, auch weil die passive Gelenkigkeit (z. B. Arthrose und Dauerschmerz) eine Schonhaltung erzwingt und die Elastizität der Bänder/Sehnen abnimmt.

Zu 2.)
Die Beweglichkeit unterscheidet sich sehr stark nach **Geschlecht**.
Frauen sind i. d. R. weit beweglicher, auch wegen eines niedrigeren Anteils an Muskulatur bei mehr Bindegewebe. Zusätzlich lässt die Anatomie der Beckenform eine (notwendig) größere Bewegungsamplitude (Spagat) im Hüft-Beinbereich zu.

Zu 3.)
Die Beweglichkeit steht in direktem Bezug zum **Körperbau**.
Insbesondere die Hebelverhältnisse von Oberkörper zur Beinlänge haben Einfluss auf die Beweglichkeit (z. B. Test: Finger-Boden-Abstand/FBA). Daher sind gerade Turner für ihre extrem beweglichkeitsabhängigen Teildisziplinen mit einer kleineren Körpergröße im Vorteil.

Zu 4.)
Die Beweglichkeit wird sehr stark beeinflusst vom **Gesundheitsstatus**. Gerade als Leistungs-Sportler muss bei akuten Weichteilverletzungen (z. B. Beinrückseite), wiederkehrenden (chronischen) Rückenbeschwerden oder auch Fitnessdefiziten sehr differenziert analysiert werden, inwieweit die Beweglichkeit (auch) durch manualtherapeutische Hilfen zu behandeln ist.

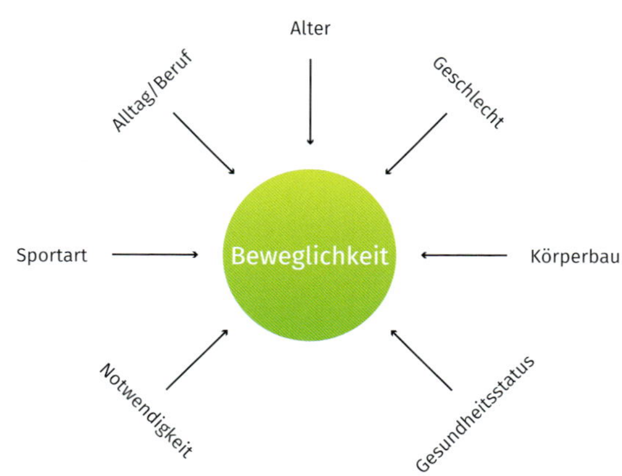

Abbildung 7: Faktoren/Einflüsse

Zu 5.)
Die Beweglichkeit wird auch definiert über die **Notwendigkeit**.
Unabhängig vom (Leistungs-)Sport gilt es als gesichert, dass gerade die Beweglichkeit bis ins hohe Alter (i. S. der Mobilität) erhalten werden sollte. Hingegen muss – aus sportmedizinischer Sicht – ein 70-Jähriger nicht unbedingt einen Marathon laufen.

Zu 6.)

Die Beweglichkeit ist immer zu bemessen an der **Sportart**.

Gerade hier ist es von Bedeutung, die einzelne Sportart mit ihren (typischen) konditionellen Schwerpunkten zu berücksichtigen (z. B. Turner vs. Läufer). Mit einem Wort: Es hat wenig Sinn, dass sich ein Radrennfahrer einen Spagat antrainiert, um seine (Ausdauer-)Leistung zu steigern. Daher spricht man heute immer mehr von der sportart-spezifischen bzw. funktionell notwendigen Beweglichkeit, die in der Folge entsprechend ihrer Hauptbelastung intensiv(er) trainiert werden muss.

Zu 7.)

Die Beweglichkeit wird maßgeblich geprägt von **Alltag** und **Beruf**.

Wie auch bei einem (zu einseitigen) Sporttreiben (z. B. Langstreckenlauf oder Krafttraining) können ebenso einseitige Belastungen im Alltag und Beruf die Beweglichkeit negativ verändern bzw. ungünstig beeinflussen. Eine ganztägig sitzende (z. B. LKW-Fahrer) oder stehende (z. B. Friseur) Position beschleunigt die Verkürzung/Annäherung bestimmter Muskelketten und benötigt folglich spezielle (ausgleichende) Dehn- und Kräftigungs-Übungen.

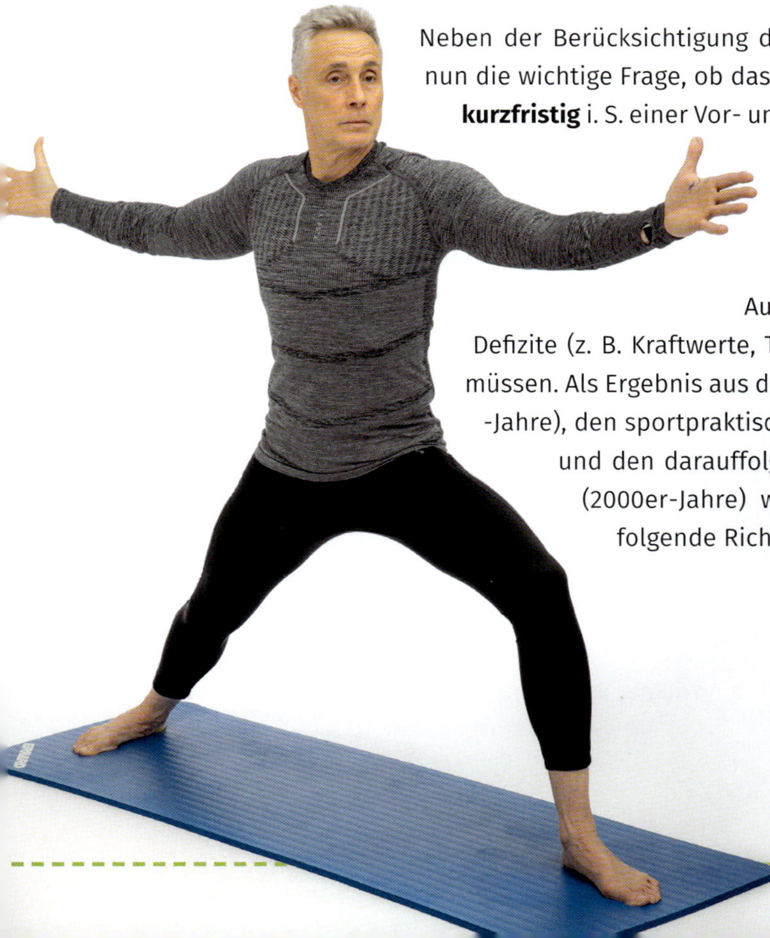

Neben der Berücksichtigung der o. g. Aspekte stellt sich nun die wichtige Frage, ob das Beweglichkeitstraining nur **kurzfristig** i. S. einer Vor- und/oder Nachbereitung zum Sport eingesetzt wird. Demgegenüber steht die **mittel-** und **langfristige** Planung, wenn i. S. eines Ausgleichstrainings mögliche Defizite (z. B. Kraftwerte, Technik) verhindert werden müssen. Als Ergebnis aus der Muskelforschung (1980er-Jahre), den sportpraktischen Studien (1990er-Jahre) und den darauffolgenden Trainingsmethoden (2000er-Jahre) werden somit als Ergebnis folgende Richtlinien empfohlen:

Merke 1: →
Direkt **vor** dem Sport kommt das **aktiv-dynamische Dehnen** zum Einsatz. Dabei bleibt der **Tonus** im Muskel **erhalten** bzw. wird noch angehoben. Die intermittierenden Übungen haben eine **kurzzeitige** Wirkung.

Merke 2: →
Nach dem Sport wird das **passiv-statische Dehnen** bevorzugt. Der **Muskeltonus** wird damit bewusst (wieder) **herabgesetzt**. Das langandauernde Stretching hat eine **kurz**- bis **mittelzeitige** Wirkung.

Merke 3: →
Langfristig müssen jedoch gezielte **Kraft**-Übungen eingesetzt werden. Insbesondere „**schwächere**" Muskelbereiche benötigen mehr Kraft. Dadurch bleibt die **Kraft-Balance** (Muskel vs. Gegenmuskel) erhalten.

Im Folgenden werden exemplarisch allgemeine Übungen zur Verbesserung der Beweglichkeit direkt **vor** dem Training (Warm-up) und als Ausklang **nach** dem Training (Cool-down) sowie (mittel-langfristig) als **Ausgleich** bzw. zum Erhalt (Yoga/Pilates) vorgestellt.

1. Warm-up: Erweiterung der Beweglichkeit vor dem Sport

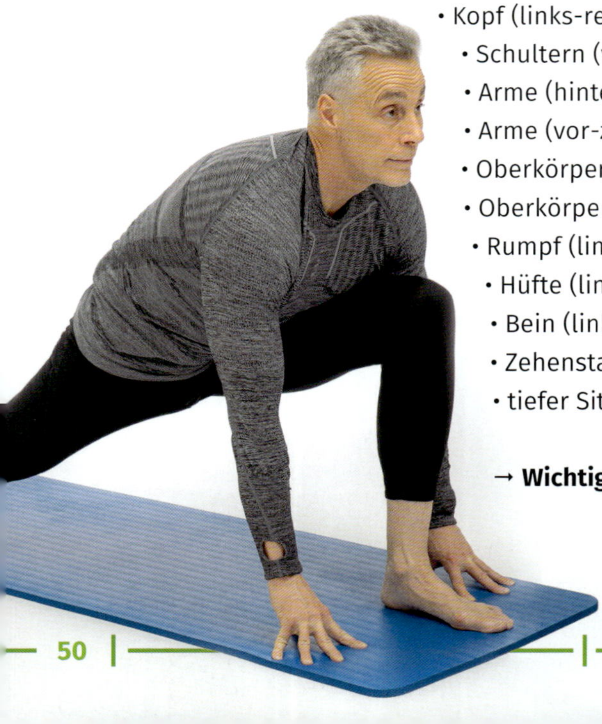

- Kopf (links-rechts) wenden
- Schultern (vor-zurück) rollen
- Arme (hinter Kopf) beugen und strecken
- Arme (vor-zurück) schwingen
- Oberkörper mit Armen (links-rechts) drehen
- Oberkörper mit Rumpf (links-rechts) drehen
- Rumpf (links-rechts) kreisen
- Hüfte (links-rechts) nach außen-innen drehen
- Bein (links-rechts) anheben und strecken
- Zehenstand mit Armstrecken
- tiefer Sitz mit Händen am Boden

→ **Wichtig**: ca. drei bis fünf Wiederholungen je Übung!

2. Cool-down: Ausgleich der Beweglichkeit nach dem Sport

- Ausfallschritt tief (Unterarm am Oberschenkel)
- Ausfallschritt tief (Hände am Boden)
- Ausfallschritt tief (Fuß an Gesäß)
- kniend Hände am Boden stützen (das Kamel)
- tiefer Sitz (ohne Hände am Boden)
- sitzend mit Beinen grätschen
- sitzend mit Beinen grätschen und Oberkörper vorlegen
- sitzend mit Beinen grätschen und Oberkörper vordrehen
- kleiner Hürdensitz (mit Vorbeuge)
- großer Hürdensitz mit Rücklage
- Beine/Füße an das Gesäß ziehen (der Bogen)

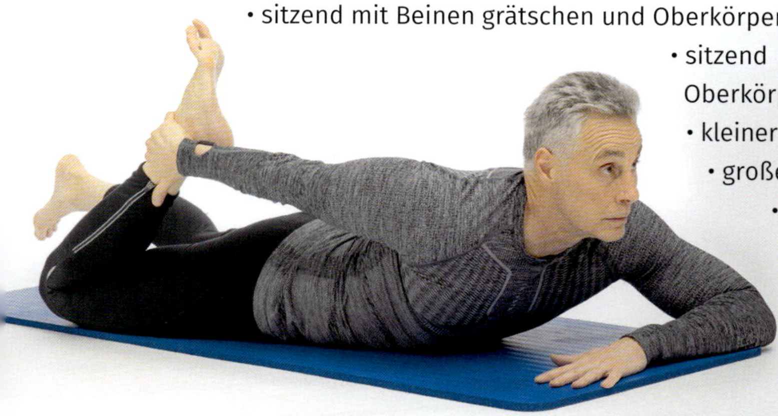

→ **Wichtig**: ca. 30 bis 60 Sekunden je Übung!

3. Yoga: Verbesserung der Beweglichkeit zum Sport

- Der Sonnengruß (stehend > stützend > liegend)
- Das Brett (Langstütz)
- Die Katze (Vierfüßler)
- Der Krieger (stehend > kniend)
- Das Krokodil (liegend)

→ **Wichtig**: ca. 60 bis 90 Sekunden und drei Wiederholungen je Übung!

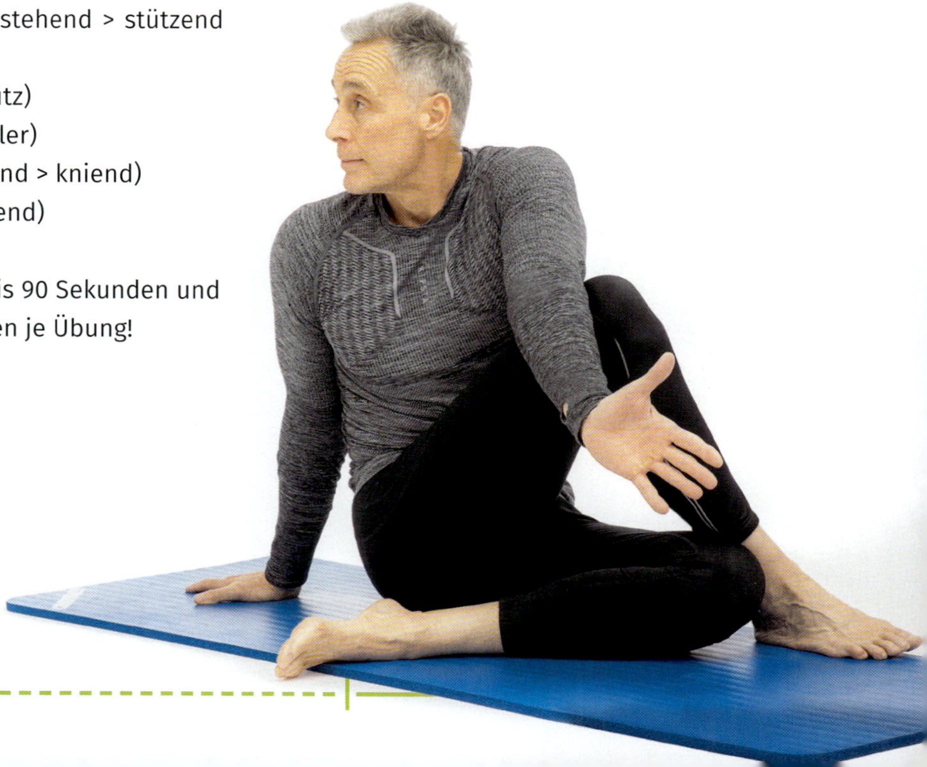

KAPITEL 3:

AUFWÄRMEN (WARM-UP)

3.1 Warm-up für Team-Ballsportarten (Basketball, Handball, Fußball, Volleyball)

Die großen Ballsportarten wie Basketball, Handball und Fußball unterliegen ihren eigenen festen Regeln. Da beim Basketball der Körperkontakt mit dem Gegner (mehr oder weniger) **nicht** erlaubt ist, sind taktisch-technische wie konditionelle Aspekte mehr gefragt, um in den Besitz des Balles zu gelangen. Somit wurde das Spiel in den letzten Jahren bedeutend reaktionsschneller und athletischer (Beinarbeit und Sprungkraft). Demgegenüber darf im Hand- und Fußball durchaus der Körper gezielt eingesetzt bzw. der Gegner **geblockt** werden, um Spielvorteile zu erzielen. Dies gilt es, gerade im Sportunterricht, richtig dosiert zu vermitteln. Alle drei Ballsportarten sind in ihrem Wesen sehr bewegungsintensiv, was dem übergeordneten Ziel des Sportunterrichts positiv entgegenkommt. Diese Maxime gilt (ohne dies abzuwerten) im Volleyball nicht. Da beide (Sechser-) Teams in ihrem eigenen Feld agieren, sind die Laufwege eher begrenzt. Mehr noch, im Volleyball-Schulsport entsteht allzu oft ein Stillstand. Daher orientieren sich die folgenden Warm-up-Übungen gezielt an den sportart-typischen Bewegungsabläufen i. S. eines **spezifischen** Aufwärmens.

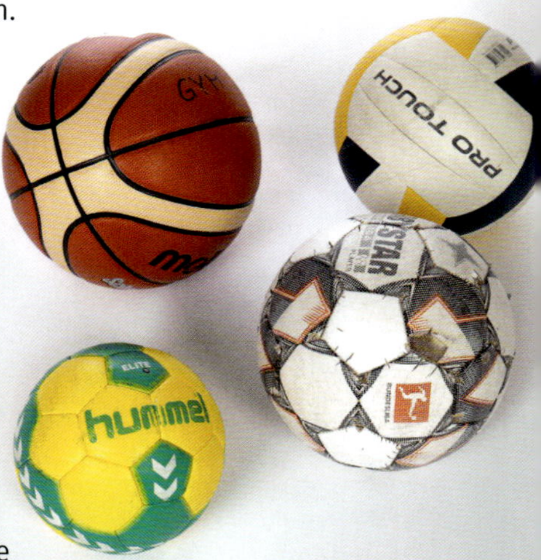

Teil 1: Warm-up für Volleyball – ohne Ball!

- Die **Hälfte** der Schulklasse startet je Spielfeldhälfte ab der **Grundlinie.**
- **nebeneinander** auf einer Höhe locker zum Netz laufen und zurück
- Lauf-ABC-Übungen (Teil 1) jeweils zum Netz hin und zurück traben,
- z. B. Anfersen, Hopserlauf, Kniehebelauf.
- Lauf-ABC-Übungen (Teil 2) zum Netz hin und zurück,
- z. B. Seit-Steps, Seit-Galopp, Seit-Kreuzen
- gehend zum Netz mit großem Armschwung (vor und zurück)
- gehend zum Netz mit Bein-Hüft-Außendrehung (links-rechts im Wechsel)
- gehend zum Netz mit großem Ausfallschritt (links-rechts im Wechsel)

- Steigerung über Skipping an der Grundlinie (ca. 5 Sek.)
- auf Pfiff kurzer Sprint zum Netz
- Steigerung über Skipping (ca. 5 Sek.)
- auf Pfiff Sprung mit Landung und Sprint zum Netz
- Die Hälfte der Schulklasse startet je Spielfeldhälfte am Netz.
- hintereinander in einer Reihe frontal zum Netz (linksseitig) stehen
- somit mit dem (rechtsseitig) gegenüberstehenden Partner starten
- gleichzeitig Dreier-Seitsteps mit Sprung und Blocksimulation am Netz
- danach an der Seit- und Grundlinie zurücktraben
- Steigerung über Seitsteps und Schlagsimulation am Netz
- Achte auf **Anstellschritt** und beidbeinigem Absprung!

↓

Teil 2: Warm-up für Volleyball – mit Ball!

- oberes Zuspiel zu zweit (kurzer Abstand)
- unteres Zuspiel zu zweit (kurzer Abstand)
- oberes und unteres Zuspiel im Wechsel zu zweit (kurzer Abstand)
- obere und untere Angabe im Wechsel (größerer Abstand)
- oberes Zuspiel und Schlag am Netz zu zweit
- oberes Zuspiel und Schlag am Netz je Hälfte der Schulklasse
- nur oberes Zuspiel je Hälfte der Schulklasse im Kreis
- nur unteres Zuspiel je Hälfte der Schulklasse im Kreis
- oberes und unteres Zuspiel je Hälfte der Schulklasse im Kreis
- obere und untere Angabe ab der Grundlinie über Netz

↓

Teil 3: Kleine Specials für Volleyball!

- Zwei Schüler stellen sich mit ca. zwei Meter Abstand **hintereinander** auf.
- Beide schauen nach vorne (gleiche Blickrichtung).
- Der Hintermann spielt den Volleyball über das obere Zuspiel hoch/weit.
- Der Vordermann sprintet zum Volleyball und nimmt diesen von unten an.
- Der Volleyball darf den Boden somit nicht berühren.
- nach einer Hallenlänge Partnerwechsel
- Zu Beginn erfolgt das Zuspiel auf ein akustisches Kommando (z. B. bei 3).
- Danach ohne Ankündigung mit mehr Reaktion.
- Ein Partner sitzt auf der **Langbank**.
- Sein Partner steht mit ca. ein bis zwei Meter Abstand frontal vor ihm.

- Dieser schuckt den Volleyball sanft auf die gestreckten Unterarme.
- Mit dem Aufstehen von der Langbank wird der Volleyball zielgenau zurückgebaggert.
- Partner-Wechsel nach ca. zehn Wiederholungen (10 Wh.).
- Ein Partner steht vor einer **Weichmatte**.
- Sein Partner schuckt den Volleyball sanft auf die Matte.
- Mit einem Sprung bäuchlings auf die Matte Volleyball zurückbaggern.
- Dabei werden wieder die Unterarme weit nach vorne gestreckt.
- kleine Impulse aus der Schulter bei gestreckten Armen
- In Dreier-Reihen oder Vierer-Reihen stellen sich drei oder vier Schüler auf.
- Der Volleyball wird über das obere Zuspiel von außen zur Mitte gespielt.
- Dabei darf der Volleyball mehrere Male selbst vorgespielt werden.
- Der/die mittig stehende(n) Schüler drehen sich um 180 Grad.
- Positionswechsel nach ca. zehn Wiederholungen
- Anschließend wird der Volleyball von dem Mittelspieler „blind“ gespielt.
- Ohne Drehung wird der Volleyball also nach hinten und hoch gepritscht.
- anschließend ohne mehrmaliges Zuspielen, also mit nur einer Berührung

↓

Teil 4: Kleine Regelkunde für Volleyball!

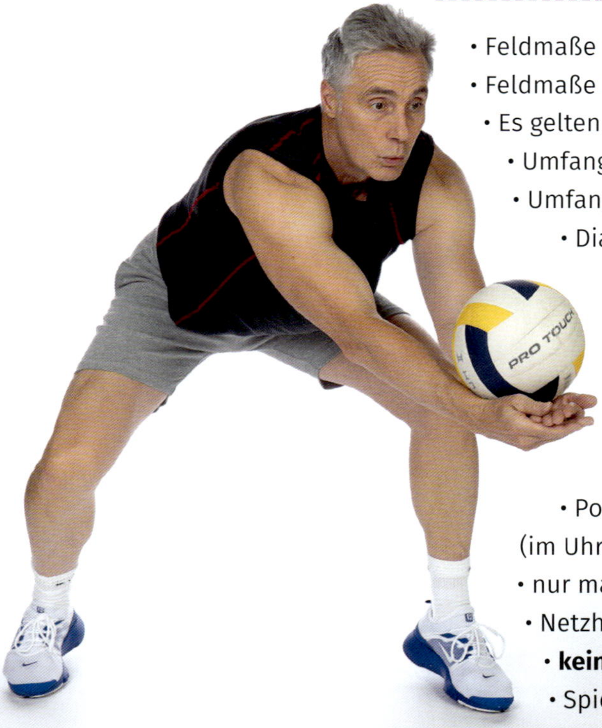

- Feldmaße **9** mal **18** Meter (ganzes Feld)
- Feldmaße **9** mal **9** Meter (halbes Feld)
- Es gelten die **blauen** Linien.
- Umfang genau **54** Meter (ganzes Feld)
- Umfang genau **36** Meter (halbes Feld)
- Diagonale (ganzes Feld) rund **20** Meter
- Diagonale (halbes Feld) knapp **13** Meter
- **Blaue** Seit-, Grund- und Angriffs-Linien
- Angriffs-Linie **drei** Meter vom Netz als gültige Angriffszone
- je **zehn** (zwölf oder 14) Spieler/Team, davon je **sechs** Spieler auf dem Spielfeld
- Positionswechsel durch Rotation nach rechts (im Uhrzeigersinn ↻)
- nur maximal **drei** Ballkontakte (inkl. Annahme)
- Netzhöhe **2,44** Meter (= 8 Feet für Herren)
- **keine** Netzberührung erlaubt
- Spielgewinn bis **25**, Satzgewinn bis **3** (regulär)

- Für **Beach-Volleyball** gelten die gleichen Regeln.
- Feldmaße jedoch **8** mal **8** Meter sowie
- je **zwei** Spieler

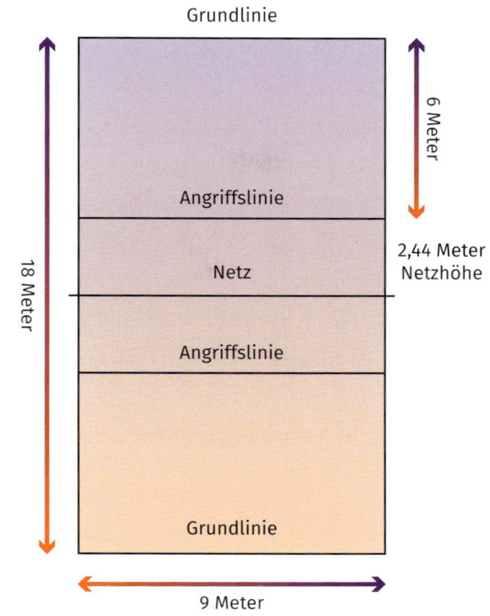

Abbildung 8: Volleyball-Feld

Teil 1: Warm-up für Handball – ohne Ball!

- Die Hälfte der Schulklasse startet je Spielfeldhälfte an der Grundlinie.
- nebeneinander locker zur Mittellinie laufen und zurück
- Lauf-ABC-Übungen (Teil 1) zur Mittellinie hin und locker zurücktraben
- z. B. Anfersen, Hopsern, Kniehebelauf
- Lauf-ABC-Übungen (Teil 2) zur Mittellinie hin und locker zurücktraben
- z. B. Seit-Steps, Seit-Galopp- Seit-Kreuzen
- gehend zur Mittellinie mit großem Armschwung (vor-zurück)
- gehend zur Mittellinie mit Bein-/Hüft-Außendrehung (links-rechts im Wechsel)
- gehend zur Mittellinie mit großem Ausfallschritt (links-rechts im Wechsel)
- ab der Grundlinie jeweils nur zu dritt
- Skipping (ca. 5 Sek.) und Sprint
- Skipping (ca. 5 Sek.) und dreimal Seitsteps (links-rechts) und Sprint
- Skipping (ca. 5 Sek.) und Sprint mit Abschluss Dreier-Schritt und Sprung
- Paarweise zusammen, frontal zueinander aufstellen.
- Angreifer mit lockerem Antraben mit Finte (links-rechts) und Sprint
- Verteidiger mit tiefer Beuge und Rückwärtsbewegung
- Arme strecken und **Körperkontakt** zum Angreifer-Block!

↓

Teil 2: Warm-up für Handball – mit Ball!

- paarweise in der Gassenaufstellung mit je einem Handball
- Abstand ca. neun Meter (siehe: blaue Volleyball-Seitlinien)
- lockere Pässe über Boden (indirekte Pässe)
- Steigerung mit Drei-Schritt-Folge
- Steigerung über Prellen und Drei-Schritt-Regel
- Steigerung über Prellen, Drei-Schritt-Regel und Absprung
- Wechsel zu direkten Pässen (ohne Bodenkontakt)
- alle Pässe in der Laufbewegung paarweise
- von einer Turnhallen-Seite zur anderen
- Abschluss mit Torwurf
  - von indirekten Pässen zu direkten Pässen

↓

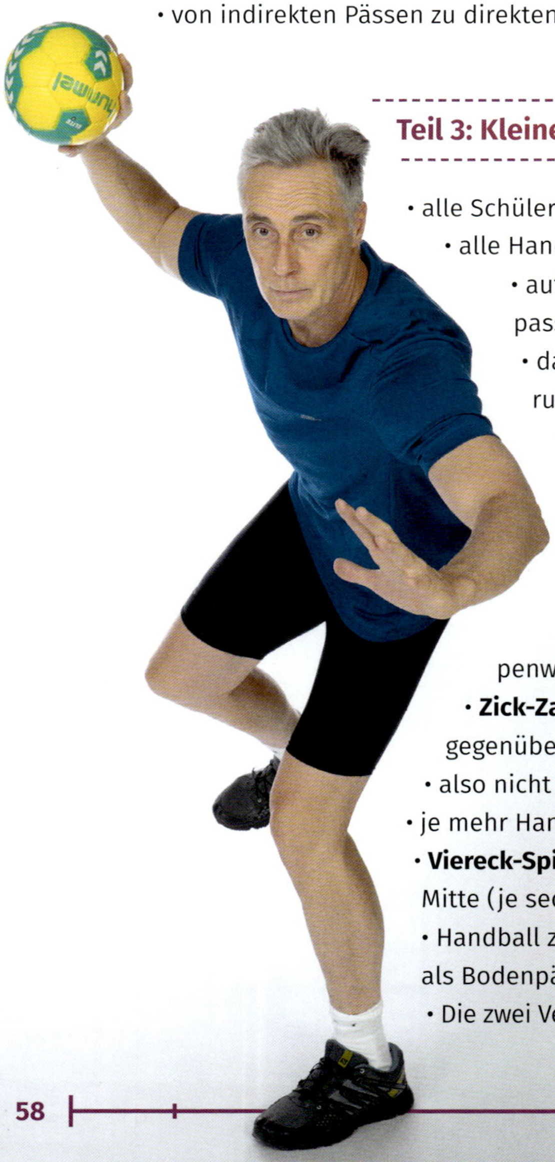

Teil 3: Kleine Specials für Handball!

- alle Schüler in der **Gassenaufstellung**
- alle Handbälle auf einer Seite
- auf Kommando gleichzeitig zur Gegenseite/Partner passen
- danach um eine Position nach rechts (→) steppen/rutschen
- Rückspiel also zu einem „neuen“ Partner
- Die Gegenseite bleibt stehen.
- Der rechts stehende Spieler sprintet hinter seiner Gruppe
- auf die erste „freie“ linke Position.
- Pässe über Boden und direkt, danach Gruppenwechsel
- **Zick-Zack-Pässe** nur zum linken und rechten Partner gegenüber,
- also nicht zum direkten Partner gegenüber
- je mehr Handbälle, desto höher die Konzentration
- **Viereck-Spiel** (ca. sechs Meter) mit zwei Teilnehmern in der Mitte (je sechs Teilnehmer/Team)
- Handball zu den Ecken/Eck-Teilnehmern passen, aber nur als Bodenpässe
- Die zwei Verteidiger im Viereck „kämpfen“ um den Handball.

- **Pass & Rückpass** mit Torwurf und harter Verteidigung
- **Pass & Rückpass** mit Lauf zum Gegentor
- Ballaufnahme und Torwurf
- **„2 gegen 1“** mit Pass zum Mitspieler und Verteidigung
- **Kreuzen** zu dritt mit Passen und Laufen
- **Rundlauf** mit Wurf an die Turnhallen-Wand
- je zwei Gruppen auf einer Turnhallen-Seite mit Gruppenwechsel
- **Kempa-Wurf** mit Absprung und Landung auf der Weichmatte
- Steigerung über Trampolin-Sprünge

↓

Teil 4: Kleine Regelkunde für Handball!

- Feldmaße **20** mal **40** Meter (ganzes Feld)
- Feldmaße **20** mal **20** Meter (halbes Feld)
- Es gelten die **roten** (oder orangefarbigen) Linien.
- Umfang genau **120** Meter (ganzes Feld)
- Diagonale (ganzes Feld) knapp **45** Meter
- **rote** (oder orangefarbige) Seit-, Grund- und Torraum-Linien sowie
- **Neun**-Meter-Freiwurf-Linien (gestrichelt) und **sieben**-Meter-Strafwurf-Linien
- **Tor** genau **zwei** mal **drei** Meter groß
- **Tormann** darf seit 2016 als Feldspieler mit agieren (= siebter Mann).
- sehr **körperbetontes** Spiel
- **Drei**-Schritt-Regel sowie Ball-**Prellen**
- je **14** Spieler/Team, davon je **sieben** Spieler (inkl. Torhüter) auf dem Spielfeld
- **fliegende** Wechsel, aber Auszeiten nur mit Anmeldung
- je **zwei**mal **30** Minuten Spielzeit (regulär)
- Kempa-Wurf vor dem Torraum

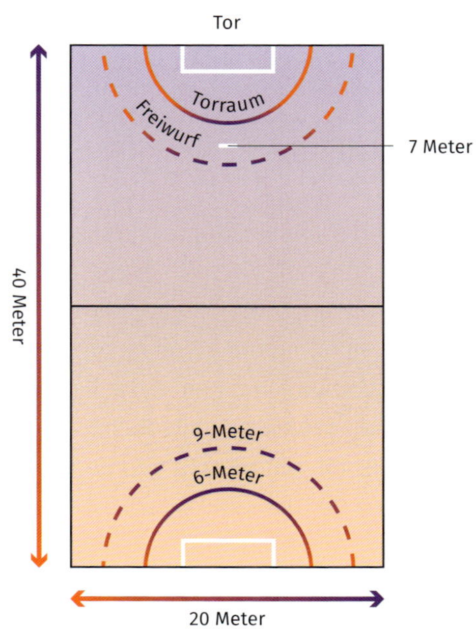

Abbildung 9: Handball-Feld

Teil 1: Warm-up für Basketball – ohne Ball!

- Die Hälfte der Schulklasse startet je Spielfeldhälfte an der Grundlinie.
- nebeneinander locker zur Mittellinie laufen und zurück
- Lauf-ABC-Übungen (Teil 1) zur Mittellinie hin und locker zurücktraben
- z. B. Anfersen, Hopsern, Kniehebelauf
- Lauf-ABC-Übungen (Teil 2) zur Mittellinie hin und locker zurücktraben
- z. B. Seit-Steps, Seit-Galopp- Seit-Kreuzen
- gehend zur Mittellinie mit großem Armschwung (vor-zurück)
- gehend zur Mittellinie mit Bein-/Hüft-Außendrehung (links-rechts im Wechsel)
- gehend zur Mittellinie mit großem Ausfallschritt (links-rechts im Wechsel)
- ab der Grundlinie jeweils nur zu zweit
- Skipping (ca. 5 Sek.) und Sprint
- Skipping (ca. 5 Sek.) und zweimal Seitsteps (links-rechts) und Sprint
- Skipping (ca. 5 Sek.) und Sprint mit Abschluss Zweier-Schritt und Sprung
- paarweise zusammen, frontal zueinander aufstellen
- Angreifer mit lockerem Antraben mit Finte (links-rechts) und Sprint
- Verteidiger mit tiefer Beuge und Rückwärtsbewegung
- Achte auf Hände in Vorhalte und **keinen Körperkontakt** zum Angreifer-Block!

↓

Teil 2: Warm-up für Basketball – mit Ball!

- Alle Schüler kreisen den Basketball um die Hüfte im Stand/am Ort.
- Basketball durch die seitlich gegrätschten Beine achtern
- Basketball am Boden liegend durch die Beine rollen/achtern
- Basketball durch die Beine im Ausfallschritt führen/rollen/dribbeln
- alle Basketball-Übungen in der Bewegung/quer durch die Turnhalle
- Basketball dribbeln in alle Richtungen (vor/zurück/seitlich)
- Korbleger mit Andribbeln und Seitenwechsel von rechts
- Korbleger mit Pass und Rückpass („give & go")
- Korbleger mit Abwehr
- andribbeln mit Nahdistanz-Wurf
- Nahdistanz-Wurf über „give & go"
- Seitenwechsel, alle Übungen auch von links
- Folglich mit der linken Hand dribbeln und werfen

↓

Teil 3: Kleine Specials für Basketball!

- zu zweit indirekte Pässe mit einem Basketball (Gassenaufstellung)
- Druckpässe beidhändig
- Druckpässe einhändig
- direkte Pässe (ohne Bodenberührung)
- **„Alley Oop“** zu zweit
- fangen und passen in der Luft
- zu zweit einhändiges Passen mit zwei Basketbällen
- indirekt vs. direkt (Blickkontakt und Timing)
- Zwei Basketbälle gleichzeitig hochwerfen und über Kreuz fangen.
- Dribbling mit zwei Basketbällen synchron vs. asynchron
- alle Übungen in der Bewegung von einer zu anderen Turnhallen-Seite
- Abschluss mit Korbleger
- zu zweit Rebounding nach Wurf von der Sportlehrkraft
- Abschluss mit Korbleger oder Wurf
- Wechsel zur anderen Turnhallen-/Basketball-Korbseite
- Rundlauf am Basketball-Brett
- Wurf an das Basketball-Brett
- Steigerung über „Alley Oop“ (in der Luft fangen und werfen)
- zu dritt kreuzen (achtern, eiern, brezeln)
- passen und seinem Basketball hinterherlaufen

↓

Teil 4: Kleine Regelkunde für Basketball!

- Feldmaße **15** mal **28** Meter (ganzes Feld)
- Es gelten die **schwarzen** Linien.
- Umfang genau **86** Meter (ganzes Feld)
- Diagonale (ganzes Feld) knapp **32** Meter
- **schwarze** Seit-, Grundlinien und Mittelkreislinie sowie
- **Drei**-Punkte-Zone, Freiwurf-Linien mit Korb-Zonen (rechteckig)
- sehr **körperloses** Spiel
- Höhe des Basketballkorbs genau **3,05** Meter (= 10 Feet)
- **Zwei**-Schritt-Regel sowie Ball-**Dribbling**

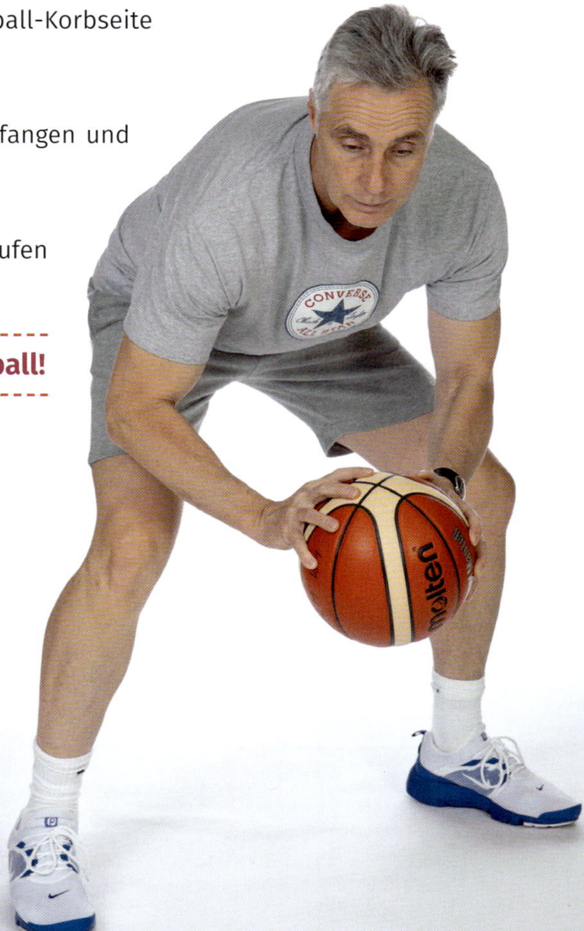

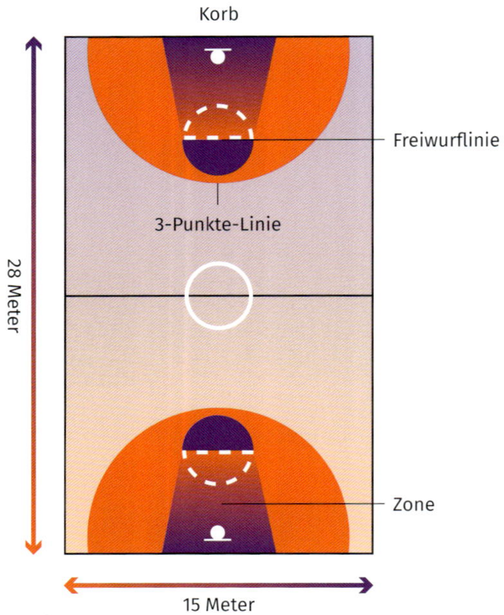

Abbildung 10: Basketball-Feld

- je **zwölf** Spieler/Team, davon je **fünf** Spieler auf dem Spielfeld
- **vier** mal **10** Minuten Spielzeit
- Angriffszeit erfolgt binnen **24** Sekunden
- innerhalb von **acht** Sekunden aus dem eigenen Spielfeld
- keine Rückspielmöglichkeit
- Die **Spielzeit** wird bei jedem Pfiff (auf Zehntelsekunden) angehalten.
- Wechsel und Auszeiten nur mit **Anmeldung**
- Alley Oop und Dunking

Teil 1: Warm-up für Fußball – ohne Ball!

- alle Schüler nebeneinander an der Grundlinie
- Traben, Anfersen, Hopsern, Knieheben, Seit-Galopp, Seit-Kreuzen
- Steigerung mit kurzen Sprints
- Traben mit Innen- und Außenrotation über Hüfte im Wechsel
- Bein angewinkelt anheben und mit den Händen durchklatschen
- Bein gestreckt anheben und im Wechsel mit der Gegenhand berühren
- Ausfallschritte mit Oberkörperrotation im Wechsel
- im Stand Bein schwingen (vor-zurück) je fünf- bis zehnmal
- im Stand Bein schwingen (innen-außen) je fünf- bis zehnmal
- im Stand Standbein-Waage im Wechsel
- Skipping (ca. 5 Sek.) und kurzer Sprint (ca. 5-10 Meter)

↓

Teil 2: Warm-up für Fußball – mit Ball!

- Jeder Schüler dribbelt für sich allein.
- enges Dribbling mit Fußwechsel
- Spiel in der Bewegung an die Turnhallenwand
- Fußball stoppen und um den Fußball tänzeln
- Fußball dandln mit Fuß und Kopf
- Fußball-Tausch mit wechselnden Partnern

↓

Teil 3: Kleine Specials für Fußball!

- „Dribbel-König“ im Mittelkreis oder 16-Meter- oder Fünf-Meter-Torraum
- Jeder Schüler dribbelt eng am Fuß mit seinem Fußball
- und „kickt“ dem Gegner dessen Fußball aus dem Feld.
- „Drei-Leben-Regel“ oder „Wer bleibt übrig“?
- „Dribbel-König“ als Paar mit einem Fußball und am Leibchen haltend
- „Vier-Eck-Dribbeln“ (vier Eck-Teams) zur Mitte um ein Hütchen
- „Vier-Eck-Fußball“ (je ein Fußball auf einer Pylone in je einer Ecke)
- „Coast to Coast“ Fußball-Übergabe an der Mittellinie (je zwei Teams/Turnhallen-Seite)
- Matten-Fußball (je fünf bis sieben Matten/Turnhallen-Seite an den Seit-/Rückwänden)
- Matten-Fußball mit Tor-Zahlen (1 bis 6) und 50-Punkte-Ziel
- Fußball auf je zwei Tore (Turnhallen-Seitwand und Turnhallen-Rückwand)
- „Zick-Zack-Fußball“ in der Gassenaufstellung
- „Passen und Laufen“ (Pass und Lauf um eine Position nach rechts)
- „Kegelball“ (querenden Ball abschießen)
- paarweise zwei Fußball zuspielen

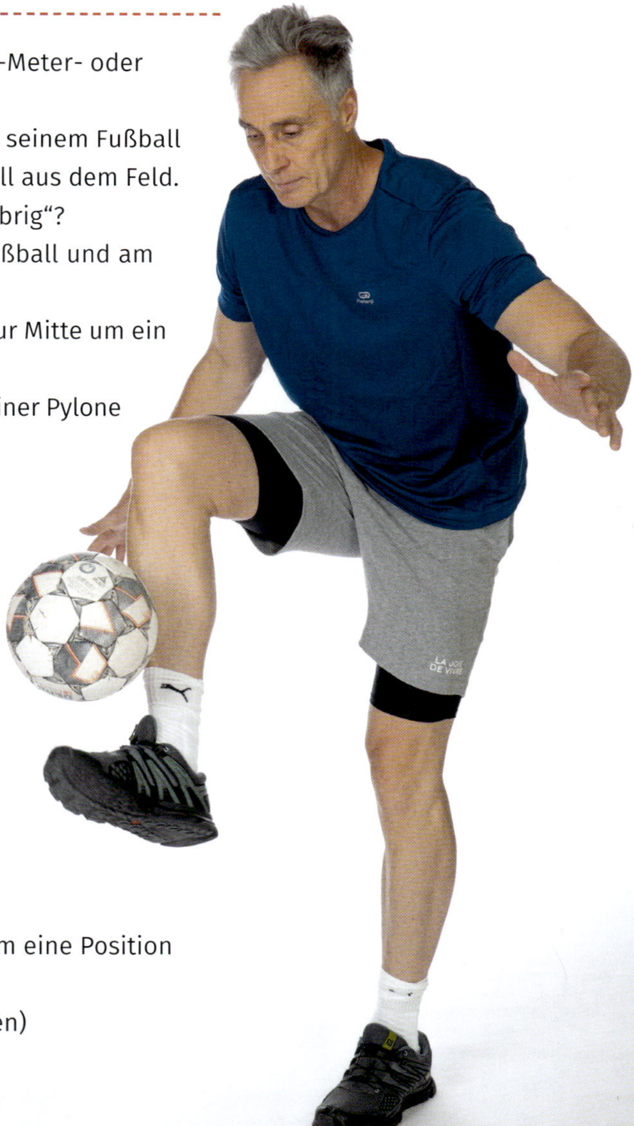

- Rundlauf über Turnhallen-Rückwand mit Seiten-Wechsel
- „Hütchen-Treffer“ (Hütchen an der Mittellinie abschießen)
- „Fußball-Golf“ (Fußball mit wenig Versuchen in das andere Tor schießen)
- „Fußball-Boccia/Boule“ (Fußball ganz nah zum Mittelkreis)

↓

Teil 4: Kleine Regelkunde für Fußball!

- Feldmaße **68** mal **105** Meter (Bundesliga/Länderspiele)
- Es gelten die **weißen** (Kreide-)Linien.
- Umfang genau **346** Meter (ganzes Feld)
- Diagonale (halbes Feld) rund **85** Meter
- Diagonale (ganzes Feld) rund **125** Meter
- Abweichungen der Feldmaße um bis zu 15 bis 20 Meter gängig
- somit Grundlinie von 45 bis 90 breit und Seitlinie 90 bis 120 Meter lang
- je Team **11** Spieler
- **zwei**mal **45** Minuten
- **körperbetontes** Spiel
- 16-Meter-Raum und Fünf-Meter-Torraum sowie Elf-Meter-Strafstoß-Punkt
- Abseitsregel erschwert einen „leichten“ Torangriff.
- Kleinfeld-Fußball für Schulklassen und jüngere Jahrgänge günstiger
- Alternativen sind u. a. Fußball-Tennis, Matten-Fußball, Schützenwechsel

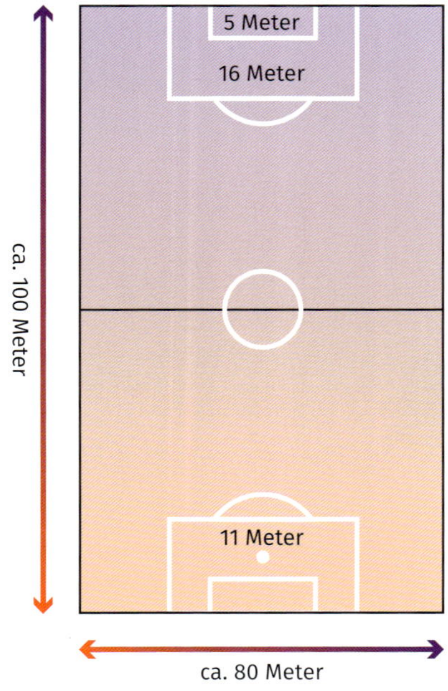

Abbildung 11: Fußball-Feld

3.2 Warm-up für Einzelsportarten (Leichtathletik, Turnen, Parkour, Schwimmen)

Wie auch bei den aufgezeigten Team-Ballsportarten orientieren sich die Aufwärm-Übungen für die (ballfreien) Einzelsportarten vorrangig an den typischen Bewegungsmustern und Belastungsarten. So unterscheidet sich das komplexe Turnen nur wenig vom freien Parkour, jedoch werden beim Schwimmen gegenüber der Leichtathletik wieder andere konditionelle Fertigkeiten und Muskelgruppen benötigt. Alle Schüler verteilen sich in der Turnhalle im Kreis oder an der Seitlinie.

- tänzeln/traben/twisten am Ort
- Skipping
- anfersen
- Knieheben
- Hampelmann (kurze vs. lange Arme)
- Skipping mit Strecksprung sowie Hocksprünge
- hopsern
- Ausfallschritte
- Armschwingen (vor vs. zurück)
- Armschwingen (gleich vs. gegengleich)
- Butterfly invers vs. revers (kurze vs. lange Arme)
- nur linkes Bein anheben (drei- bis fünfmal), dann Wechsel
- nur linkes Bein Anfersen (drei- bis fünfmal), dann Wechsel
- Oberkörper rotieren
- Ausfallschritte nach seitlich im Wechsel

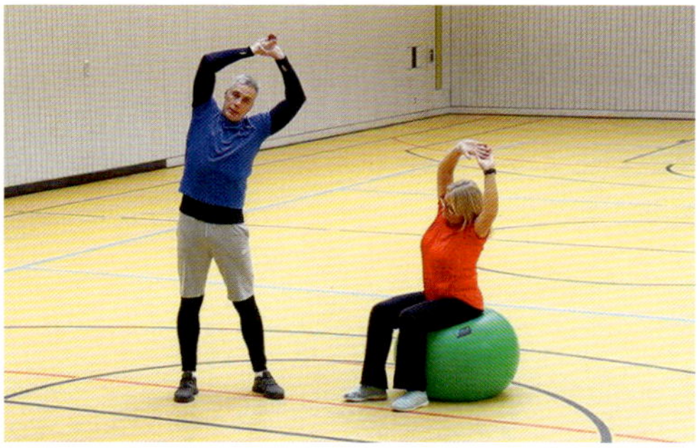

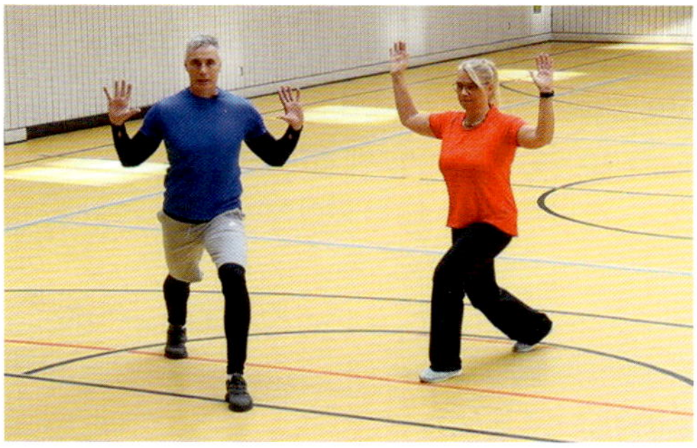

- grätschen nach seitlich im Wechsel
- „Tiefer Sitz“ mit Arme öffnen Beine
- auf Hände stützen
- auf der Bodenmatte im Sitzen
- vom Strecksitz in den freien Sitz
- vom Strecksitz in den Drehsitz
- vom Strecksitz in den Hürdensitz
- vom Schulterstütz (kurz) zum Vorbeugen
- vom Schulterstütz (lang) zum Seitstütz (lang)
- vom Unterarmstütz zum Langstütz
- vom Langstütz zum Hund
- vom Hund zum Strecken
- vom Strecken zum Ausfallschritt (groß)
- vom Ausfallschritt zur Rotation
- vom Ausfallschritt zur Streckung
- vom Ausfallschritt zur Streckung mit Vorderfußballen-Kontakt
- vom Ausfallschritt (groß) zum Ausfallschritt (klein)
- vom Ausfallschritt klein zur Taube

3.3 Warm-up für Kraft und Fitness

Ein moderner Sportunterricht versucht auch immer, die vielen Trends aus dem Fitness- und Tanzbereich aufzunehmen. **Hip-Hop, Break-Dance** sowie **Freeletics** oder **Parkour** sind einige sehr gute Beispiele dafür, wie wir als Sportlehrer gemeinsam mit den Schülern offene Sportstunden gestalten können, und dies garantiert mit einer großen Portion Spaß und Begeisterung. Gerade bei den Jungen reift (ab der achten Klasse) der Blick für das Körperbewusstsein. Schüler entdecken ihr Potenzial vor allem an der wachsenden Muskel-Kraft und spüren nicht nur sehr schnell den Erfolg (z. B. 50 Liegestütze), sondern sie sehen diese Veränderung auch allzu deutlich (z. B. Six-Pack/Bizeps). Alle Schüler stellen sich an der Seit- oder Grundlinie des Basketball-Feldes auf.
Wahlweise auch (bei kleineren Gruppen) im großen Kreis.

- lockeres tänzeln/traben am Ort – Füße im Wechsel
- twisten/drehen in der Hüfte – Füße synchron
- kleine Steps vor/zurück

- kleine Einbeinsprünge (je drei- bis fünfmal), dann Wechsel
- kleine schnelle Trippelschritte
- Knieheben
- hopsern mit Gegenarm (rechter Arm und linkes Bein)
- anfersen im Wechsel
- Hampelmann mit kurzen vs. langen Armen
- Hocksprünge
- tänzeln mit Armschwingen vor
- tänzeln mit Armschwingen zurück
- tänzeln mit rechtem Arm vor und linkem Arm zurück
- hopsern nur rechtes Bein (je drei- bis fünfmal), dann Wechsel
- anfersen nur rechtes Bein (je drei- bis fünfmal), dann Wechsel
- beidbeiniges Tänzeln und Springen (auf Kommando)
- größere Ausfallsprünge im Wechsel
- im Stand/Stehen Armkreisen/Armschwingen
- oberkörper drehen/schwingen
- Hüftkreisen/rotieren
- Beine angewinkelt nach außen/innendrehen
- Beine gestreckt nach vorne anheben
- ganzen Körper nach oben strecken und nach unten beugen
- Füße im Wechsel kurz mit der Hand an das Gesäß ziehen
- Knie im Wechsel kurz mit den Händen an den Oberkörper ziehen
- aus der Grätsche nur den Oberkörper mit langen Armen drehen
- aus der Grätsche in den „tiefen Sitz"
- im „tiefen Sitz" in den Handstütz

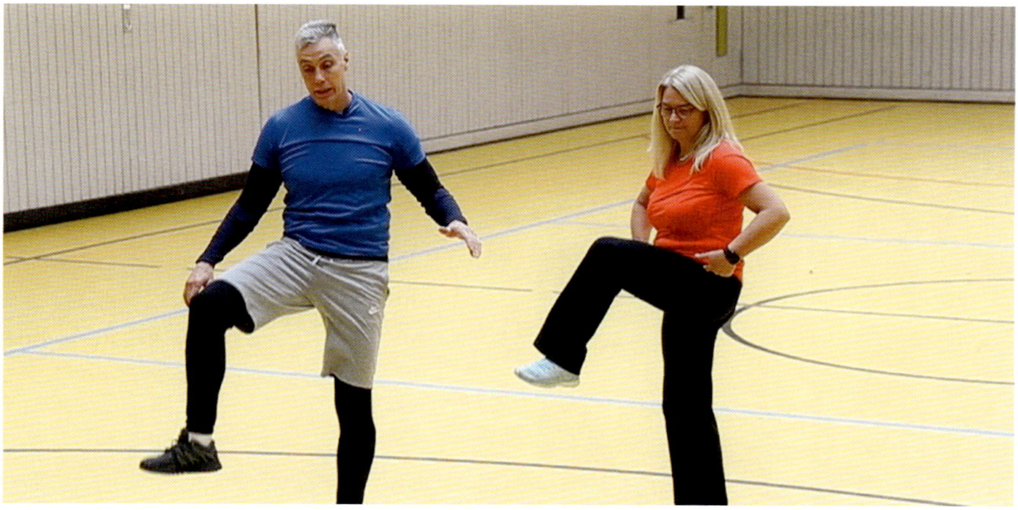

3.4 Warm-up für Schnelligkeit und Reaktion

Wie bereits erläutert, bedeutet Schnelligkeit **die schnellstmögliche Reaktion auf ein Signal hin**. Hierfür werden eine sehr hohe Aufmerksamkeit und Konzentration benötigt. Für eine erfolgreiche praktische Anwendung gilt daher der Leitsatz „Kurz, aber prägnant!"
Nach einem gezielten Warm-up (siehe: Übungen 3.3) werden die Einheiten immer im (möglichst) voll erholten Zustand (Wiederholungsmethode) und über nur wenige Einheiten bzw. ein kürzeres Zeitfenster vorgenommen. Somit bleibt die Konzentration erhöht und die (meist) technisch anspruchsvolle Ausführung erfolgt stets fehlerfrei. Alle Schüler stellen sich auf **beiden Turnhallen-Seiten** nebeneinander auf. Damit stehen rund acht bis 14 Schüler jeweils an der z. B. schwarzen Basketball-Grundlinie.

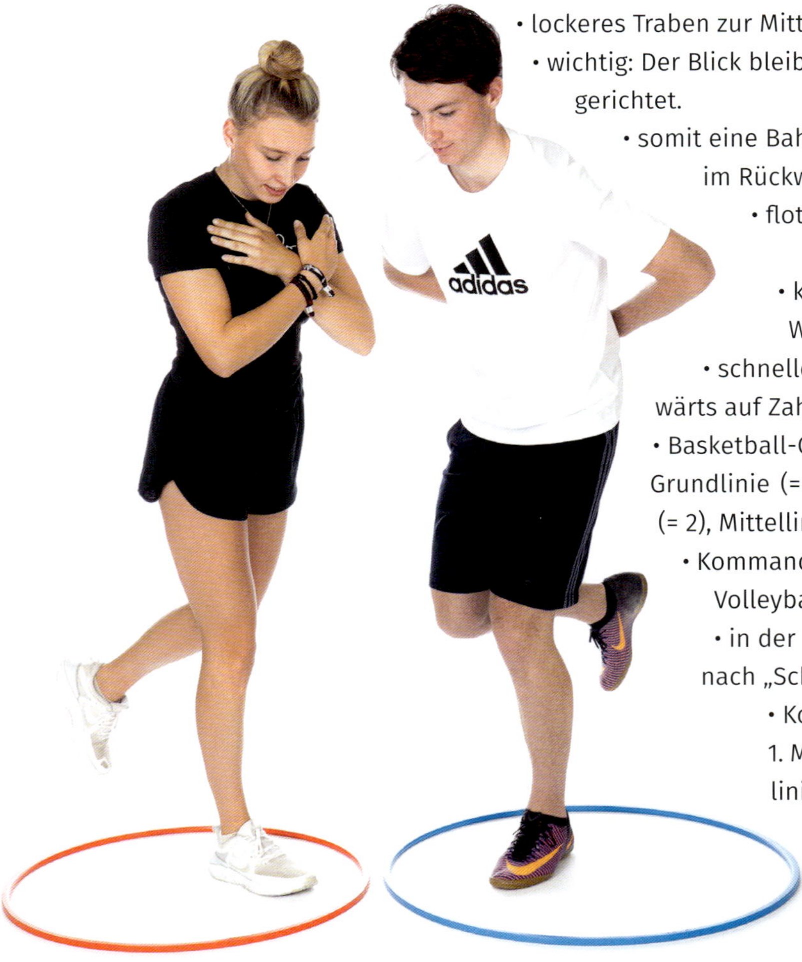

- lockeres Traben zur Mitte und wieder zurück
- wichtig: Der Blick bleibt immer nach vorne gerichtet.
- somit eine Bahn im Vorwärts-, eine Bahn im Rückwärts-Lauf
- flottes Anfersen im Wechsel (hin- und rückwärts)
- kräftiger Hopserlauf im Wechsel (hin- und rückwärts)
- schnelles Laufen vor und rückwärts auf Zahlenkommando
- Basketball-Grundlinie (= 0), Volleyball-Grundlinie (= 1), Volleyball-Angriffslinie (= 2), Mittellinie (= 3)
- Kommando 2 gleich Sprint zur Volleyball-Angriffslinie
- in der Reihenfolge sprinten, aber nach „Schreiben statt Hören"
- Kommando 3-1-2 gleich 1. ML (= 3), 2. Volleyball-Grundlinie (= 1), 3. Volleyball-Angriffslinie (= 2)

- Skipping am Ort (ca. 5 Sek.), dann kurzer Sprint (ca. 5 Meter)
- immer auf Kommando
- Skipping am Ort (ca. 5 Sek.), dann Strecksprung mit Sprint
- immer auf Kommando
- Skipping am Ort (ca. 5 Sek.), Strecksprung mit Ausfallschritt und Sprint
- Landung im Ausfallschritt mit rechtem Fuß vorne bei gerader Zahl
- Landung im Ausfallschritt mit linkem Fuß vorne bei ungerader Zahl
- danach sofort wieder kurzer Sprint
- statt akustisches Kommando nun zwei farbige Bälle einsetzen
- auf Signal einen der Bälle fallen lassen
- gelber Ball gleich Sprint zur Volleyball-Angriffslinie, blauer Ball gleich Sprint zur Volleyball-Grundlinie
- Kombination über Anfersen vs. Hopsern

↓

- Alle Schüler stellen sich einander gegenüber ein bis zwei Meter von der Mittellinie entfernt auf.
- Bei gelben Ball fängt Gruppe A (Gruppe B flieht zur eigenen Grundlinie).
- Bei blauen Ball fängt Gruppe B (Gruppe A flieht zur eigenen Grundlinie).
- statt Bälle wieder Zahlen benennen
- gerade Zahl: Gruppe A fängt vs. ungerade Zahl: Gruppe B fängt.
- Abstände wahlweise verkürzen oder erweitern
- statt stehend im Liegestütz oder im freien Sitz starten

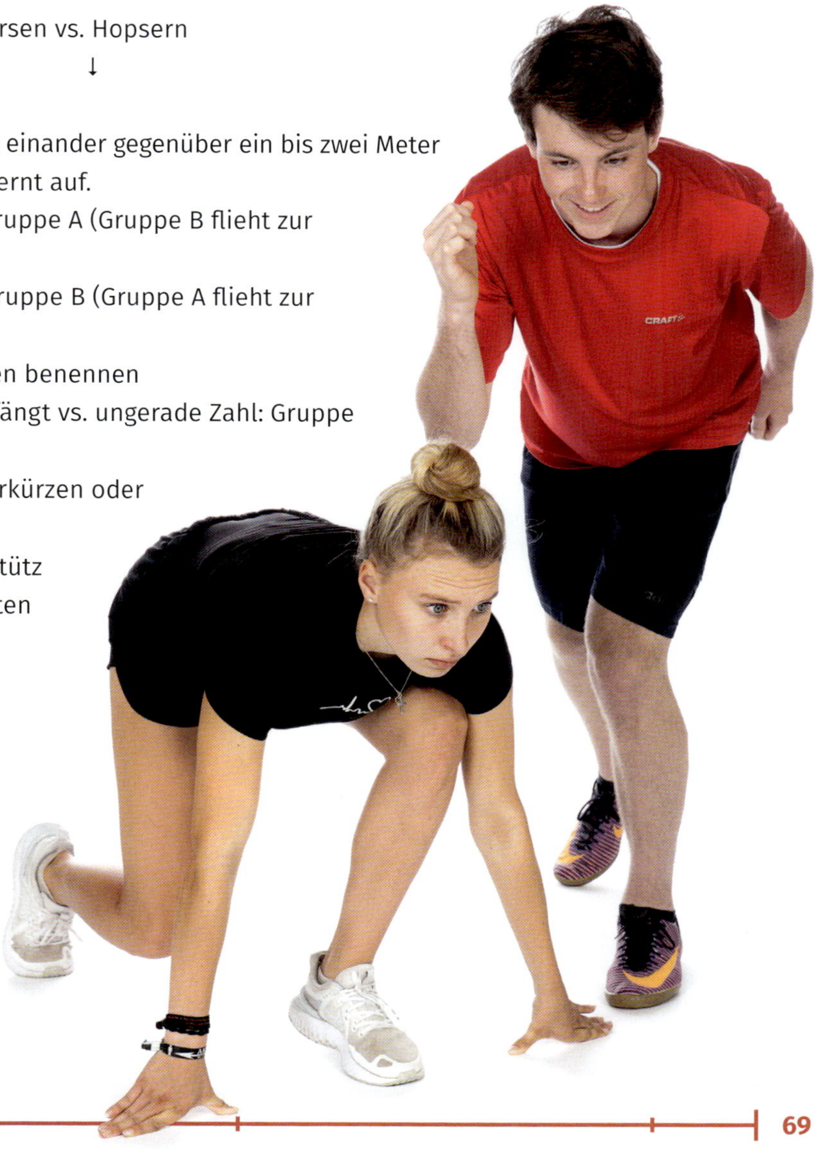

KAPITEL 4:

BEWEGUNGS-LERNEN

4.1. Basketball – vom Dribbeln und Passen zum Korbleger

Die Grundfertigkeiten im Basketball sind das **Dribbeln** (oder das Dribbling), das beidhändige **Passen** sowie der sichere **Korbwurf** bzw. der sichere **Korbleger** über die Zwei-Schritt-Regel. Über die Jahre hin hat es sich bewährt, dass alle Schüler zu Beginn der Sportstunde einige Minuten für sich und mit ihrem Basketball das Terrain erkunden dürfen. Dabei laufen viele der Schüler mit dem Basketball (ohne Dribbling) zu einem Korb und mühen sich ab, diesen zu treffen. Es werden also bereits hier die ersten „Fehlerchen" offensichtlich und können in den folgenden Schritten seitens der Lehrkraft erfolgreicher korrigiert bzw. korrekt vermittelt werden. Alle Schüler stellen sich mit genügend Abstand frontal zum Sportlehrer der Turnhalle auf.

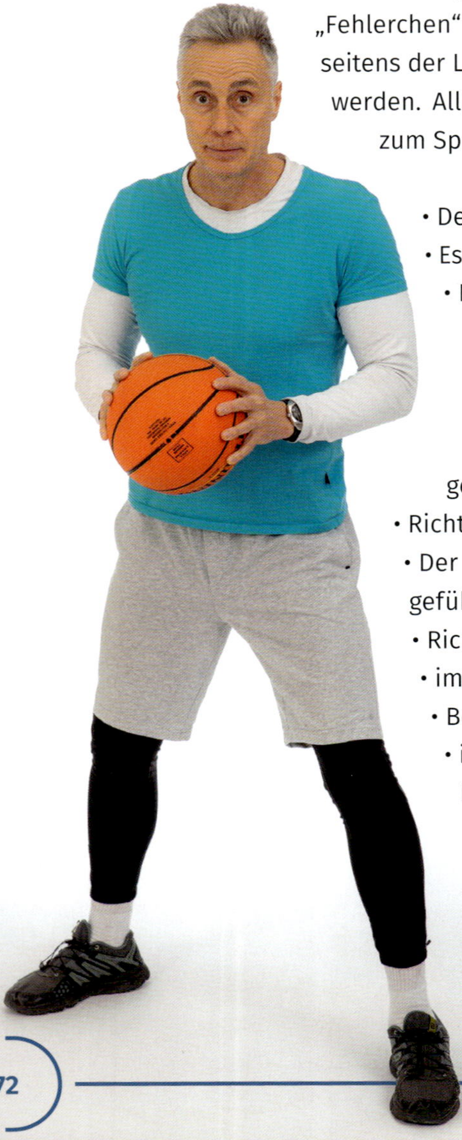

- Der Basketball wird sicher um die Hüfte gekreist/geführt.
- Es sollte keine Bodenberührung stattfinden (Konzentration).
- Richtungswechsel auch mit geschlossenen Augen
- Der Basketball wir im Achter durch die gegrätschten Beine geführt.
- Richtungswechsel auch mit geschlossenen Augen
- Der Basketball wird am Boden im Achter durch die gegrätschten Beine gerollt.
- Richtungswechsel auch mit geschlossenen Augen
- Der Basketball wird im Wechsel durch die gebeugten Beine geführt.
- Richtungswechsel auch mit geschlossenen Augen
- im Einbeinstand den Basketball um das Spielbein führen
- Beinwechsel auch mit geschlossenen Augen
- in der Grätsche den Basketball mit einer Bodenberührung vorne/hinten fangen
- gleiche Übung mit Handwechsel (rechte Hand vorne/linke Hand hinten)
- gleiche Übungen ohne Bodenberührung
- den Basketball hinter den Kopf/Rücken fallen lassen und rücklings fangen

- den Basketball hinter den Kopf/Rücken werfen und rücklings fangen
- den Basketball von der rechten Hand (langer Arm) über Kopf zur linken Hand übergeben
- über langen Arm den Basketball vor dem Körper übergeben
- alle Übungen im Einbeinstand
- alle Übungen mit geschlossenen Augen

Zusammenfassung:

Die gezeigten Übungen trainieren u. a. das **Ballgefühl** (ball handling) sowie die **schnellen Hände** zum Ball (quick hands). Dabei reichen nur wenige Minuten zu Beginn der Stunde aus. Es sollte aber auf eine sichere Ausführung (bei fehlendem Bodenkontakt mit dem Ball) geachtet werden.

Im nächsten Schritt lässt der Sportlehrer alle Schüler quer durch die Turnhalle dribbeln. Dabei darf stets nur mit einer Hand (und nicht beidhändig) gedribbelt werden. I. d. R. beginnen alle Schüler mit ihrer guten (meist) rechten Handseite. Wie im Volleyball wird auch der Basketball „gestreichelt". Dabei führt die Hand den Basketball mit einer runden Beuge-Streckbewegung über Schulter und Ellenbogen zum Boden, statt auf den Basketball zu „schlagen".

- Alle Schüler dribbeln entlang der vielen Linien.
- Dabei gilt die „rechts vor links"- Regel.
- Es wird vorwärts, rückwärts, seitlich gehend gedribbelt.
- Es wird hoch und tief gedribbelt.
- Es wird mit der „schwächeren" Handseite gedribbelt.
- Es wird auf Pfiff die Richtung mit gleicher Hand gewechselt.
- Es wird auf Pfiff die Richtung mit der anderen Hand gewechselt.
- Alle Schüler dribbeln nach den Vorgaben der Lehrkraft.
- Blickkontakt somit zum Sportlehrer (und nicht zum Basketball)
- Handwechsel, auf einem Bein stehend, kniend, Handzeichen etc.
- Alle Schüler dribbeln nach Gehör.
- Auf Kommando dribbeln alle im Gleichklang.
- Handwechsel
- dribbeln mit großem Ausfallschritt
- dribbeln durch die Beine
- dribbeln um die seitlich gegrätschten Beine

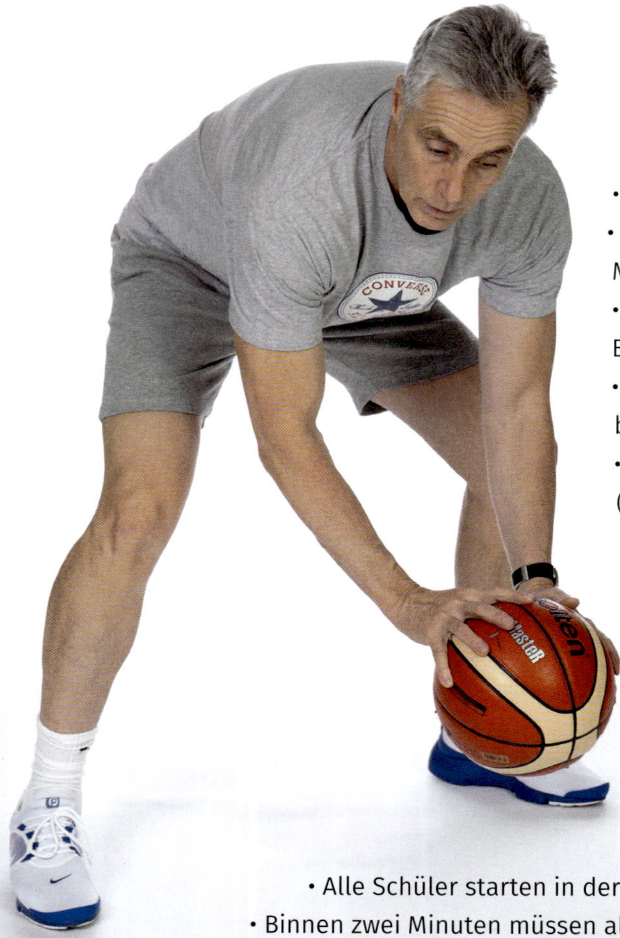

- Alle Schüler starten innerhalb der Drei-Punkte-Zone
- Mit der „freien“ Hand darf der gegnerische Basketball „weggefischt“ werden
- Es gilt aber die Regel: „ohne Körperkontakt“.
- bei Basketball-Verlust Wechsel in den Mittelkreis
- Fehler sind das Doppel-Dribbeln (nach Ballaufnahme weiter dribbeln)
- oder aus der Zone dribbeln bzw. die Linie berühren
- oder ein zu „starker Körperkontakt“ (Foul-Spiel).
- Hier wird nun im Mittelkreis weiter gedribbelt.
- bei erneutem Basketball-Verlust Wechsel in die Basketball-Zone
- von dort wieder zurück in die Drei-Punkte-Zone
- alternativ Wechsel in die Drei-Punkte-Zone bei erfolgreichem Basketball-Klauen/Stibitzen
- Alle Schüler starten in der Drei-Punkte-Zone.
- Binnen zwei Minuten müssen alle Schüler „raus-gefischt“ werden.

Zusammenfassung:

Alle Dribbel-Varianten und Dribbel-Spiele trainieren das sichere wie tiefe Ball-Handling. Dabei wird der Basketball durch den eigenen Körper gegenüber dem Gegner „geschützt“. Hierzu sollte meistens auch der Blick vom Basketball weg hin zum Raum oder hin zum Sportlehrer erfolgen.

4.2 Hochsprung – vom Korbleger zum Flop

Die elementare **Zwei-Schritt-Regel** im Basketball kann idealerweise als Vorübung bzw. als Hinführung zum Hochsprung-Anlauf verwendet werden. Dabei starten alle Schüler je Turnhallen-Seite in je zwei Kleingruppen mit je zwei Basket-Bällen auf der rechten Seite. Bei größeren Schulklassen stellen sich auf der anderen Turnhallen-Seite ebenso je zwei Kleingruppen (ca. vier bis sechs Schüler) inkl. der zwei Basketbälle auf.

- auf Höhe der Volleyball-Angriffs-Linie (oder von der Mittellinie) beginnend
- Die rechte Kleingruppe steht hintereinander mit zwei Basketball an.
- Auf der gegenüberliegenden Seite steht die linke Kleingruppe.
- Von rechts beginnend wird zum Basketball-Korb gedribbelt.
- Gleichzeitig startet der Partner von links (ohne Basketball).
- Der Partner schließt mit seinem Korbleger ab
- und läuft (ohne Basketball) auf der linken Seite zur Kleingruppe weiter.
- Der Rebound-Partner läuft (mit dem Basketball) zur rechten Kleingruppe.
- Somit wechseln die Schüler ihre Kleingruppe.
- Der Basketball-Korbleger erfolgt beim Dribbling mit der rechten Hand.
- Mit der Basketball-Aufnahme folgen das rechte und dann das linke Bein.
- Über die rechte Armstreckung wird der Basketball an das Basketball-Brett gespielt.
- Dabei sowohl sanft und über die rechte Ecke vom kleinen Rechteck
- über das Dribbling und der Basketball-Aufnahme die „rechts-links-Beinfolge“.
- gleiche Ausführung über die linke Seite mit der linken Dribbel-Hand
- Nach der Ball-Aufnahme folgen das linke und dann das rechte Bein.
- der Wurf zwingend wieder über die linke Hand
- kurze Abstände mit „einmal Dribbling und Ball-Aufnahme“ erleichtern
- kleine optische Hilfen wie „Gummi-Füße“ oder Reifen unterstützen
- Steigerung über An-Dribbeln von der Mittellinie
- Steigerung über Pass- und Rückpass-Spiel („give & go“)

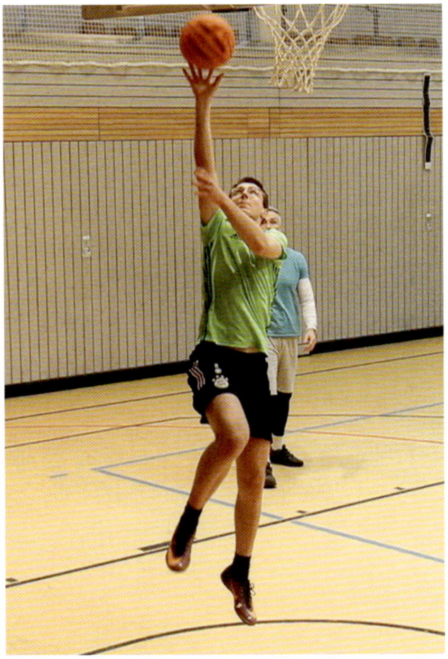

Zusammenfassung:

Der Korbleger gilt als die elementare wie sicherste Art für einen erfolgreichen Korbtreffer. Daher wird im Vereinssport dieser bis zur Unendlichkeit trainiert. Die Schrittfolge **rechts > links** (bei Korbleger von rechts) und der Ballwurf mit der rechten (Dribbel-)Handseite spiegelt den Bewegungsablauf zum Hochsprung-Flop bestens wider. Somit bietet es sich geradezu an, über das Erlernen des Basketball-Korbleger-Ablaufs den Hochsprung-Anlauf zu schulen.

Transfer 1: Vom Korbleger mit Ball zum Absprung ohne Ball →

Im Anschluss an den erlernten Korbleger laufen nun die Schüler in zwei Gruppen von der Mittel-Linie oder der Volleyball-Angriffs-Linie an. Dabei stellt sich je eine Hälfte der Schüler auf einer Turnhallen-Seite auf. Es wird wieder von rechts beginnend (also gegen den Uhrzeiger-Sinn ↺) angelaufen.

- Der Schüler startet entlang der Volleyball-Seitlinie.
- dies mit einem schnellen Anlauf
- Der Schüler „biegt" etwa zwei bis drei Meter vor dem Basketball-Korb/Brett ein.
- Dabei werden die beiden letzten Schritte etwas „verlängert".
- Der Absprung erfolgt (wie beim Korbleger) mit dem linken Bein
- und die rechte Hand streckt sich zum Basketball-Brett.
- Wichtig hierbei ist die Landung unterhalb vom Basketball-Korb.
- Hier sollten sich die Schüler auch stets selbst kontrollieren.
- Nach dem Absprung/Landung laufen die Schüler weiter und stellen sich an der gegenüberliegenden Gruppe an.
- Es erfolgen einige Durchgänge (ca. fünf- bis zehnmal).
- Welches Absprung-Bein ist nun „kräftiger"?
- Hierzu probieren alle Schüler auch die linke Anlauf-Seite aus.
- Es wird mit dem rechten Bein (inkl. linker Armstreckung) abgesprungen.
- Als kleine Motivation dient das Antippen am Basketball-Brett, am Basketball-Netz oder am Basketball-Ring.

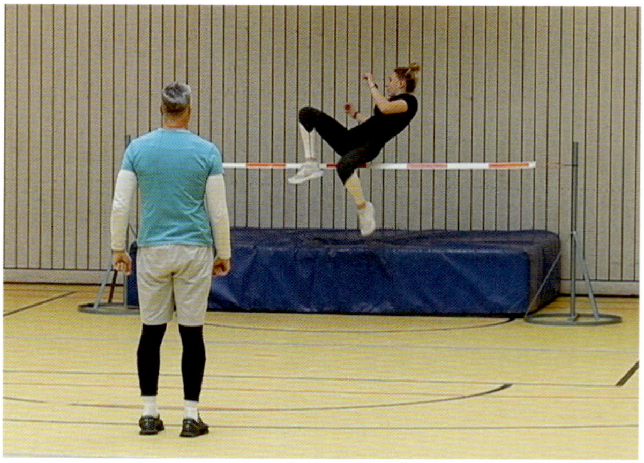

Transfer 2: Vom Anlauf zum Basketball-Korb ohne Ball hin zum Hochsprung →

Günstigerweise werden nun direkt unter dem Basketball-Korb zwei große Weichmatten quer aufeinander und mit Wandkontakt abgelegt bzw. platziert. Und dies bei genügend Material auf beiden Turnhallen-Seiten. Damit diese nicht zur Seite hinwegrutschen, werden zusätzlich links und rechts an der kurzen Mattenseite etwa vier bis sechs kleine Turnmatten gestapelt. Alternativ können auch je zwei bis drei Turnmatten seitlich leicht schräg angestellt/angelehnt werden (siehe: Abbildung).

Die beiden Hochsprung-Stelzen werden (mit genügend Abstand von ca. vier Metern) direkt unter den Turnmatten fixiert. Dabei ist es von Vorteil, dass die Ablage für die Hochsprung-Latte zur Wand hin zeigt. Alternativ zur Hochsprung-Latte hat sich das Original, die **ZACHARIAS®**-Schnur, oder eine Gummi-/Zauber-Schnur, dabei sehr gut bewährt.

- Die Schüler stellen sich wieder entlang der Volleyball-Seitlinie auf.
- bei linkem Absprung-Bein auf der rechten Seite
- bei rechtem Absprung-Bein auf der linken Seite
- Über einen schnellen Anlauf erfolgt wieder eine „kleine Kurve“.
- Der Absprung-Fuß setzt parallel zur Matte auf.
- etwa mit einem halben Meter Abstand und weit vor der Matten-Mitte
- Der Gegen-Arm streckt sich dynamisch nach oben.
- Automatisch landen die Schüler rücklings auf der Weichmatte.
- Fehler sind u. a. das „beidbeinige“ Abspringen („Häschen hüpf“!),
- weiter das „Weit-Springen“ mit Landung seitlich/zur Wand hin,
- das „falsche“ Absprung-Bein,
- die fehlende Armstreck-Bewegung,
- die fehlende Hüft-Streckung.

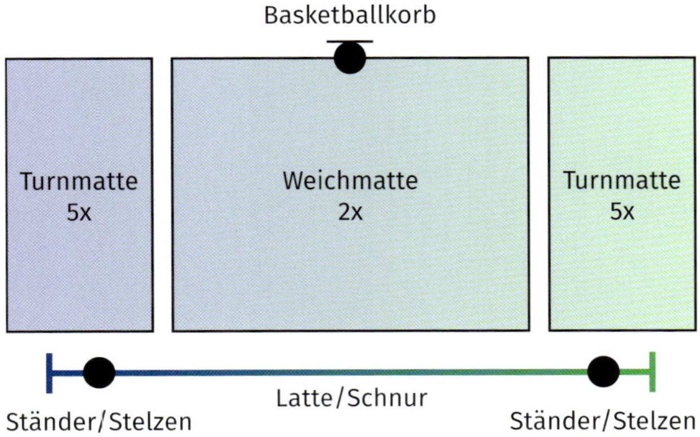

Abbildung 12: Aufbau Hochsprung

4.3 Handball – vom Prellen zum Passen zum Werfen

Die nachfolgenden Übungen verbinden alle Basics aus dem **Handball**.
Über das Prellen hin zum Passen und Fangen dienen die kraftvollen Wurfbewegungen als gute Vorbereitung zum Weitwurf und Speerwurf.

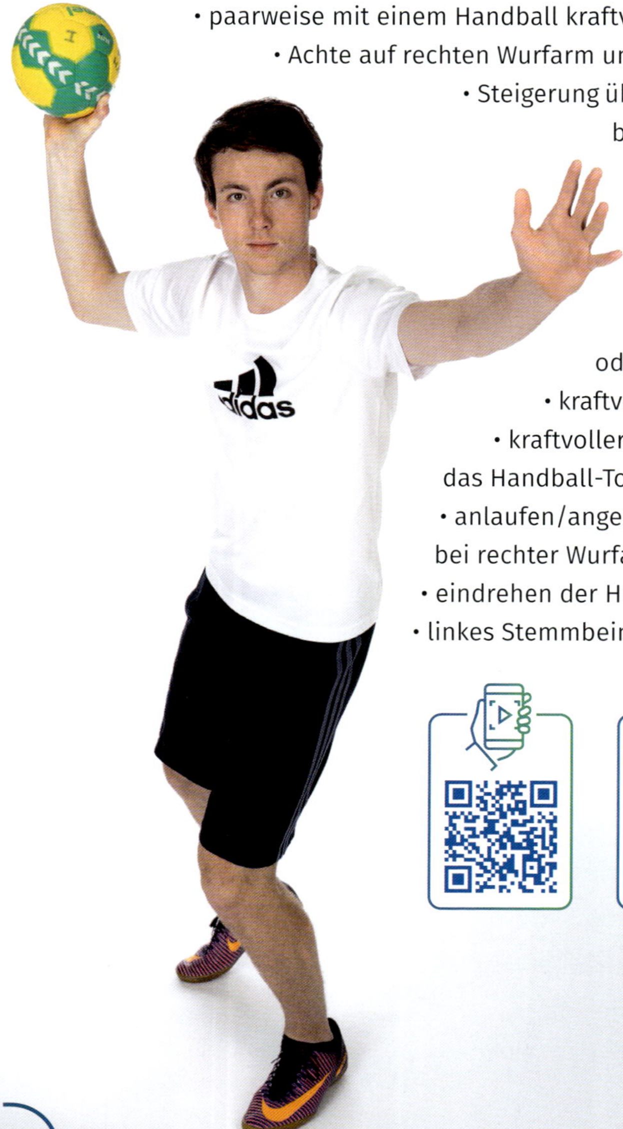

- Alle Schüler stellen sich zu zweit einander gegenüber auf (Gasse).
- Abstand ca. neun Meter (Turnhallen-Seite blaue Volleyball-Linie)
- paarweise mit einem Handball kraftvolle Wurfbewegung über **Boden**
- Achte auf rechten Wurfarm und linkes Stemmbein!
- Steigerung über Drei-Schritt-Folge (links-rechts-links) bei rechtem Wurfarm
- Steigerung über Prellen, Drei-Schritt-Folge und Wurf
- von indirekten zu direkten Würfen/Pässen steigern
- Wechsel an die Grundlinie (Handball- oder Volleyball-Grundlinie)
- kraftvoller Wurf zur Gegenseite (über 25 Meter)
- kraftvoller und zielgenauer Wurf zur Gegenseite in das Handball-Tor
- anlaufen/angehen über Schrittfolge (links-rechts-links) bei rechter Wurfarmseite
- eindrehen der Hüften
- linkes Stemmbein sowie Neigung ca. > 45 Grad beachten

4.4. Speerwerfen – vom Schlagwurf zum Speerwurf

Der Weitwurf und (mehr noch) der Speerwurf benötigt zum einen enorm viel Kraft und Dynamik (hohe Beschleunigung), zum anderen eine gute Technik. Also einen Mix aus Power und Feingefühl. Folglich unterstützen die vorgeschalteten Wurfübungen über den Handball die Lernphase.

- Alle Schüler stehen an der Seit-Grundlinie vom Fußball-Feld.
- Maximal zwölf Schüler werden geschult (Übersicht/Kontrolle).
- Immer nur auf Kommando der Sportlehrkraft wird geworfen.
- Diese macht vor bzw. steht mittig in der Gruppe.
- Abstände nebeneinander mindestens drei Meter
- Die Schüler starten mit einem Basketball (oder 1 bis 2 kg Medizinball).
- Größe und Gewicht „erzwingen" einen kraftvollen Wurf.
- Würfe mit Anstellschritt und großem Neigungswinkel (> 45 Grad)
- Die ersten Speerwürfe erfolgen nur aus dem angewinkelten Arm.
- Lockeres Loswerfen, sodass der Speer im Rasen „steckt".
- Der Wurf erfolgt wie mit einem „Papierknäuel in den Eimer".
- Lockeres Handgelenk und Finger fixieren den Speer.
- Nach dem Wurf gehen alle Schüler zu ihrem Speer.
- Von dort wird wieder geworfen, bis zur Gegenseite.
- Steigerung Schrittstellung mit linkem Stemmbein vorne (rechter Wurfarm)
- Steigerung über langen Arm
- Steigerung über Angehen mit links-rechts-links
- Steigerung über „festes" Zupacken des Speers
- Hand umschließt den Speer, packt fest zu.
- langen Wurfarm von hinten nach schräg vorne ziehen
- dynamische Schrittfolge
- Steigerung über einzelne Wurffolge (der Reihe nach)
- Fehlerkorrektur und Weite analysieren
- Fehler wie angewinkelter Arm, zu langsames Angehen, zu flaches Werfen
- Fehler wie Schleudern aus der Schulter nach seitlich

Tipp:

Der Speerwurf stellt in der Oberstufe (hier: Sport-Additum) eine von mehreren Teildisziplinen dar. Da die Wurfweiten für eine zweistellige Punkte-Bewertung (> über 30 Meter) schwer zu erreichen sind, sollte früh genug mit einem Sportlehrer/Trainer an der Technik „gefeilt“ werden.

4.5 Fußball – vom Dribbeln zum Stoppen zum Schießen

Für die vielen Spielideen zum (so gern gespielten) Thema **Fußball** helfen die folgenden Basics, die Ballsicherheit über den Fuß zu verbessern. Zu Beginn darf jeder Schüler mit seinem Fußball alleine in der Turnhalle oder auf dem Fußball-Feld agieren. Enges Dribbeln, Fußwechsel (links-rechts), vorwärts und rückwärts oder um den Fußball drehen sind nur einige (einfache) Fertigkeiten.

- Alle Schüler agieren mit ihrem Fußball in einem Feld.
- Dies kann der Mittelkreis oder der Fünf-Meter-Torraum sein.
- Jeder dribbelt eng und tauscht mit einem Partner seinen Fußball aus.
- Es gehen immer je zwei Schüler mit einem Fußball zusammen.
- Zu Beginn dribbeln und passen sich die Paare den Fußball zu.
- Alle Paare agieren frei im Raum (durcheinander).
- Der Fußball wird dem Partner durch seine gegrätschten Beine gespielt.
- Dieser holt sich den Fußball und wechselt mit dem „Durch-die-Beine-Spiel“.
- Statt die Beine zu grätschen, wird ein großer Ausfallschritt gewählt.
- Anschließend wechseln alle Paare in die Gassenaufstellung.
- Der Fußball wird im Abstand von ca. fünf bis zehn Metern gepasst und gestoppt.
- Zuspiel über Innen- und Außenrist
- stoppen über Fußsohle
- Wechsel auch zum (schwächeren) linken Fuß
- flaches vs. höheres Zuspiel
- Zuspiel nach **drei**maligem Dandln
- Zick-Zack-Zuspiel an die **links** und **rechts** stehenden Partner
- Zuspiel und nach rechts (ohne Fußball) weiterrutschen
- Viereck-Spiel mit je zwei Fußbällen
- gleichzeitig längs spielen und nach seitlich die Ecke wechseln
- gleichzeitig diagonal spielen und nach seitlich die Ecke wechseln

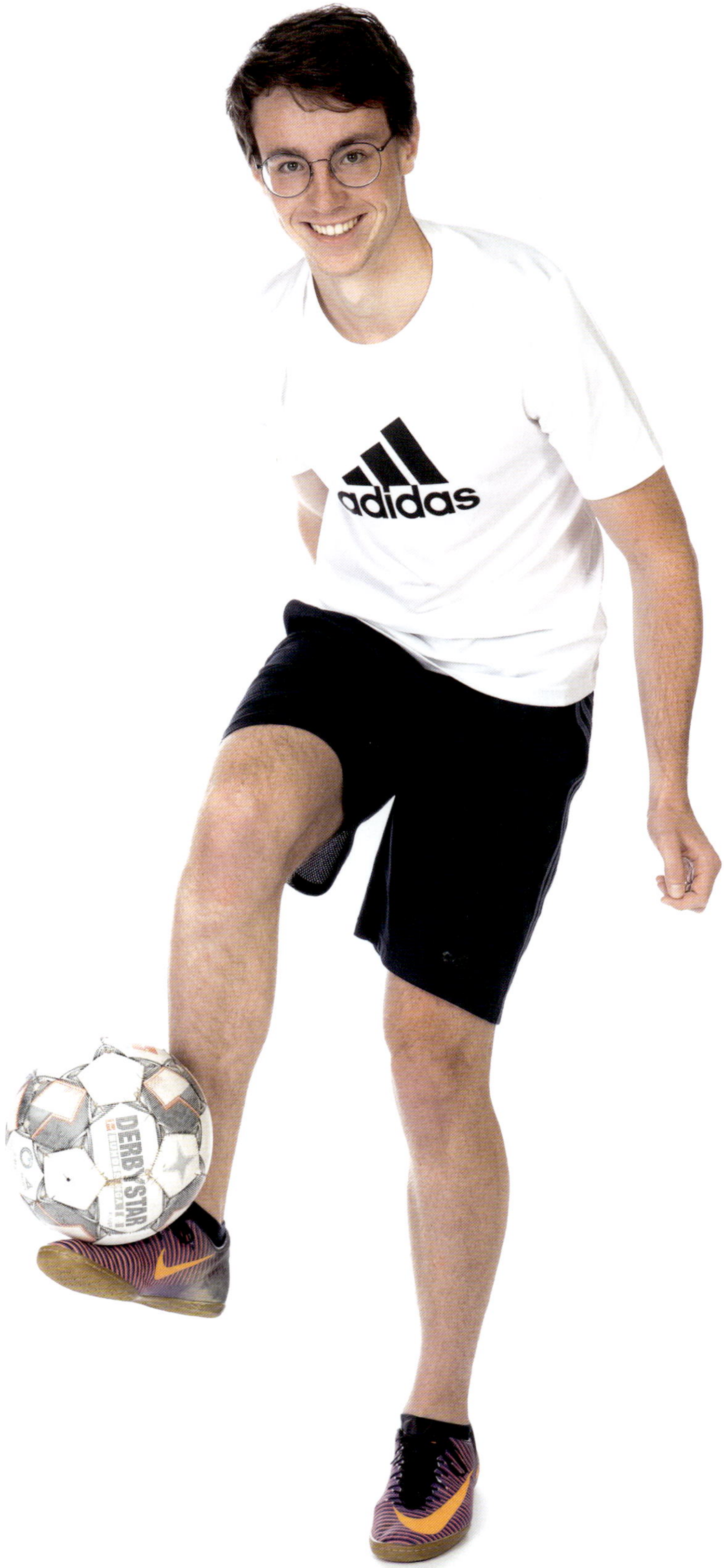
adidas
DERBYSTAR

4.5.1 Fußball – vom Kleinfeld zum Großfeld

Nach den Grundlagen wie Ball-Annahme (Stoppen) und Ball-Zuspiel (Passen/Spielen) sowie dem Ball-Dribbling (mit/ohne Fußwechsel) werden im Folgenden kleine(re) Spielideen vorgestellt, um u. a. das typische Angriffs- und Abwehr-Verhalten weiter zu schulen bzw. zu festigen. Hierzu starten alle Schüler mit je einem Fußball. Als Zone wird z. B. der Mittelkreis oder der Fünf-Meter-Torraum (im Freien) oder das Halb-Volleyball-Feld (in der Turnhalle) gewählt.

Fußball-Spiel 1: Shoot out!

- Jeder Schüler agiert für sich.
- Er versucht, dem Gegner dessen Fußball aus der Zone zu kicken (Shoot out).
- Alle Schüler haben hierzu „drei Leben".
- Erst danach darf dieser nicht mehr weiterspielen/mitspielen.
- Wer bleibt bis zum Schluss (< drei Minuten) übrig?

Fußball-Spiel 2: From Coast to Coast!

- Die nächste Variante ist das Spiel **„Wer hat Angst vorm weißen Hai?"**.
- Es startet ein Schüler mit Fußball an der Seitenlinie vom z. B. 16-Meter-Raum.
- Die anderen Schüler stehen mit ihrem Fußball gegenüber.
- Auf Kommando dribbeln alle Schüler auf die andere Seite.
- Der „weiße Hai" versucht, dribbelnd einen Schüler zu berühren.
- Dabei gilt nur die Richtung nach vorne und seitlich (nicht zurück).
- Wer berührt wurde, wechselt die Seite mit zum „weißen Hai".
- Der Fußball muss dabei eng am Fuß bleiben (keine weiten Schüsse).

Fußball-Spiel 3: Das fliehende Tor!

- Je fünf Schüler spielen in einem Team.
- Jedes Team erhält ein farbiges Leibchen.
- Zwei Schüler halten sich mit einem Stab oder Hockey-Schläger fest.
- Dabei wird der Schläger auf Hüft-Höhe mit der Hand gehalten.
- Beide bilden somit das „fliehende Tor".

- Das Spiel gelingt in der Turnhalle oder im 16-Meter-Raum sehr gut
- Als erste Variante bewegt sich das Tor nur nach seitlich (links-rechts)
- Dabei mit ca. ein bis zwei Metern Abstand zur Grundlinie hin
- Der Gegner versucht nun, in das seitlich fliehende Tor zu schießen.
- Dabei gelten Treffer von vorne wie auch von hinten.
- Bei zwei Tor-Schülern spielen also noch drei Schüler Fußball.
- Die Tor-Schüler dürfen dabei jederzeit wechseln.
- Als zweite Variante bewegt sich das Tor nun frei im Feld.

Fußball-Spiel 4: Noch mehr Tore!

- Statt der fliehenden/beweglichen Tore wird auf zwei feste Tore gespielt.
- Zusätzlich wird aber noch je ein Tor seitlich an der Mittellinie platziert.
- Es spielen Team 1 und Team 2 auf je zwei Tore bzw. müssen je zwei Tore verteidigen.
- In Richtung gegnerisches Tor steht das zweite Tor an der rechten Seite.
- Zu Beginn wird mit nur einem Fußball auf zwei Tore gespielt.
- Danach mit zwei Fußbällen auf zwei Tore gespielt.
- Die Schüler benötigen dabei noch mehr Überblick bei zwei Fußbällen und zwei Toren.

Fußball-Spiel 5: Großes & kleines Tor!

- Statt der seitlich platzierten Zusatz-Tore wird auf das große Tor gespielt.
- Zusätzlich wird auf Höhe der Basketball-Freiwurflinie ein kleines Tor aufgestellt.
- Dies können zwei Pylonen oder ein Kasten-Mittelteil (quer) sein
- oder – wenn verfügbar – eine (Zacharias-) Hürde.
- Das große Tor darf mit einem Tormann gesichert werden,
- das kleine Tor aber nicht.
- Es darf kein Spieler sowie Gegner in den (schwarzen) Kreis.
- Das große Tor liefert einen Punkt, das kleine Tor zwei Punkte.
- Das kleine Tor darf auch von hinten/seitlich getroffen werden.

Fußball-Spiel 6: Matten-Fußball 1.0!

- Diese äußerst dynamische Fußball-Variante gelingt in der Turnhalle sehr gut.
- Dazu werden an den Rück- und Seitenwänden zwölf Matten aufgestellt,
- diese auf der langen Mattenseite leicht schräg an der Wand.
- Somit stehen je Turnhallen-Seite/je Spielfeld-Seite sechs kleine Tore.

- Diese werden von je sechs Schüler besetzt.
- Die restlichen Schüler sitzen auf je einer Langbank.
- Das Spiel startet mit zwei Fußbällen.
- Dabei zählen nur Treffer aus dem gegnerischen Feld.
- Man muss somit erst über die Mittellinie dribbeln und dann schießen.
- Bei erfolgreichem Tortreffer muss der Torwart auf die Langbank.
- Sein Mitspieler (auf der Langbank) besetzt sofort das freie Tor.
- Nach einer Kennenlern-Phase werden die Tore gezählt.
- Jeder Spieler zählt für sein Team mit.
- Nach z. B. fünf Minuten Spielzeit ist Pause.

Fußball-Spiel 7: Matten-Fußball 2.0!

- Jeder Schüler hat nur „zwei Leben".
- Trifft der Fußball ein Tor, muss der Torwart das erste Mal auf die Langbank.
- Beim zweiten Tor-Treffer darf er nicht mehr in das Spiel zurück.
- Somit ergeben sich zunehmend weniger Spieler.
- Sieger ist das Team mit den meisten Spielern nach z. B. fünf Minuten.

Fußball-Spiel 8: Matten-Fußball 3.0!

- Jedes Tor/jede Matte erhält eine Zahl von 1 bis 6.
- Mit Kreide (oder Magnesia/Turnen) lassen sich die Zahlen aufschreiben.
- Welches Team zuerst genau z. B. 30 Tore erzielt, hat gewonnen.
- Bei Tor-Summe 26 darf nicht mehr auf Tor 5 und 6 geschossen werden,
- bei Tor-Summe 29 nur noch auf Tor 1.
- Welches Team „über-schießt", fällt wieder auf die Null (0) zurück.

Fußball-Spiel 9: Nur zu zweit!

- Je sechs oder acht Spieler bilden ein Team.
- Je zwei Spieler halten sich an einem Leibchen fest.
- Auch die Tor-Spieler sind mit einem Leibchen verbunden.
- Somit spielen drei oder vier Paare in einem Team gegen das andere Team.
- Das Fußball-Spiel startet mit einem Fußball.
- Das Fußball-Spiel wird mit zwei Fußbällen gespielt.

Fußball-Spiel 10: Dandln im Kreis!

- Es wird nun mit einem **Pezzi®-Ball** gespielt.
- Je zehn bis zwölf Schüler stellen sich in einem großen Kreis auf.
- Der Pezzi®-Ball wird nun in den Kreis sehr hoch gespielt.
- Der Ball darf nur **einmal** auf dem Boden aufkommen.
- Danach spielt ein beliebiger Spieler den Ball hoch zurück.
- Zu Beginn darf jeder Spieler zum Ball laufen.
- Es wird mit allen Körperteilen (außer Händen/Armen) gespielt.
- Im Anschluss wird immer ein bestimmter Schüler genannt.
- Dieser muss nun den Ball zurückspielen.
- Bei dieser Variante wird das genaue Zuspiel gefördert.
- Steigerung über fehlenden Bodenkontakt
- den Ball also immer in der Luft spielen
- Fehler sind u. a. das **zweimalige** Aufkommen auf dem Boden
- oder das **einmalige** Aufkommen auf den Boden.

Fußball-Spiel 11: Fußball-Tennis slow!

- Statt im Kreis gehen nun je Team drei bis fünf Spieler zusammen.
- Jedes Team stellt sich in einem halben Volleyball-Feld auf.
- In der Mitte stehen drei bis vier Langbänke am Boden
- oder höher auf drei Kästen.
- Es wird mit einem **Pezzi®-Ball** gespielt.
- Dieser fliegt und hüpft bedeutend **langsamer.**
- Der Spieler von Team 1 schießt den Ball direkt über die Langbank.
- Angabe wie beim Volleyball hinter der blauen Grundlinie
- Der Ball fliegt in das Feld von Team 2.
- Dort muss der Ball von einem Spieler angenommen werden.
- Es sind alle Körperteile (außer Hände/Arme) erlaubt.
- Nach der Ball-Berührung darf dieser nur **einmal** den Boden berühren.
- Der Ball darf aber **nicht sofort** zurückgeschossen werden.
- Der Ball muss also in dem Team 2 mindestens dreimal zugespielt werden,
- und auch nicht nur von einem Spieler (kein Dandln) alleine.
- Es gilt nur die Decke als „Ball im Aus“.
- Seit- und Rückwände gelten als „Körper-Kontakt“.
- Wie beim Tischtennis erfolgen immer nur zwei Angaben.
- Dann wechseln die zwei Angaben zum anderen Team.
- Gespielt wird z. B. bis 11 (wie bei Tischtennis).

- Bei fünf Spielern ist das Spiel eher langsam.
- Bei nur drei Spielern zunehmend schneller.
- Wahlweise sind nur maximal zwei Bodenberührungen (in der Summe) erlaubt.
- Somit muss noch schneller zum Ball hingelaufen werden.
- Es wird zunehmend mit direkten Ball-Annahmen gespielt.
- Die „erleichternde" Boden-Berührung wird weiter reduziert.

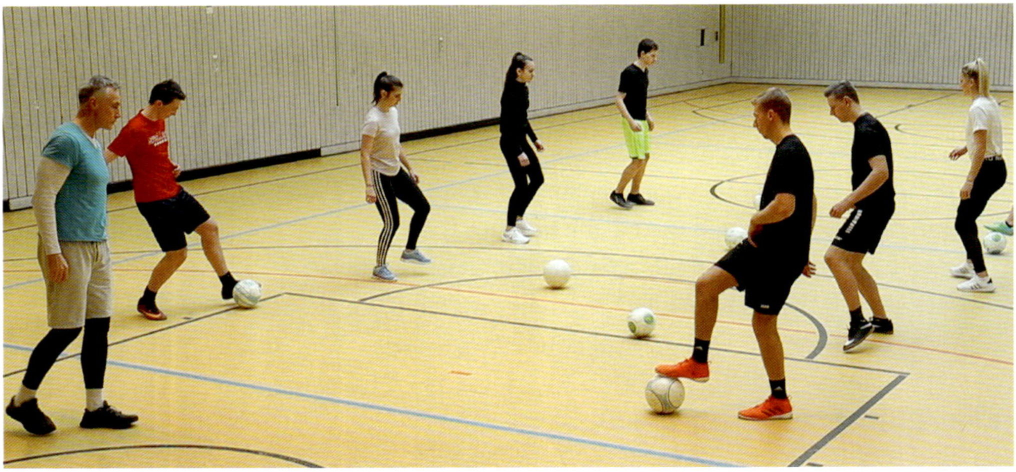

Fußball-Spiel 12: Fußball-Tennis quick!

- Nach den gleichen Regeln wird mit einem Fußball (oder einem alten Volleyball) gespielt.
- Hierbei dürfen die Spieler auch für sich dandln.
- Zu Beginn können drei Langbänke an der Mittellinie aufgestellt werden,
- danach (für mehr Höhe) zwei Langbänke auf je drei Kästen.
- Anschließend wird ein Badminton- oder Volleyball-Netz verwendet.
- ein tolles Spiel auch auf dem Beach-Volleyball-Feld
- Hierzu entfallen die Boden-Kontakte.
- nur direkte Ball-Annahme und Zuspiel untereinander
- Alle Körperteile (bis auf die Hände/Arme) kommen zum Einsatz.

Zusammenfassung:

Fußball ist und bleibt der Klassiker, nicht nur im Schulsport. Daher wurden bewusst eine Unmenge von Spielvarianten und -Ideen vorgestellt, um ein großes Maß an Abwechslung zu bieten. Aus der praktischen Anwendung heraus sind alle gezeigten Spiele schnell wie leicht umsetzbar und liefern enorm viel Spaß und Begeisterung sowie viel Dynamik.

4.6 Turnen – vom Stützen und Schwingen zum Handstand und Klimmzug

Der grundlegende Charakter beim Turnen ist ein Mix aus Körperspannung und körpereigener Kraft bei Zuhilfenahme der Schwungphasen. Ein richtig dosiertes An-Schwingen mit dem Schwung- oder Spielbein leitet dabei z. B. den Handstand ein. Dieser wiederum benötigt viel Körperspannung bei maximaler (Über-)Streckung der Arme, der Schultern bis hin zu den Beinen. Nach der kurzen Stemmphase macht sich der Schüler ganz klein, um wieder weich und rund abzurollen (und nicht umzukippen oder einzuknicken). Gelingt der freie Handstand, gelingt i. d. R. auch das Rad (Rad-Schlag). Beiden gemeinsam sind die Streckung in den Armen und das Schwungholen.

Die folgenden Beispiele liefern Tipps und Tricks, wie gerade in großen Klassen mit unterschiedlichsten Fertigkeiten der Klimmzug oder der Dip „erleichtert" wird und folglich viele Wiederholungen leichter gelingen. Dies fördert wiederum die sogenannte Bewegungserfahrung beim Schüler. Kleine Hilfen am Barren (Matte auf Holmen) nehmen die Angst vorm Abrollen. Oder das Hochkrabbeln an der Wand mit Hilfestellung gilt als gute Alternative zum „freien" Handstand und genügt ebenso für eine sehr gute Benotung.

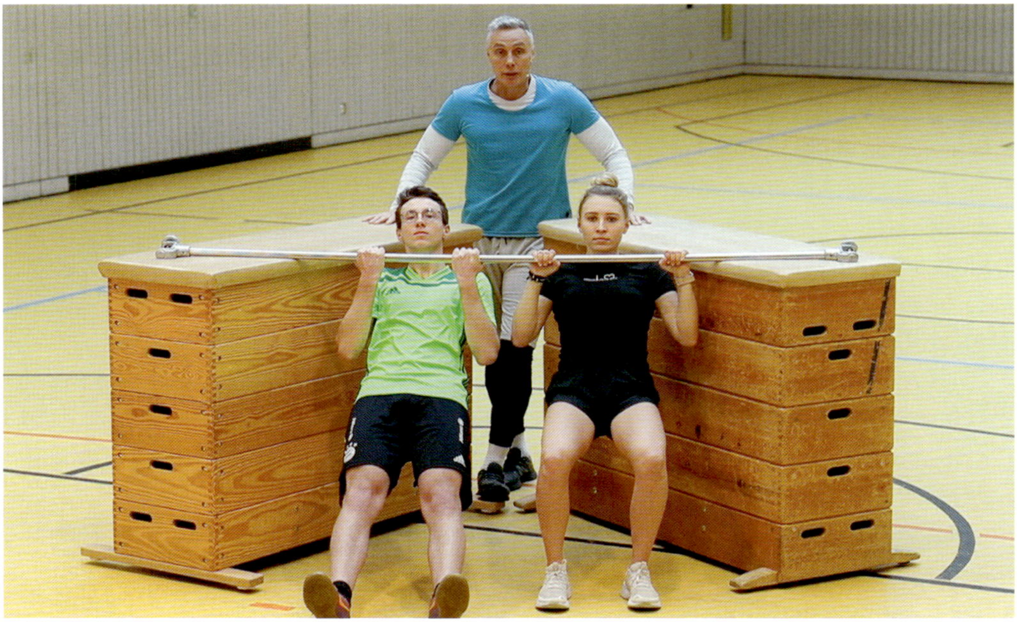

4.6.1 Turnen – vom Rollen und Springen zum Salto und Dunking

Neben den Basics Stützen, Stemmen sowie Ziehen benötigen, ja gelingen viele der Turnübungen nur über das Element Schwingen und Rotieren. Der Hinweis meines Turndozenten „80 % Schwung und (nur) 20 % Kraft“ bringt dies auf einen Punkt. Wer sich im richtigen Moment nach dem„Zurückschwingen“ am Reck hochzieht, dem gelingt der Felgaufschwung. Gleiches gilt auch für das Rollen (um die Querachse) und das Drehen (um die Längsachse). Für einen nur kurzen Zeitraum wechselt der Sportler z. B. vom Handstand bei maximaler Streckung in ein Abrollen mit möglichst viel Beugung. Es wechseln sich also stets kurze (statische) Kraftmomente mit (dynamischen) Roll- und Schwungelementen ab. Die folgenden Beispiele unterliegen immer der methodischen Reihe (von leicht zu schwer), unterstehen keinem Übungszwang und werden über die Hilfestellung stets gesichert.

Weichmatte: Tut nicht weh!

- sich rücklings auf die **Matte** „fallen“ lassen (Körperspannung)
- vom Handstand sich auf die Matte „fallen“ lassen
- vom Handstand auf die Matte abrollen
- seitlich um die Längsachse rollen
- dabei Arme und Beine strecken
- nach vorne rollen mit Kinn auf die Brust legen (klein machen)
- Weichmatte leicht schräg auf eine Langbank legen
- Das kleine Gefälle unterstützt das Rollen.
- aus der kleinen Rolle zur Flugrolle steigern
- dabei ein Hindernis wie z. B. Medizinball auf die Matte legen

Trampolin: Hoch und weit!

- Springen am **Trampolin**
- erste Einheiten mit Strecksprung und Drehung am Trampolin
- Anlauf und Springen mit sicherer Landung auf der **Matte**
- Anlauf und Springen mit halber Drehung (180 Grad)
- Springen mit Anlauf und ganzer Drehung (360 Grad)
- Anlauf mit (leichtem Sprung) und Flugrolle (Mini-Salto)

- Steigerung zum großen Salto
- Zwecks Fehleranalyse dient eine Videoaufnahme über das Handy!

- Springen **mit** Kasten
- Anlauf und Über-Springen mit Händen am Kasten
- Anlauf und Überspringen mit Händen und 180-Grad-Drehung
- Anlauf und Überspringen mit Händen und 360-Grad-Drehung
- Anlauf und Springen auf den Kasten und beidbeiniger Landung
- mit 180-Grad-Drehung
- mit 360-Grad-Drehung
- mit einbeiniger Landung auf dem Kasten
- Anlauf und über den Kasten springen
- mit 180-Grad-Drehung
- mit 360-Grad-Drehung

- Springen **ohne** Kasten
- Trampolin vor Weichmatte zum Basketball-Korb stellen
- erste Sprünge zum Korb (ohne Festhalten)
- Sprünge mit Basketball zum Korbtreffer
- Sprünge mit Basketball zum Dunking
- Sprünge hintereinander mit Basketball gegen Basketball-Brett

- Springen über **zwei Trampolins** und **zwei Kästen** und Weichmatte
- Sprungabfolge von Trampolin auf Kasten zu Trampolin auf Kasten
- Sprungabfolge von Trampolin über Kasten zu Trampolin auf Kasten
- Sprungabfolge von Trampolin über Kasten zu Trampolin über Kasten
- Sprungabfolge von Trampolin über Kasten und Trampolin zu Kasten
- Sprungabfolge von Trampolin über Kasten, Trampolin, Kasten auf Matte

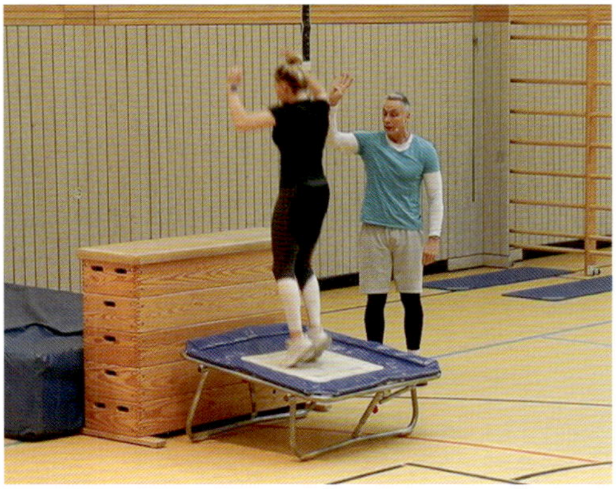
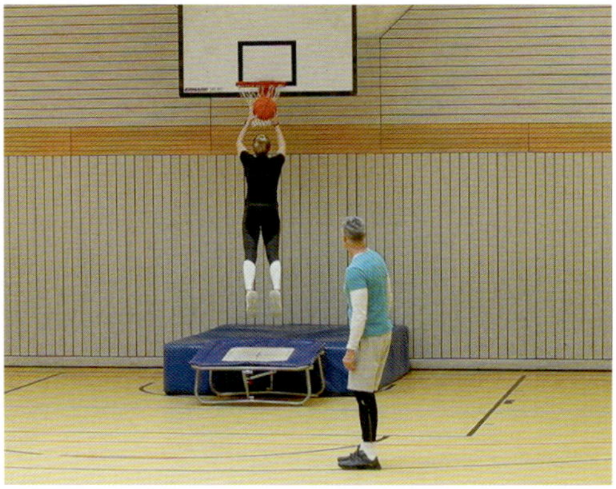

Tipp:

Viele der gezeigten Elemente gelingen bereits ab der fünften Klasse. Dabei ist es von enormem Vorteil, wenn die Sportlehrkraft den Sprung jeweils zeigt oder vormachen lässt und auf die Wichtigkeit der sicheren beidbeinigen Landung hinweist. Der Dunking oder der Sprung über die (beiden) Kästen ist hingegen sehr anspruchsvoll und wird eher ab der achten Klasse gut gemeistert.
Wichtig: Bei allen Sprungelementen sichert die Sportlehrkraft!

4.7 Kür statt Pflicht – der Fünf-Stationen-Betrieb

Nach den Grundelementen wie das Stützen am Barren oder am Boden, das Hoch-Ziehen am Reck sowie das Rollen und Springen werden nun den Schülern **fünf Stationen** als Angebot vorgestellt. Dabei soll und darf sich jeder Schüler seine **Kür** – bestehend aus nur **drei Übungsstationen** – selbst zusammenstellen. Oder anders formuliert: Die Stationen, welche als „zu schwer" ausfallen, werden – ganz cool – gestrichen. Somit hat der Schüler die Möglichkeit, in den kommenden (zwei bis vier) Unterrichtseinheiten seine Übungen gezielt zu trainieren und zu festigen. Über ein faires **Punktesystem** ergeben dabei alle drei Stationen eine Summe. Diese Bewertung spiegelt dabei das individuelle Turn-Niveau wider.

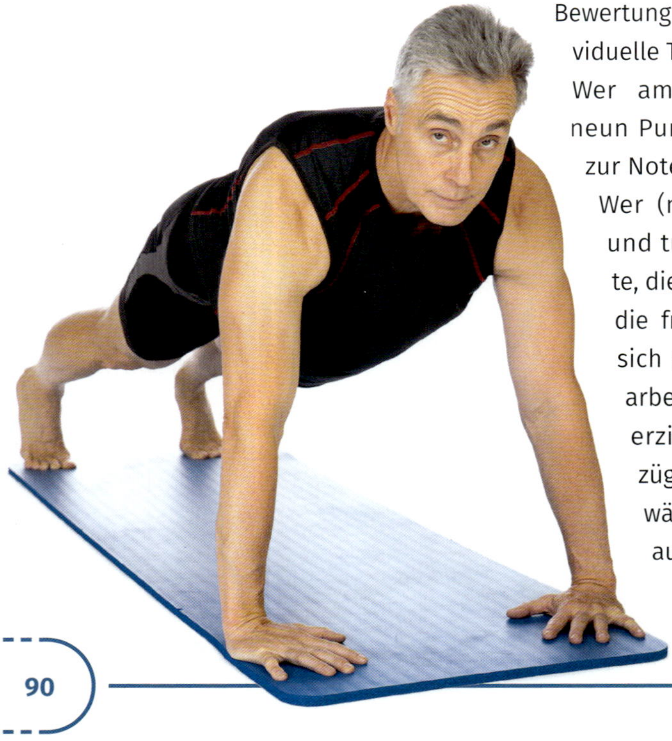

Wer am Reck glänzt, erhält neun Punkte und befindet sich direkt auf Kurs zur Note 1.

Wer (nur) die einfacheren Übungen wählt und turnt, erhält (trotzdem) genügend Punkte, die zur Note 3 führen. Eine Besonderheit ist die frei wählbare **Kraft**-Übung. Hier können sich die Schüler einen Zusatzpunkt (+ 1) erarbeiten, um damit die bessere Endnote zu erzielen. Dabei kann zwischen Klimmzügen, Liegestützen oder Klappmesser gewählt werden. Also Übungen, die sich i. d. R. auch zu Hause gut trainieren lassen.

Punktesystem: Deine Drei-Stationen-Kür als Vorlage zum Kopieren		
Stationen	**Elemente**	**Punkte**
Barren (Klammergriff mit Daumen um die Holme)	Vor- und Rückschwingen je zweimal → Beingrätschen und Aufsetzen → Vor- und Rückschwingen je zweimal → Abgang mit halber Drehung → Gesamt: →	1 1 1 2 5
Boden (Wähle aus **sechs** Elementen deine **drei** Elemente = deine **Boden-Kür**)	kleine Rolle vorwärts → große Rolle vorwärts (Flugrolle) → Handstand (mit Abrollen) → oder alternativ Wandstand (drei Sekunden) → Rad-Schlag (seitlich) → Strecksprung mit halber Drehung → Min.: → Max.: →	1 2 4 3 3 1 4 9
Reck (mit Hilfestellung 1 Punkt Abzug)	Felgaufschwung: → Felgumschwung: → Beide Elemente: →	4 5 9
Kasten (mit Hilfestellung 1 Punkt Abzug)	Oberarmstütz (drei Sekunden): → Abrollen mit Beingrätsche: → Beide Elemente: →	5 1 6
Trampolin (nur **einer** von **vier** Sprüngen = dein Trampolinsprung)	Sprung mit Streckung: → Sprung mit 180-Grad-Drehung: → Sprung mit 360-Grad-Drehung: → Salto: →	1 2 3 4
Kraft deine Kraftübung (z. B. 25 Liegestütze)	Klimmzüge: → oder Liegestütze: → oder Klappmesser: →	1 1 1

24–21 Punkte = Note 1 / 20–17 Punkte = Note 2 / 16–13 Punkte = Note 3 / 12–9 Punkte = Note 4

Die gezeigte Übersicht kann gerne als **Kopiervorlage** verwendet werden.
Als Punktebewertung dienen hierzu zwei Beispiele.

Schüler **A** entscheidet sich für die Stationen **Barren, Kasten** und **Boden**. Hier hat er in den letzten drei Sportstunden geübt, Tipps und Hilfestellungen erhalten und meistert u. a. sicher den Oberarmstütz und den Wandstütz. Mit seiner gewählten Kraftübung (hier: 25 Liegestütze) verbessert er sich um einen Punkt auf die Note 2 (= 17 Punkte).

Schüler A wählt	**3 Elemente**	**Punkte**	
1.	**Barren**	**5**	
2.	**Kasten**	**6**	
3.	**Boden** Rolle Strecksprung Wandstand	**5** 1 1 3	
		16 Pkt.	= Note **3**
4.	**25 Liegestütze**	**+ 1 Pkt.**	= Note **2**

Schüler **B** hat bereits im Kinderturnen einige Fertigkeiten gut erlernt. Er wählt daher die Stationen **Reck, Trampolin** und **Boden**. Mit seinen sicher geturnten Elementen erreicht er 22 Punkte und damit die Note 1.
Eine Kraftübung muss daher nicht mehr gezeigt werden.

Schüler B wählt	**3 Elemente**	**Punkte**	
1.	**Reck**	**9**	
2.	**Trampolin** Salto	**4** 4	
3.	**Boden** Flugrolle Handstand Rad-Schlag	**9** 2 4 3	
		22 Pkt.	= Note **1**

Das vorgestellte Turn-Modell wurde von ehemaligen Leistungsturnern entworfen und hat sich in der Konzeption an großen Schulklassen mit unterschiedlichen Voraussetzungen orientiert sowie sehr gut bewährt. Denn nicht jeder Schüler kann sich und sein Körpergewicht locker um das Reck schwingen oder sicher den freien Handstand stehen. Kleine Hilfestellungen wie das Schrägbrett oder das Seil für den Felgaufschwung führen dabei zu mehr Erfolg. In der Summe wird hier ein lebendiger Turnunterricht angeboten, der den Schülern auch Freiräume bietet und eigene Stärken (und Schwächen) erkennen lässt. Die Kraftübungen motivieren dabei zu kleinen Hausaufgaben.

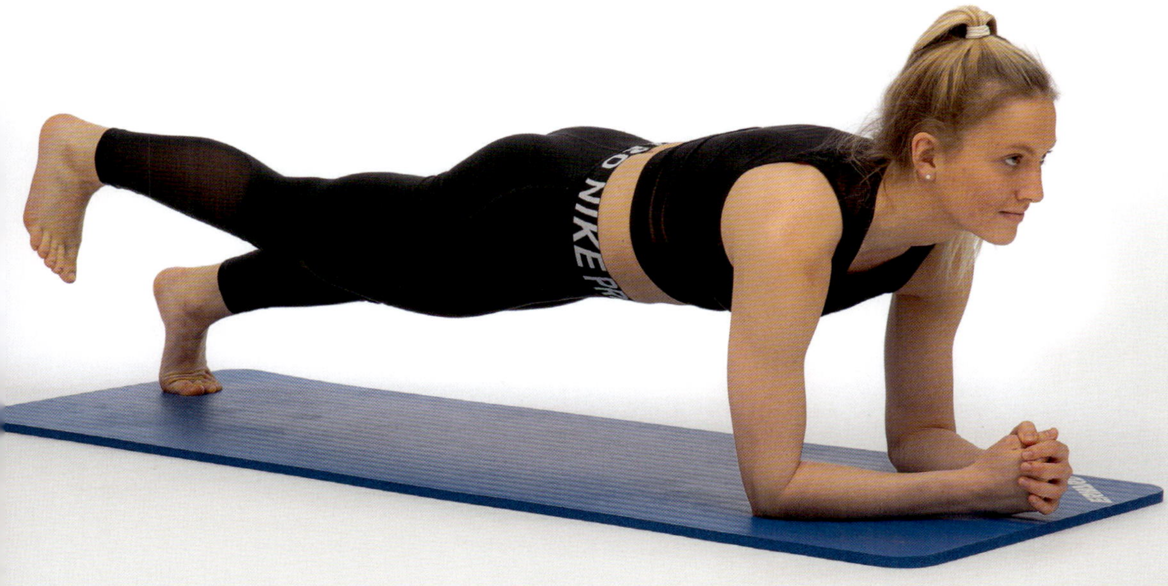

KAPITEL 5:

ALTE SPIELE TREFFEN NEUE TRENDS

Im folgenden Kapitel geht es vorrangig darum, aus „alten", ja bekannten Spielformen neuere und komplexere Varianten vorzustellen. Die sogenannten **kleinen** Spiele (als Hinführung zu einem **großen** Spiel) haben i. d. R. die Aufgabe, bestimmte Eigenarten (z. B. Werfen, Dribbeln, Schrittfolge) eher spielerisch zu vermitteln. Diese Bewegungserfahrungen dienen dann dazu, dass notwendige Fertigkeiten in einem regelgeprägten Spiel sicherer und richtig angewendet werden.

Der Klassiker unter den hinführenden Ballsportarten ist dabei Völkerball.

In diesem reaktionsreichen Spiel dominieren die Fähigkeiten von sowohl zielgenauem **Abwerfen** bzw. **Passen** als auch sicherem **Fangen**. Somit wird direkt auf die ball-technischen Grundlagen aus dem Bereich **Handball** zurückgegriffen. Oder anders formuliert: Völkerball ist **das** hinführende Spiel zum Handball!

5.1 Völkerball – viele Varianten

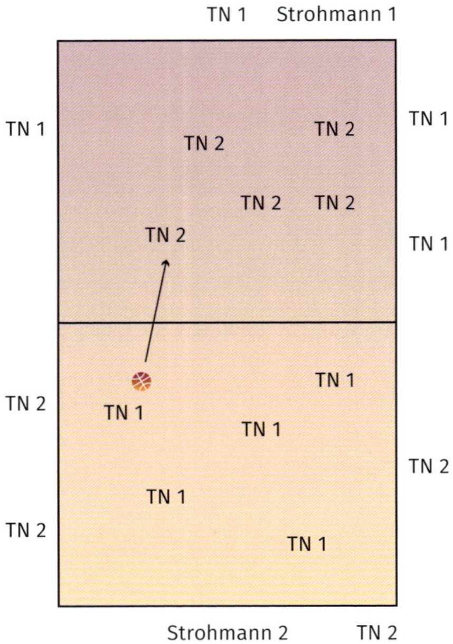

Abbildung 13: Völkerball klassisch

Je zwei Teams (mind. sechs bis 15 Schüler/Team) starten in ihrem Spielfeld. Hierzu wählt man in einer Einfach-Turnhalle das **Volleyball**-Feld (blaue Linien). Ein freiwilliger Schüler (der Strohmann) stellt sich **hinter** bzw. **um** das gegnerische Feld auf und darf von dort aus ebenso die Gegner abwerfen. Wird also der Ball **nicht** gefangen, gilt dies als Treffer. Der Schüler muss sein Spielfeld verlassen und begibt sich zu seinem Strohmann außerhalb des gegnerischen Feldes. Von dort kann er sich durch einen erfolgreichen Treffer (am Gegner) sofort wieder in sein Feld zurückspielen. Der Strohmann kommt erst dann in sein Spielfeld zurück, wenn alle seine Mitspieler abgeworfen wurden und ihr Feld verlassen mussten.

Also erst dann, wenn das eigene Feld vom Gegner „leer" geworfen wurde.

Statt der klassischen Version mit nur **einem** Ball und dem Wechsel von Strohmann und Mitspieler bleibt nun der Strohmann mit seinen **drei Leben** in seinem Spielfeld. Er wechselt also **nicht** hinter das gegnerische Feld zurück, auch wenn sich sein Mitspieler wieder zurückwirft. Somit helfen ihm seine Mitspieler und bilden eine Mauer gegen Abwurftreffer seitens der Gegner.

Völkerball-Spiel 1: Vier Bälle – viel Speed!

- Das Spiel startet mit **vier** weichen Bällen.
- Jedes Team erhält je zwei **Soft**-(Skin-)Bälle.
- Wer den Ball nicht fängt, wechselt auf/um die gegnerische Seite.
- Durch einen Treffer des Gegners kann der Schüler wieder zurück.
- Der Strohmann wirft ebenso mit ab bzw. verteilt die Bälle.
- Wenn sein Team komplett herausgeworfen wurde, kommt er ins Spiel.
- Mit **drei Leben** und den **vier** Bällen startet er.
- Der Strohmann bleibt in seinem Feld (und geht nicht mehr raus).
- Wird er **dreimal** getroffen, ist das Spiel beendet.

Völkerball-Spiel 2: Vier Bälle & zwei Farben – viel Konzentration!

- Es wird nach den gleichen Regeln gespielt.
- Es werden aber zwei **verschiedenfarbige** Bälle verwendet.
- Das Spiel startet z. B. mit je **zwei** gelben und je **zwei** roten Bällen.
- **Gelbe** Bälle dürfen nur mit der **linken** Hand geworfen werden.
- **Rote** Bälle dürfen nur mit der **rechten** Hand geworfen werden.

Völkerball-Spiel 3: Zwei Pezzi®-Bälle – vier Abwurfmöglichkeiten!

- Statt vier weichen Bällen werden nun **zwei** große **Pezzi®**-Bälle eingesetzt.
- Es gelten **direkte** wie **indirekte** Treffer (aber keine Kopftreffer),
- direkt auf den Körper (ohne Bodenkontakt),
- indirekt auf den Körper über einen **Bodenkontakt**.
- Auch der **festgehaltene** Ball gilt als Körperteil.
- Ebenso zählen hier direkte wie indirekte Balltreffer.
- Steigerung über **drei** bis **vier** Pezzi®-Bälle (je nach Teamgröße)

Völkerball-Spiel 4: Drei Pezzi®-Bälle – Abwerfen und Abschießen!

- je z. B. **zwei grüne** und **einen blauen Pezzi®-Bälle** verwenden
- die grünen Bälle nur mit der **Hand** werfen
- den blauen Ball nur mit dem **Fuß** schießen
- Es wird nur auf Beine und Oberkörper gezielt.
- Es gelten wieder direkte und indirekte Treffer auch am Ball.

Völkerball-Spiel 5: Zwei Pezzi®-Bälle und zwei Softbälle!

- Kombination aus zwei weichen **Softbällen** und zwei **Pezzi®**-Bällen
- Die **Softbälle** werden wieder nur geworfen.
- Es zählen nur direkte Körper-Treffer.
- Die **Pezzi®-Bälle** werden nur geschossen.
- Es zählen auch indirekte Körper- und Ball-Treffer.

Völkerball-Spiel 6: Bälle und kleine Turnmatten!

- Jedes Team erhält eine kleine **Turnmatte**.
- Diese **Turnmatte** steht auf der langen Seitenkante und dient als Mauer.
- Sie wird von einigen Schülern gehalten.
- Fällt die Matte auf den Boden, dürfen alle Gegner zusammen zurück.
- Zusätzlich darf sich jeder Spieler auch weiterhin einzeln zurückwerfen.
- Kommt der Strohmann in das Feld, hilft ein Mitspieler beim Matten-Stütz.

Völker-Ball 7: Bälle und große Weichmatten!

- Statt der Turnmatte wird nun je eine große **Weichmatte** eingesetzt.
- Diese **Weichmatte** steht auf der langen Seite und dient als Mauer.
- Sie wird von den Schülern gehalten.
- Fällt die Matte auf den Boden, dürfen alle Gegner zusammen zurück.
- Mit **Pezzi®-Bällen** lässt sich die Matte leichter umwerfen.

Völkerball-Spiel 8: Bälle und Kasten!

- Statt der (kleinen oder großen) Matten wird nun ein **Kasten** eingesetzt.
- Dabei den Kasten nicht fixieren, sondern beweglich stehen lassen.
- Der Kasten dient als (mobile) Mauer.
- Kommt der Strohmann in das Feld, muss er auf den Kasten,

- also ohne Bodenkontakt mit den Füßen.
- I. d. R. legt sich der Strohmann flach auf den Kasten.
- Seine Mitspieler schützen ihn wieder vor Ball-Treffern.

Völkerball-Spiel 9: Bälle und Hütchen!

- Statt des Kastens wird nun eine **Pylone** eingesetzt.
- Um die Pylone/Hütchen liegt ein **Reifen**.
- Auf dem Hütchen liegt ein **kleiner Ball**.
- Der Ball wird von den Schülern geschützt.
- Bei Treffer des Balls dürfen alle Gegner zusammen zurück.
- Jeder Spieler wirft sich aber auch einzeln wieder zurück.

Völkerball-Spiel 10: Scharfmachen!

- Völkerball mit „**Scharfmachen**" vor dem Ballwurf
- Der außen Stehende muss erst eine bestimmte Aufgabe lösen:
- je nach Zielsetzung z. B. **drei** Liegestütze, dann erst werfen,
- oder z. B. eine **360**-Grad-Sprung-Drehung, dann erst werfen,
- oder z. B. eine tiefe **Kniebeuge**, dann erst werfen.

Völkerball-Spiel 11: Kein Strohmann – aber eine Langbank!

- Zwei **Langbänke** stehen auf Höhe der Basketball-Freiwurflinie je Spielfeld.
- Es gibt **keinen** Strohmann, also alle Spieler sind in ihrem Spielfeld.
- Das Volleyball-Feld bleibt bestehen, zum Ball-Hohlen darf es verlassen werden.
- Wird ein Spieler getroffen, muss er sich auf die gegnerische Bank stellen.
- Von dort kann er den Gegner abwerfen.
- Hierzu wird ihm der Ball punktgenau zugepasst.
- Er darf nicht von der Langbank.
- Erst bei einem Treffer darf er wieder in das eigene Spielfeld zurück.

Völkerball-Spiel 12: Langbank umgedreht!

- Das Spiel startet wieder mit zwei Langbänken.
- Diese werden aber auf die Sitzfläche (um-)gedreht.
- Die Standfläche ist somit bedeutend kleiner (Parkour).
- Der Schüler darf nicht von der schmalen Langbank.
- Jeder Schüler hat nur **ein Leben**.

- Verlässt er ein zweites Mal die Langbank, darf er nicht ins Spiel zurück.
- Die Ball-Pässe müssen von den Mitspielern noch genauer erfolgen.

Völkerball-Spiel 13: Anders herum – wirf dich rein!

- In dieser letzten Variante wird der Spielgedanke „**umgedreht**".
- Alle Schüler je Team stellen sich **außerhalb/um** ihr Feld auf.
- Je ein Strohmann mit je **einem Softball** steht im Feld des Gegners.
- Da er bereits im Feld steht, muss er sich nicht mehr reinwerfen.
- Er spielt also den Softball zu seinen Mitspielern.
- Durch einen Treffer von außen darf der Schüler in sein Feld.
- Wenn ein Schüler getroffen wird, bleibt dieser im Feld.
- Er verlässt also nicht mehr sein Feld.
- Je mehr Schüler sich im Feld befinden, desto mehr lassen sich abwerfen.
- Sieger ist das Team, welches sich komplett in das Feld geworfen hat.

Zusammenfassung:

Je **mehr** Bälle, desto aufregender wie dynamischer wird das Völkerball-Spiel. **Farbige** Bälle und unterschiedliche Wurfhand-Seiten (oder beidhändig) fördern die Konzentration und Taktik. Große **Gymnastik**-Bälle (Pezzi®-Bälle) benötigen mehr an Kraft (Stoßen vs. Werfen). **Langbänke** trainieren das genaue Zuspiel. Die Kombination aus Ab-Werfen und Ab-Schießen steigert noch mehr die Begeisterung.
Probieren Sie es aus !

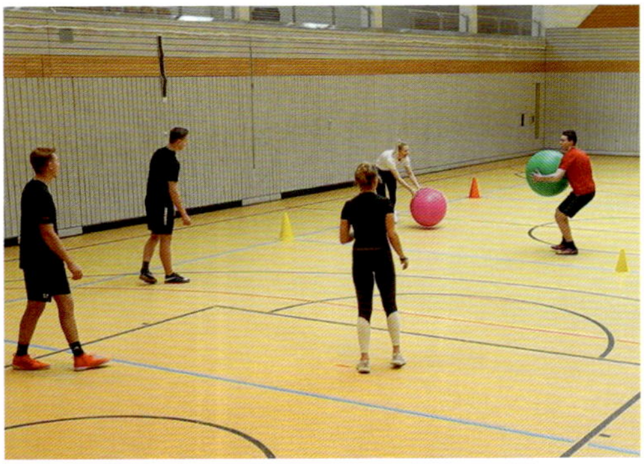

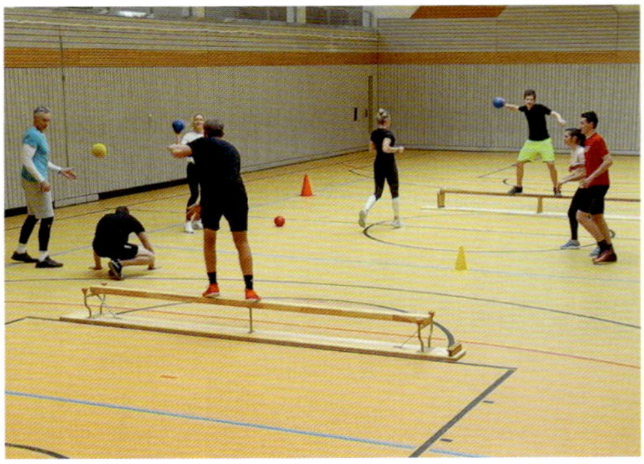

5.2 Frisbee – viele Ideen

Die Frisbee-Scheibe wird seit vielen Jahren gerade im Schulsport immer beliebter, sowohl bei den Schülern wie auch bei den Lehrkräften. Mit diesem Sportgerät lassen sich fast alle Schüler begeistern, zum einen weil „mal was anderes“, zum anderen weil technisch anspruchsvolle Fertigkeiten wie z. B. „enges Dribbeln mit dem Fuß“ wegfallen.

Die Frisbee-Sportstunden sollten – wenn möglich – in einer **Drei**fach-Turnhalle oder im Sommer auf dem **freien** Gelände (z. B. Fußball-Platz) durchgeführt werden. Zum Erlernen der Grundlagen „Werfen & Fangen“ stellen sich die Schüler in einem **Kreis** auf. Jeder Schüler wirft die Scheibe einem Mitschüler zu. Die Scheibe soll dabei (möglichst) **nicht** auf den Boden fallen. Mit dieser Aufgabenstellung muss also zielgenau geworfen werden und gleichzeitig der Anspielpartner sich aktiv zur Scheibe hinbewegen. Kleine Tipps zur **Wurf**technik (Griff mit Zeige- und Daumen seitlich/oben) sowie **Schritt**technik (rechter Wurfarm und rechtes Bein vor) helfen bei den ersten Wurfeinheiten.

Zum **Fangen** der Scheibe bietet sich (neben dem einhändigen Greifen) die Pancake-Technik an. Dabei wird mit beiden Händen das Frisbee gleichzeitig von oben und von unten fixiert bzw. gefangen.

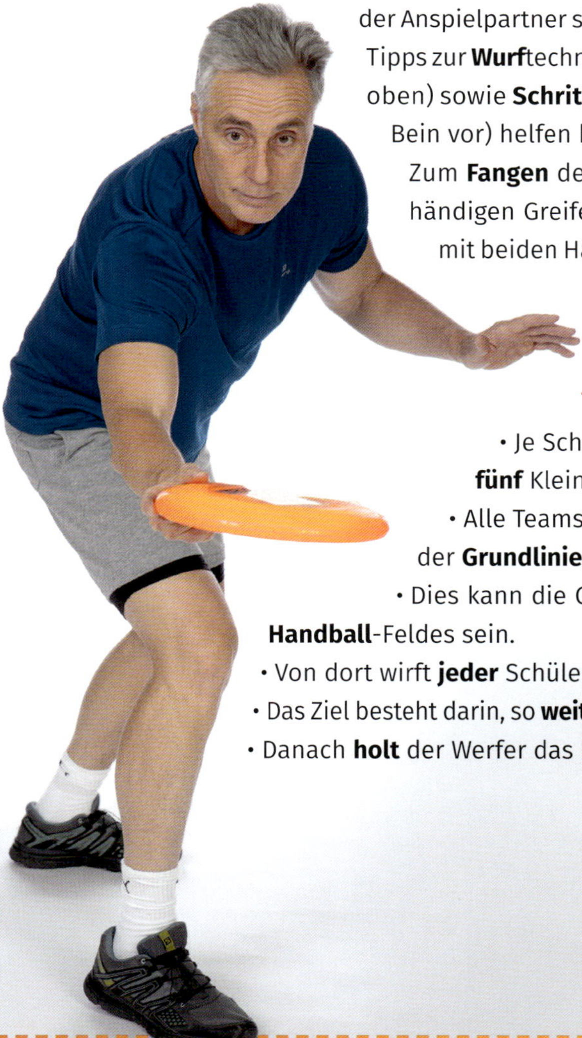

Frisbee 1: Wie weit werfe ich?

- Je Schüleranzahl werden **zwei**, **drei**, **vier** oder **fünf** Kleingruppen gebildet.
- Alle Teams stehen mit Abstand nebeneinander an der **Grundlinie**.
- Dies kann die Grundlinie des **Fußball**-Feldes oder des **Handball**-Feldes sein.
- Von dort wirft **jeder** Schüler der Kleingruppe **einmal** das Frisbee.
- Das Ziel besteht darin, so **weit** wie möglich zu werfen (Erfolgskontrolle).
- Danach **holt** der Werfer das Frisbee und übergibt an den Mitspieler.

Frisbee 2: Golf-Disc – wenige Versuche!

- Als Nächstes wirft auf **Kommando/Pfiff** je ein Schüler/Team das Frisbee.
- Danach rennt das **gesamte Team** zu ihrer Frisbee-Scheibe hin.
- Von dort aus wirft der nächste Schüler das Frisbee weiter.
- Das Ziel ist z. B. die **gegenüberliegende Grundlinie** (Fußball-Feld).
- Die einzelnen Wurfversuche bis zum Ziel hin werden **gezählt**.
- Es ergibt sich also ein **Frisbee-Golf-Spiel**.
- Das Team mit der **geringsten** Anzahl an Versuchen hat gewonnen.

Frisbee 3: Golf-Disc – noch genauer!

- Statt nur hinter die Grundlinie wird nun in eine **Zone** geworfen.
- von der Grundlinie aus in den **Fußball-Mittelkreis** werfen (i. d. R. ca. drei Versuche)
- oder in den **Fünf**-Meter-Torraum oder in den **16**-Meter-Raum
- in der **Drei**fach-Turnhalle analog der **Sechs**-Meter-Torraum (Handball-Feld)
- Alternativ dienen auch **Turn-** oder **Weichmatten** als Zonen.
- oder in einen kleinen umgedrehten Kasten zielgenau werfen
- Jeder Schüler wirft weit und genau in das Ziel.
- Alle Schüler folgen der Scheibe und der nächste Schüler wirft.
- Die benötigten Versuche jedes Teams werden zusammengezählt.

Frisbee 4: Golf-Disc – direkt in das Tor!

- Statt in die Zonen wird nun direkt in das **Tor** geworfen.
- von der Grundlinie in das gegenüberliegende Fußball-Tor
- von der Grundlinie in das gegenüberliegende Handball-Tor
- Somit wird das **zielgenaue** Werfen noch intensiver trainiert.
- Es rennt dabei wieder das **gesamte** Team zu ihrer Frisbee-Scheibe.
- Somit sind alle Schüler permanent in der Laufbewegung.
- Die benötigten Versuche werden wieder addiert.

Frisbee 5: Golf-Disc – Staffel-Lauf!

- Jetzt wirft nur **ein** Schüler/Team in eine entfernte **Zone** (z. B. Mittelkreis).
- In diesem Kreis (oder auf einer entfernten Matte) muss das Frisbee **landen**.
- Der Schüler **zählt** hierbei seine Wurfversuche mit (z. B. drei Versuche).
- Erst danach rennt er zurück und übergibt das Frisbee an den Mitspieler.
- Es ergibt sich somit ein **Staffel-Frisbee-Golf**.
- Hier startet der nächste Schüler mit seinem Wurf in die Zone.
- Alle Schüler/Team **addieren** ihre Zielwurf-Versuche zusammen.
- Sieger ist wieder das Team mit den **geringsten** Wurfversuchen.

Frisbee 6: Treffer! Ja – Nein?

- Eine weitere Variante ist das Werfen in ein **Tor**.
- Jeder Schüler/Team hat dabei nur **einen** Wurfversuch.
- Ziel ist der Wurf **direkt** in das Fußball- oder Handball-Tor (statt einer größeren Zone).
- Der Abstand zum Tor ist die 16-Meter-Linie (Fußball) oder Neun-Meter-Linie (Freiwurflinie Handball).
- Jeder **direkte** Treffer wird mit **einem** Punkt gewertet/belohnt.
- Das Team, welches zuerst z. B. **zehn** Treffer (Tore) erzielt, ist Sieger.

Frisbee 7: Brennball-Disc!

- In der (letzten) Variante spielen **zwei** Teams gegeneinander.
- Dabei startet ein Team (Team 1) mit **allen** Spielern gemeinsam.
- Ähnlich wie beim **Brennball-Spiel** gibt es Rettungsinseln.
- Dies können z. B. Matten, Reifen oder Hütchen sein.
- Der **Sportlehrer** wirft das Frisbee weit in das Feld.
- Sofort startet das Team **1** von der Start- (und Ziel-)Zone.
- Team **2** versucht nun, das Frisbee in eine bestimmte Zone zu werfen.
- Dies kann z. B. das Tor, die Fünf-Meter-Zone oder der Mittelkreis sein,
- ebenso eine Matte oder ein Reifen.
- Dabei darf mit der Scheibe **nicht** gelaufen werden,
- und die Scheibe sollte nicht den Boden berühren.
- Dabei ist es günstig, dass Team 2 sich großflächig im Feld verteilt.
- Es muss also ein **Fänger** (Catcher) nah an der Zielzone stehen.
- Liegt das Frisbee in der Zone, darf Team 1 **nicht** weiterrennen.

- Dazu dienen die **Rettungsinseln**, um nicht zu „verbrennen“.
- Der **Sportlehrer** wirft insgesamt z. B. **vier**mal das Frisbee.
- Danach werden die erfolgreichen Home-Runs der Schüler gezählt.
- Jede Umrundung ergibt dabei einen Home-Run-Point.
- Anschließend wechseln die Teams.
- Wahlweise kann auch ein Schüler des Starter-Teams das Frisbee werfen.

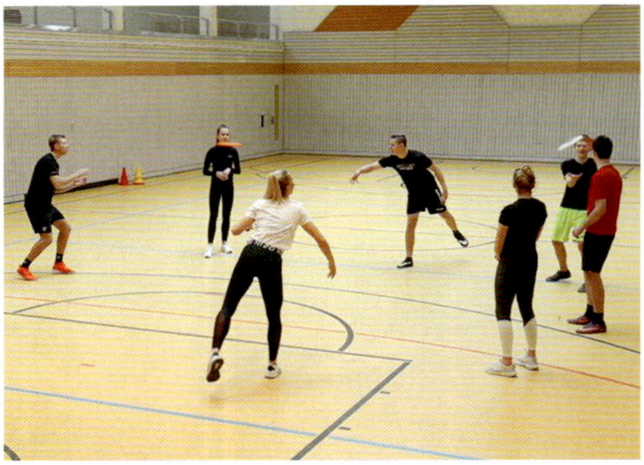

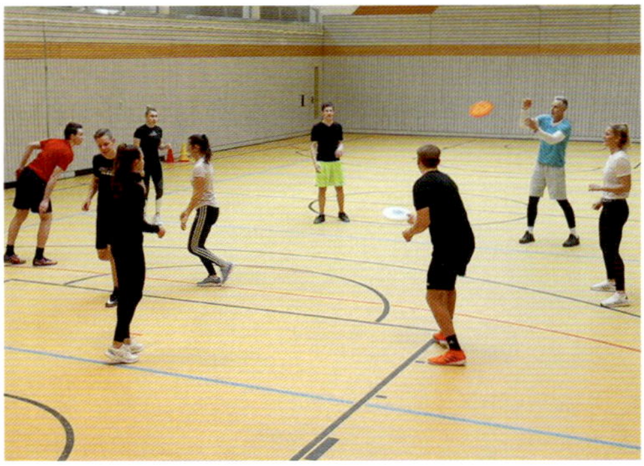

Zusammenfassung:

Beachten Sie die methodische Steigerung.
Zu Beginn werfen die Schüler i. d. R. die Frisbee-Scheibe zu kraftvoll aus der (meist) rechten Schulter-Armseite. Dadurch driftet die Scheibe stark nach rechts ab, statt – wie gewünscht – weit nach vorne/gerade zu fliegen.
Daher erfolgt die Wurfbewegung über die (rechte) Beuge-Streck-Bewegung von Ellenbogen und Handgelenk sowie dem (rechten) Bein-Ausfallschritt.
Erste Kennenlern-Übungen im Kreis mit kurzen Pass-Wegen inkl. Fangen lassen die Technik sowohl gut wie spielerisch erlernen.

5.3 Köpfchenball – Schrittregel beachten

Der Titel der folgenden Spielformen lässt erahnen, dass gerade hier „mit Köpfchen“ agiert werden muss. Dabei geht es vorrangig um das Vertiefen und Festigen der **Schrittregeln** im **Basketball** und **Handball**.

So erfolgreich die eigentliche Wurfaktion gewesen ist, bei einem Schrittfehler zählt aber dieser Korb- oder Tor-Wurf nicht. Insofern bedeutet das Erlernen der **Zweier**- und **Dreier**-Schrittregel die wichtige, wenn nicht die elementare Grundlage schlechthin. Als spielerische Hinführung werden nun einige sehr dynamische Varianten gezeigt, die nicht nur die **Schrittfolge** berücksichtigen, sondern zusätzlich auch das **Freilaufen** und sichere **Zuspielen** mit einfordern. Somit erweitert sich das Einsatzfeld auch auf weitere (Team-)Sportarten wie Fußball, ist aber wegen der Schnelligkeit und Reaktion ebenso für Tennis, Leichtathletik oder Turnen sehr gut geeignet bzw. anwendbar.

Wir starten mit einer relativ großen Gruppe (> 15 bis 25 Teilnehmer).

Jeder gegen jeden: Sieben Zwerge & fünf Freunde!

- Am Spielfeldrand wird eine **Zone** markiert.
- Dies können zwei **Pylonen** oder eine **Langbank** sein.
- Alle Spieler agieren für sich, also „**jeder gegen jeden**“.
- Es werden **zwei** Softbälle (→ Basketball) verwendet.
- Oder es werden **drei** Softbälle (→ Handball) eingesetzt.
- Jeder Spieler darf aber nur **einen** Softball aufnehmen,
- also nicht zwei und mehr gleichzeitig.
- Mit seinem Ball wirft er den **Gegner** ab.
- Ein Treffer ist dann erfolgreich, wenn der Ball nicht gefangen wird.
- Das Spiel erfolgt **ohne** Dribbling.
- Bei der Wurfaktion dürfen nur max. **drei** Schritte (Handball)
- oder nur max. **zwei** Schritte (Basketball) erfolgen.
- Wird ein Schüler getroffen, muss er in die **Zone** bzw. auf die Langbank.
- Die erste Variante nennt sich auch „**Sieben Zwerge**“ (Handball = sieben Spieler).
- Hier dürfen max. **sieben** Teilnehmer in der Zone/auf der Langbank stehen.
- Kommt der **achte** Teilnehmer dazu, darf der erste Teilnehmer wieder ins Spiel.
- Somit beträgt die Verweildauer nur wenige **Sekunden**.
- Die nächste Variante nennt sich „**Fünf Freunde**“ (Basketball = fünf Spieler).
- Auch hier dürfen nur max. **fünf** Spieler auf der Langbank stehen.

- Auf die **Drei**- und **Zwei**-Schritt-Regel ist stets zu achten.
- Die Steigerung erfolgt über den **Absprung**.
- Somit zählen die Treffer nur, wenn im Absprung geworfen wurde.
- Hierzu **links-rechts-links** für **Handball** (bei rechter Wurfarm-Seite).
- Hierzu **rechts-links** für **Basketball** (bei rechter Wurfarm-Seite).

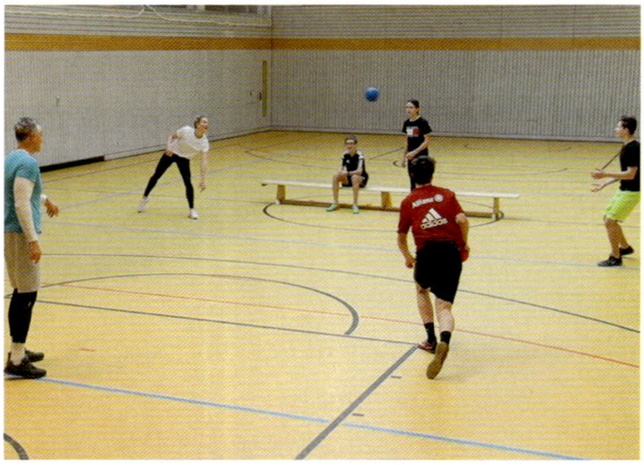

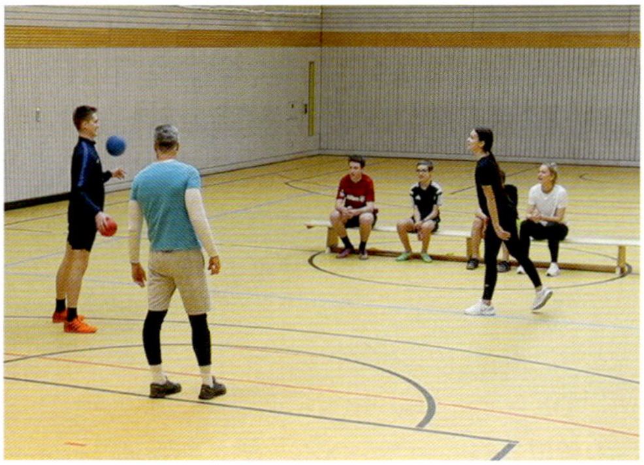

Jeder gegen jeden: Merk-Ball!

- Die zweite Variante (hier: „**Merk-Ball**") erhöht die Verweildauer.
- Die „getroffenen" Spieler bleiben solange in der Zone,
- bis ihr Abwerfer (endlich) selbst getroffen wurde.
- Hier kann sich die Verweildauer auf bis zu eine **Minute hin** erhöhen.
- Bei beiden Varianten geht es also um das gezielte **Abwerfen**.
- Dabei muss stets die (Zweier- oder Dreier-)**Schrittregel** eingehalten werden
- sowie den Bällen reaktionsschnell ausgewichen werden
- oder günstigerweise gefangen werden.

Jeder gegen jeden: Dribbeln und Werfen!

- Eine Erweiterung ergibt sich nun durch die **Dribbel**- bzw. **Prell**-Technik.
- Auch hier ist (für Basketball) nur ein **zweimaliges** Dribbeln erlaubt.
- (Für Handball) wird nur ein **dreimaliges** Prellen zugelassen.
- Nach der Ballaufnahme darf dann nur noch geworfen werden,
- und dies ohne Zeitspiel/Zeitverlust (< 3 Sek.), also möglichst schnell.

Jeder gegen jeden: Dribbeln, Springen und Werfen!

- Als nächste Steigerung wird nun die **Sprungtechnik** mit eingebaut.
- Die Wurf-Aktion erfolgt nach dem Zweier-Schritt-**Absprung**.
- Hier wird also der Basketball-**Korbleger** simuliert,
- oder nach dem Dreier-Schritt-Absprung für den Handball-**Sprungwurf**
- Bei der rechten Wurf-Hand ergibt sich somit
- für Basketball die (zwingende) **rechts-links**-Schrittfolge,
- für Handball die (zwingende) **links-rechts-links**-Schrittfolge.
- Hierbei erreicht der Schüler mehr Raum zum Abwurf.

Die folgenden Varianten unterliegen nun einem anderen Spielmodus.
Während die vorherigen Abwurf-Spiele **quer** durch den Raum erfolgten, wird nun von einer zur anderen **Turnhallenseite** agiert. Wie in einem regulären Spiel treten zwei kleinere Mannschaften (ca. drei bis fünf Teilnehmer/Team) gegeneinander an. Hierzu wird ein **weicher** Ball (z. B. Volleyball) verwendet.

Köpfchen-Ball: Ball an die Wand!

- Das angreifende Team muss sich den Ball **zuwerfen**,
- aber dies unter Berücksichtigung der **Zweier**- oder **Dreier**-Schrittregel.
- Der Ball darf **nicht** auf den Boden fallen.
- Es gelten also nur **direkte** Pässe.
- Dies benötigt ein sowohl punktgenaues Zuspiel
- und ebenso ein Freilaufen weg vom Gegner.
- Ziel ist es, möglichst nahe an die Turnhallen-Wand zu gelangen.
- Von dieser Position wird der Ball **direkt** an die Wand **geköpft**.
- Die erste Variante ist das Fangen und sich selbst Vorlegen des Balls.
- Die zweite Variante ist das direkte Köpfen aus dem Zuspiel heraus,
- also wie im Fußball den Ball (ohne zu fangen) gleich zu köpfen.
- Das Einbeziehen von (zweimal oder dreimal) **Dribbeln/Prellen** steigert weiter die Dynamik bzw. den Raumgewinn
- sowie das Einbeziehen des Köpfens **nach dem Sprung** (in der Luft).
- Dabei werden Treffer an die **Rückwand** mit einem Punkt gewertet.
- Treffer direkt in das **Tor** werden mit zwei Punkten belohnt.
- Somit lernen die Schüler zu taktieren,
- Toraktion erzwingen oder Zuspiel/Pass zum freistehenden Mitspieler.

5.4 Badminton – Rundlauf und mehr

Eine immer größere Beliebtheit erfährt das Rückschlagspiel Badminton.
Folglich wird es seit einigen Jahren auch in der Oberstufe als Wahl-Sportfach und auch als Abiturfach angeboten. Darüber hinaus lassen sich mit einer „überschaubaren" Investition von rund 400,- Euro (bei ca. 25 Badminton-Schlägern und Federbällen) große Klassen ab etwa der siebten Jahrgangsstufe sehr gut unterrichten. Als Ersatz für die professionellen Netzanlagen lässt sich auch einfach wie günstig eine Zauberschnur quer durch die Turnhalle spannen. Zu Beginn starten **alle Schüler** mit **einem** Schläger und **einem** Federball.

Badminton 1: Jeder für sich!

- den Federball in der Luft spielen und mitzählen (mind. zehnmal)
- den Federball hochspielen
- den Federball mit Vor- und Rückhand spielen
- den Federball auch mit der anderen (schwächeren) Handseite spielen
- den Federball hochspielen und sich um 180 Grad drehen
- den Federball hochspielen und sich um 360 Grad drehen
- den Federball hochspielen, sich kurz hinsetzen und wieder aufstehen
- den Federball mit Bewegung im Raum spielen
- den Federball hochspielen und auf dem Schläger auffangen

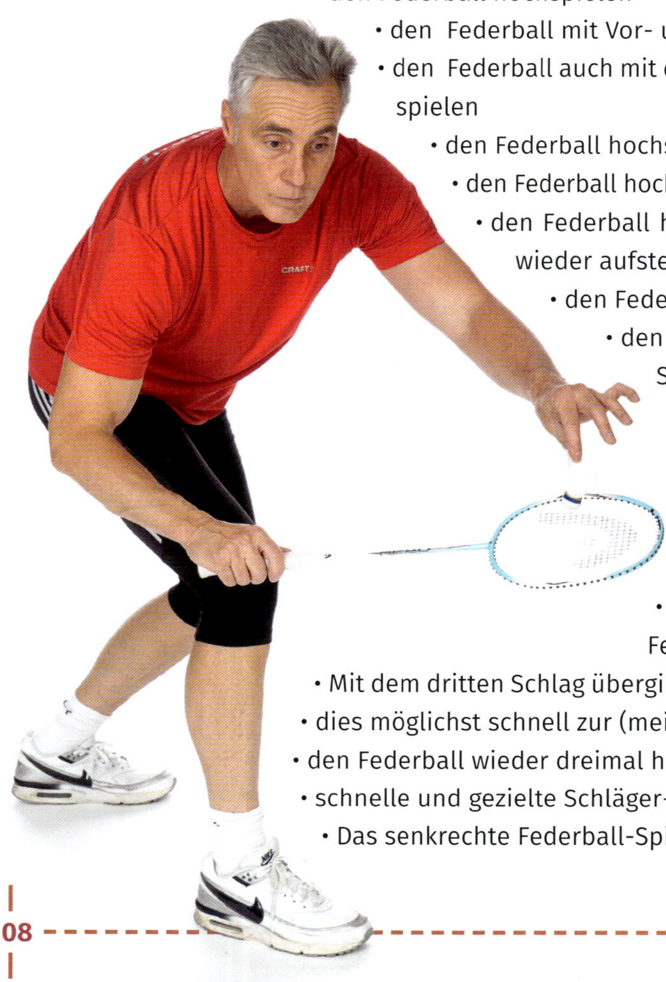

Badminton 2: Zu zweit!

- Je **zwei Schüler** benötigen nur **einen** Schläger und **einen** Federball.
- Der erste Schüler spielt dreimal den Federball hoch.
- Mit dem dritten Schlag übergibt er seinem Mitschüler den Schläger,
- dies möglichst schnell zur (meist) rechten Schlag-Hand.
- den Federball wieder dreimal hochspielen
- schnelle und gezielte Schläger-Wechsel in die „freie" Hand
- Das senkrechte Federball-Spiel lässt die Übung leichter gelingen.

Badminton 3: Zu zweit gegenüber!

- Die **Paare** stellen sich gegenüber in der Turnhalle (ohne Zauberschnur) auf.
- Hohes **Zuspielen** und das **Miteinander** Spielen werden trainiert.
- Wechsel der **Vor**- und **Rück**hand- sowie der **Schlag**hand-Seite
- Wechsel von **langen** zu **kurzen** Schlägen/Zuspiel
- Wechsel von **seitlichen** Schlägen/Zuspiel
- Wechsel von **oberen** und **unteren** Schlägen/Zuspiel
- danach sich paarweise (zur Zauberschnur) positionieren
- Es erfolgen wieder alle Zuspielvarianten miteinander.

Die folgenden Spielvarianten trainieren das **hohe** wie **punktgenaue** Zuspiel zum Mitspieler und erfordern sehr viel Aufmerksamkeit.
Hierzu wird eine Zauberschnur mit Leibchen quer in der Turnhalle gespannt.

Badminton 4: Rundlauf leicht!

- Jeweils **vier** bis **sechs** Schüler je Gruppe stellen sich hintereinander auf.
- **Ein** Schüler startet mit einem hohen Zuspiel zur Gegenseite.
- Danach stellt er sich **hinter** seiner Gruppe auf,
- der Spieler auf der Gegenseite agiert genauso.

Badminton 5: Rundlauf mittel!

- Im nächsten Durchgang wechselt der Zuspieler die **Seite** (Rundlauf).
- Nach dem Zuspiel läuft dieser zur Gegenseite (im Uhrzeigersinn ↻).
- Bei **vier** bis sechs Schüler je Gruppe agieren somit **vier** Gruppen gleichzeitig.
- Diese stehen mit genügend Abstand nebeneinander.
- Der Wechsel erfolgt immer in dem Gruppenpaar.
- Somit läuft der Schüler immer seiner Zuspielrichtung hinterher.

Badminton 6: Rundlauf etwas schwer!

- je **vier** Gruppen gesamt bzw. je **zwei** Gruppen je Turnhallen-Seite
- Jeweils **eine** Gruppenseite/zwei Schüler starten gleichzeitig mit dem Zuspiel.

- Danach rutschen die beiden Schüler nach links bzw. wechseln.
- Der links stehende Schüler wechselt zur anderen Turnhallen-Seite/Gruppe.
- Somit rotieren alle Zuspieler im Uhrzeiger-Sinn ↻.

Badminton 7: Rundlauf schwer!

- gleiche Aufstellung, aber mit Kleingruppen zu je **zwei** bis **drei** Schülern
- Es starten immer **zwei** Spieler je Kleingruppe auf der einen Spielfeldseite.
- **Synchron** erfolgt ein hohes Zuspiel auf die **andere** Seite.
- Nach dem Schlag wechseln beide Schüler ebenso auf die **andere** Seite.
- Es wird also **gegenüber** gespielt und nach **gegenüber** gewechselt.
- nach dem Motto: Folge deinem Federball!

Badminton 8: Rundlauf sehr schwer!

- Als nächste Spielvariante bleibt die Zuspielrichtung auf die **andere** Seite,
- dies wieder von beiden Schülern gleichzeitig und hoch.
- Aber die Laufbewegung erfolgt nun nach **seitlich** zur **Nachbargruppe**.
- Es wird also **gegenüber** gespielt und nach **links-rechts** gewechselt.
- Damit wechseln die beiden Schüler auf ihrer Turnhallen-Seite die Gruppe.

Badminton 9: Rundlauf richtig schwer!

- Zuletzt wird weiterhin auf die **andere** Seite hochgespielt.
- Aber die beiden Schüler wechseln nun nach **diagonal**.
- nach dem Zuspiel unter der Schnur quer zur anderen Turnhallen-Seite wechseln
- Es wird immer nach **gegenüber** gespielt und **quer** gewechselt.
- Damit wechseln die beiden Schüler auf die andere Turnhallen-Seite.

Nach dem Zuspiel auf die gegenüberstehende Kleingruppe und den **drei** unterschiedlichen **Laufwegen** (gegenüber, seitlich und diagonal) ändert sich nun auch das **Zuspiel**.

Badminton 10: Rundlauf noch schwerer!

- Es starten wieder je **zwei** Schüler gleichzeitig mit ihrem hohen Zuspiel.
- Aber nun erfolgt das Zuspiel immer **diagonal** (statt gegenüber).
- Danach wechseln die beiden Schüler nach **gegenüber**.
- Somit wird **diagonal** gespielt, aber **gegenüber** gewechselt.
- Bei gleichem **diagonalen** Zuspiel wird jetzt nach **seitlich** gewechselt.

- Die beiden Schüler machen den Platz somit wieder frei.
- Beide tauschen seitlich die Plätze auf ihrer Turnhallen-Seite.
- Bei gleichem **diagonalen** Zuspiel wird nun nach **diagonal** gewechselt.
- Die Schüler laufen also ihrem Federball wieder unter der Schnur **hinterher**.

Badminton 11: Rundlauf am Limit!

- Alle gezeigten Laufvarianten gelingen mit drei bis vier Schülern/Gruppe gut.
- Gelingen die Laufwege, dann werden die Gruppen reduziert.
- Bei nur zwei Schülern/Gruppe erhöht sich das Tempo.
- Zum Ende hin agiert nur noch je ein Schüler,
- also nur vier Schüler im Kleinfeld.
- Hierbei ist das sehr hohe und punktgenaue Zuspiel wichtig,
- sowie das stets gleichzeitige/synchrone Zuspiel der beiden Schüler.

Nach den **Vierer**-Gruppen-Spielen stellen sich nun alle Schüler jeweils nur **zu zweit** (paarweise) nebeneinander auf (Abstand ca. zwei bis drei Meter).
Bei großen Klassen ergeben sich somit pro Spielfeldseite etwa **fünf** bis **sieben** Paare. Jeweils ein Schüler je Paar auf einer Seite startet mit einem hohen Zuspiel. Somit spielen gleichzeitig **fünf** bis **sieben** Schüler ihren Ball auf Kommando.

Badminton 12: Schlagen und wechseln 1.0!

- Alle fünf bis sieben Schüler spielen auf Kommando den Federball hoch und genau.
- Danach wechseln die Schüler nach **seitlich** (←) ihre Position.
- Somit „rutschen“ die Zuspieler (im Uhrzeiger-Modus ↻) nach **links**.
- Sie reihen sich hinter den „neuen“ Partnern ein.
- Der am Ende **links-außen** stehende Zuspieler rennt hinter seine Gruppe.
- Somit läuft er auf die **rechts-außen** stehende Position zum Mitspieler.
- Die Spieler auf der gegenüberliegenden Seite bleiben aber **stehen**.
- Nach ihrem Rückspiel „rutschen“ sie **nicht** nach links.
- Folglich spielen diese zurück, **ohne** sich zu bewegen.
- Es **rotieren** also nur die Schüler einer Seite nach ihrem jeweiligen Zuspiel.

- Nach erfolgreichem Durchgang **wechseln** die Spiel- und Laufseiten.
- Somit darf die andere Gruppe **zuspielen** und nach **links** (←) wechseln.
- Die angespielte Gruppe (gegenüber) bleibt nun wieder stehen.
- Diese Variante gelingt leicht, da immer **zwei** Schüler je Position agieren.
- Ein ein- bis zweimaliges Dandln des Federballs reduziert das Tempo.

Nun **trennen** sich die Paare und alle Schüler stellen sich nebeneinander auf. Auch hier startet das Zuspiel von **allen** Schülern auf einer Seite **gleichzeitig**. Jetzt spielen also **zehn** bis **14** Schüler synchron den Federball auf Kommando.

Badminton 13: Spielen und wechseln 2.0!

- Alle **zehn** bis **14** Schüler spielen gleichzeitig auf Kommando den Federball.
- Nach dem Zuspiel wechselt **jeder** Schüler wieder um eine Position,
- auch wieder nach **links**, aber die neue Position ist nun jeweils „frei".
- Der Nachbar ist ebenso nach links (←) „gerutscht".
- Der **links-außen** stehende Schüler rennt schnell hinter seine Gruppe.
- Er läuft auf die „freie" **rechts-außen** liegende Position.
- Für das Rückspiel benötigt der Schüler **gegenüber** genügend Zeit.
- Dazu darf er den Federball zwei- bis dreimal für sich spielen/dandln.
- Erreicht der neue Partner die Position, erst dann erfolgt das Zuspiel.
- Es laufen wieder nur die Schüler je Seite nach ihrem Zuspiel nach links.
- Die **gegen**überstehenden Partner bleiben nach dem Rückspiel stehen.

Badminton 14: Zick-Zack im Wechsel!

- Alle Schüler bleiben nach ihrem Zuspiel an ihrem Platz stehen.
- Es wird am Anfang einer Turnhallen-Seite/-Gruppe gestartet.
- Der erste Schüler spielt den Federball zum gegenüberliegenden Schüler.
- Dieser spielt aber nicht wieder zurück,
- sondern spielt zum gegenüberliegenden Nachbarn.
- Dieser spielt ebenso nicht zu seinem Mitspieler zurück,
- Sondern ebenfalls zum gegenüberliegenden Nachbarn (links-rechts).
- nach einem Probedurchgang wird nun ein zweiter Ball verwendet,
- danach steigern auf drei bis sechs Federbälle.
- Dies erhöht die Aufmerksamkeit und das genaue Zuspiel.

Nach den vielen (Trainings-)Einheiten zur Schulung und Verbesserung von Zuspiel- sowie Lauf-Techniken erfolgen nun die **Kleinfeldspiele** (paarweise/im Doppel bzw. im Einzel). Hierzu können Hütchen/Pylonen oder Langbänke seitlich so aufgestellt werden, dass insgesamt **vier** Spielfelder je Turnhallen-Seite entstehen.

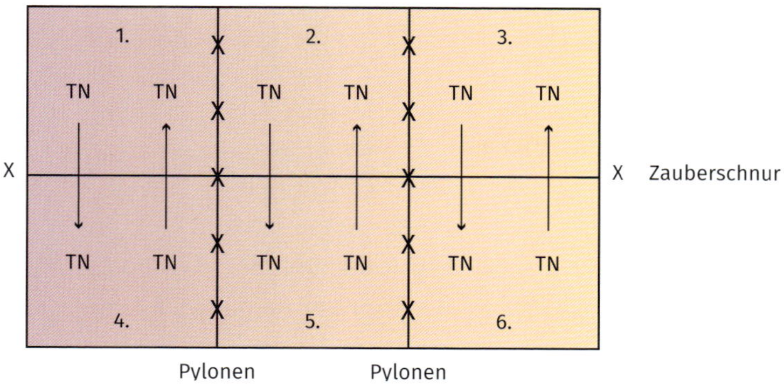

Abbildung 14: Gassenaufstellung

In der Praxis hat sich zu Beginn das sogenannte **Doppel** gut bewährt. Hier spielen stets **zwei** Schüler zusammen gegen ein anderes Pärchen.
Es erfolgen – wie im Tischtennis – stets **zwei** Angaben. Danach wird gewechselt. Gezählt wird bis **elf** Punkte. Der Federball darf nicht **zwei**mal hintereinander von einem Schüler bzw. untereinander zugespielt werden. Weitere Fehler sind der Federball außerhalb des Spielfeldes und die Deckenberührung. Eine interessante Steigerung ist die **Variante**, dass ein Spieler nach seinem (Rück-)Schlag den zurückkommenden Federball nicht mehr selbst schlagen darf, sondern nur sein Mitspieler. Dies fördert die schnelle Beinarbeit und das gute Timing sowie den Blick zum Mitspieler wie zum Gegner.

Zusammenfassung:

Das bewusst sehr ausführlich dargestellte Thema Badminton begründet sich in der hohen Beliebtheit und Freude am Spielen seitens der Schüler und ebenso der Lehrer (Lehrersport und Gesundheit). Aber auch der fehlende Kontakt mit dem Gegner sowie die vermeintlich leichtere Technik bzw. die schnelle praktische Umsetzung (im Vergleich zu z. B. Volleyball) machen das Badminton zu einem sehr schönen Schulsport-Thema. Trotzdem ist es durchaus von Vorteil, die gezeigten methodischen Lernwege zu beherzigen.
Viele der gezeigten Rundlauf-Übungen in der Gassenaufstellung oder im Rundlauf-Modus lassen sich auch sehr gut für andere Ballsportarten wie z. B. Basketball, Volleyball, Fußball oder Handball verwenden.

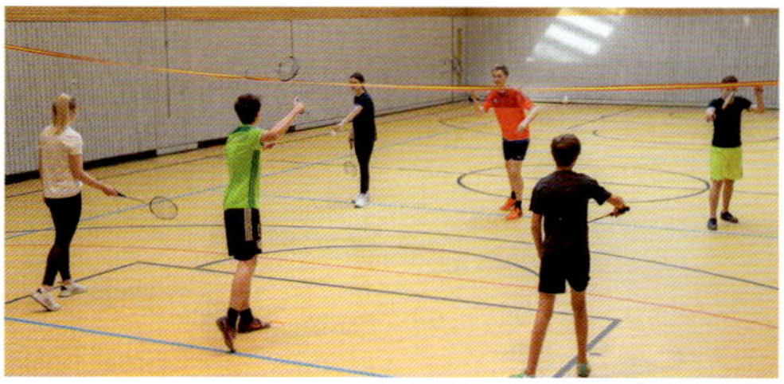

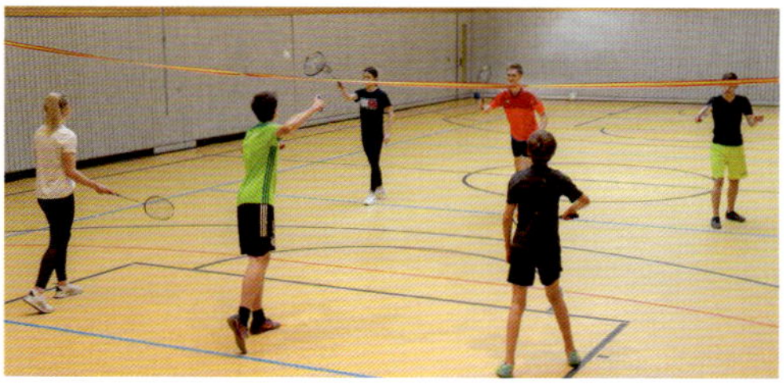

5.5 Spiele-Mix – Ballspiele kombiniert

Wie der Titel bereits ankündigt, werden nun noch einige Ball-Spiele (sowohl für große wie für kleinere Teams) vorgestellt. Dabei werden bewusst **zwei** (oder mehrere) Ballsport-Arten **zusammen** angeboten. Die jeweiligen Ballsportarten mit ihrer ganz eigenen Technik wie Taktik sind den Schülern nicht nur bekannt, sondern wurden in den vorherigen Kapiteln für sich vorgestellt. Folglich darf der Sportlehrer davon ausgehen, dass bereits nach wenigen Durchgängen die Kombi-Ballspiele gut funktionieren.
Diese steigern zum einen die räumliche Orientierung, zum anderen das taktische Verhalten.

Zahlen-Ball

Je zwei Teams à **sechs** bis **zwölf** Schüler stehen seitlich an ihrem Spielfeld (oder wahlweise auf einer Langbank). Jeder Schüler erhält dabei eine Zahl. Der Sportlehrer steht auf der gegenüberliegenden Seite und wirft einen Ball (seiner Wahl) in die Mitte des Spielfeldes. Gleichzeitig ruft die Lehrkraft eine Zahl (z. B. 3). Jeweils die beiden Schüler mit ihrer Zahl/mit ihrer Nummer 3 spielen nun „1 gegen 1“. Der Ball (Basketball, Handball oder Fußball) zeigt hierbei an, wie dieser gespielt werden muss (Aufforderungs-Charakter des Spielgerätes). Während für Handball und Fußball der Torwurf bzw. Tortreffer relativ schnell wie leicht gelingt, kann dies (erfahrungsgemäß) beim Basketball sehr viel länger dauern. Daher kann während der „1 gegen 1“-Phase der Sportlehrer eine zweite, dritte, vierte (und auch fünfte) Zahl nennen. Somit spielen je zwei, drei, vier oder fünf Schüler gegeneinander. Zusätzlich kann z. B. bei Basketball ergänzend noch der Handball oder der Fußball ins Spiel eingebracht werden. Es spielen damit mehrere Schüler gleichzeitig Basketball und z. B. Fußball.

· Variante 1:
Alternativ und für mehr Konzentration werden (statt nur einem Basketball, Handball, Fußball) nun drei **verschiedenfarbige** Gymnastik-Bälle eingesetzt. Der gelbe Ball gilt z. B. als Basketball, der blaue Ball als Handball und der grüne Ball als Fußball.

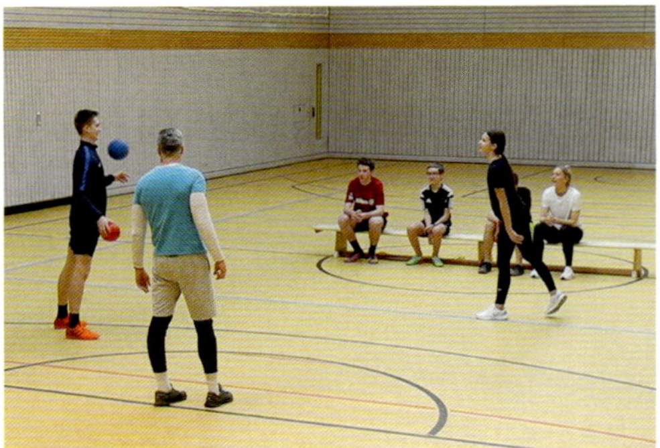

· Variante 2:

Eine weitere Variante ist die Zuordnung des Balls über das ABC. Statt also drei Original-Bälle (Basketball, Handball, Fußball) oder drei verschiedenfarbige Gymnastik-Bälle einzusetzen, erfolgt nach der Zahlenansage die (zusätzliche) Ansage über z. B. A (= Basketball), B (= Handball) oder C (= Fußball).

Würfel-Ball

Je drei bis fünf kleinere Teams à **vier** bis **sechs** Schüler stehen nebeneinander an der Turnhallen-Rückseite. Es werden sechs verschiedene Bälle und Kleingeräte auf einer Turnmatte platziert. Jedem Spielgerät wird eine Zahl zugeordnet. So steht z. B. die Zahl 1 für **Fußball**, die Zahl 2 für **Seilspringen**, die Zahl 3 für **Handball**, die Zahl 4 für **Frisbee**, die Zahl 5 für **Hockey** und die Zahl 6 für **Volleyball**. Auf Kommando des Sportlehrers würfeln jeweils die ersten Schüler jeder Gruppe gleichzeitig und führen – analog ihrer Würfelzahl – die Übung (z. B. sechs für Volleyball im Lauf über Kopf spielen/pritschen) aus. Dabei erfolgt die Ausführung immer zur Turnhallen-Gegenseite und wieder zurück. Für die nächste/zweite (gleichzeitige) Würfelaktion gibt der Sportlehrer wieder sein Kommando. Folglich geht es um eine schnelle Reaktion, welches Sportgerät nun gewählt und gespielt werden muss. I. d. R. helfen sich die Schüler dabei gegenseitig (Team-Building). Eine gute Idee ist auch das **Zuteilen** nur einer Zahl und der Aufgabe an eben nur einen Schüler. Oder es werden in einer **Reihenfolge** von 1 bis 6 alle Sportgeräte nebeneinander in einer Reihenfolge abgelegt.

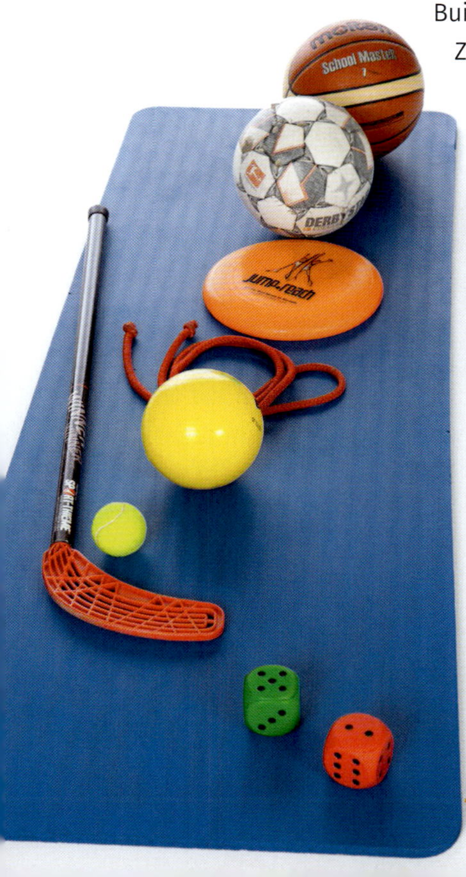

· Variante 1:

Als einfachere Variante und mit weniger Materialaufwand können z. B. nur für **Fußball** unterschiedliche Dribbel-Techniken gewählt werden. So steht z. B.

- die Zahl 1 für rechter Fuß dribbelt,
- die Zahl 2 für linker Fuß dribbelt,
- die Zahl 3 für rechter Fuß dribbelt hin und linker Fuß dribbelt zurück,
- die Zahl 4 für linker Fuß dribbelt hin und rechter Fuß dribbelt zurück,
- die Zahl 5 für rechter Fuß dribbelt hin und rückwärts dribbelnd zurück,
- die Zahl 6 für linker Fuß dribbelt hin und rückwärts dribbelnd zurück.

Gleiche Dribbel-Ideen gelingen ebenso mit dem **Basketball**, dem **Handball** oder einem farbigen **Gymnastik**-Ball. Hierbei stehen die Farben wieder für je zwei bestimmte Dribbel-Techniken (Gelb für Fußball, Rot für Handball, Blau für Basketball).

• **Variante 2:**
Statt der Bälle lassen sich aber auch nur ABC-Lauf-Übungen verwenden.
So steht z. B.

- die Zahl 1 für Anfersen,
- die Zahl 2 für Hopserlauf,
- die Zahl 3 für Seitgalopplauf,
- die Zahl 4 für Kniehebelauf,
- die Zahl 5 für Seitkreuzlauf,
- die Zahl 6 für Hopserlauf rückwärts.

Blind-Ball

Je **zwei** Teams à **vier** bis **sechs** Schüler spielen nun gegeneinander. Dabei agieren die beiden Teams von ihrer Spielhälfte (z. B. Volleyball-Feld) aus.
Statt einem Volleyball-Netz wird nun eine **Mauer** aufgebaut. Hierzu werden an der Mittellinie je zwei **Turnkästen** parallel und eng zueinander fest am Boden aufgestellt. Dabei stehen die Kästen etwa einen Meter von der Volleyball-Seitlinie zu Mitte hin. Zwischen den vier Kästen werden nun **drei** große **Weichmatten** auf der Längsseite „eingeklemmt". Sollte ein mobiler Barrenholmwagen zur Verfügung stehen, lassen sich ebenso zwei Matten einklemmen und als Mauer aufbauen. Jedes Team erhält nun ca. **fünf** bis **acht Bälle**, wahlweise Handball, Volleyball, Basketball, Fußball oder auch Softbälle, Pezzi®-Bälle oder farbige Gymnastikbälle. Auf Kommando der Sportlehrkraft werden nun alle Bälle in das gegenüberliegende bzw. gegnerische Feld geworfen. Die Bälle dürfen **nicht** im Volleyball-Feld auf den Boden fallen und müssen daher sicher gefangen werden. Es wird wie folgt gespielt.

Team 1 startet gegen Team 2 für **zwei** Minuten. Team 3 sitzt an der Seite auf der Langbank und zählt die Bodentreffer bei Team 1 mit. Ebenso Team 4 bei Team 2. Gewonnen hat das Team mit den geringsten Bodentreffern. Nach zwei Minuten wechseln die Teams. Insgesamt spielt jedes Team gegen jedes Team und es ergeben sich somit **sechs Spiele** à zwei Minuten.

- **Variante 2:**

Statt der vielen verschiedenen Bälle werden gezielt **acht farbige Gymnastikbälle** eingesetzt. Gelbe und blaue Bälle dürfen nur mit der **linken** Hand, rote und grüne Bälle nur mit der **rechten** Hand geworfen werden. Dabei startet diesmal ein Team mit allen Bällen.

- **Variante 3:**

Statt der Gymnastikbälle werden nun je zwei **Pezzi®-Bälle** und zwei **Fußbälle** eingesetzt. Diese dürfen nur mit dem Fuß gespielt, aber mit den Händen sicher gefangen werden.

Handball und Frisbee

Diese Spiel-Kombination vereint bewusst zwei Handwurf-Disziplinen, nämlich **Handball** und **Frisbee**. Hierfür bietet sich die große Dreifach-Turnhalle mit den beiden Handball-Toren und den beiden Sechs-Meter-Torraumzonen an. Aber auch auf dem Fußball-Kleinfeld im Freien lässt sich diese Variante sehr gut organisieren. Beide Teams zu je fünf bis acht Spielern agieren gegeneinander (Leibchen). Zum Spielbeginn liegen sowohl der Handball und die Frisbee-Scheibe im Mittelkreis. Mit Anpfiff sprinten alle Spieler von der Handball-Grundlinie zum Kreis. Der Handball wird geprellt, gepasst und über maximal drei Schritte in das Tor geworfen. Dabei darf die Torraumlinie weiterhin nicht betreten werden, da ein Spieler das eigene Tor verteidigt. Die Frisbee-Scheibe darf hingegen nur **ohne Schritte** und **ohne Bodenberührung** weiter geworfen werden. Für einen erfolgreichen Punkt muss die Scheibe **direkt** im Sechs-Meter-Torraum (entgegen dem Handball) sicher gefangen werden. Als Alternative kann das Frisbee auch **direkt** in das Tor geworfen werden, dies aber (wie den Handball) vor/außerhalb der Sechs-Meter-Torraumzone.

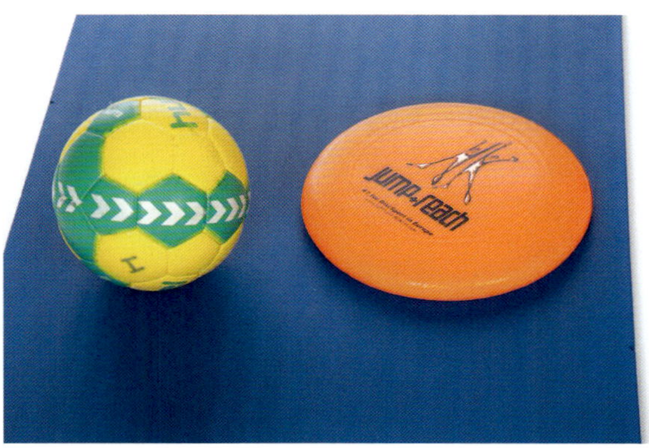

Mit diesen Regeln werden alle Schüler trainiert, das Spielfeld bzw. den Raum und seine freien Mitspieler besser zu beobachten und situativ zu entscheiden, was und wie gespielt und geworfen wird. Manchmal ergibt sich dabei ein Überzahlspiel, wenn ein Team beide Wurfgeräte gleichzeitig besitzt und angreift.

Frisbee und Rugby

Statt einem Handball wird nun ein **Rugby-Ei/Ball** oder alternativ ein kleiner Medizin-Ball eingesetzt. Es werden also wieder bewusst zwei Spielgeräte zum **Werfen** und **Fangen** verwendet. Für einen erfolgreichen Touch-down mit dem Rugby-Ei werden jeweils an den Ecken der Turnhallen-Rückseite zwei Turn- oder Weich-Matten platziert (außerhalb der Torraum-Zone). Wie im Handball gilt auch beim Rugby die gleiche Drei-Schritte-Regel. Zusätzlich darf (wie bei Frisbee) das Rugby-Ei **nicht** den Boden berühren, muss also stets sicher gefangen werden. Die Spieler dürfen bei dem Handball- und dem Rugby-Spiel (maßvoll) „körperbetont“ verteidigen, ohne zu überreizen. Dabei stehen einem Team sowohl ein Handball-Tor und zwei Touch-down-Matten zur Verfügung, was das taktische Agieren (Angriff vs. Verteidigung) weiter fördert und schult.

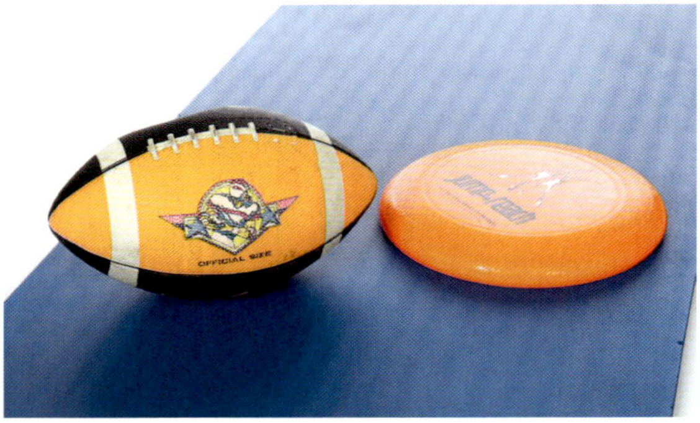

Brennball mit Fußball

Gerade in den warmen Outdoor-Tagen wird von den Sportlehrern das **Brennball**-Spiel gerne auf dem Rasen oder auf dem Fußball-Feld angeboten. Aber auch in der Turnhalle lässt sich das vom Base- oder Soft-Ball abgeleitete Spiel umsetzen. Als Base-Points werden auf dem Fußball-Feld in einem großen Kreis mehrere Pylonen mit ca. zehn Metern Abstand aufgestellt. In der Turnhalle wählt die Sportlehrkraft das Volleyball- oder Handball-Feld und deren Eck- und Mittelpunkte inkl. der Matten oder der Reifen (statt der Pylonen). Günstigerweise können nicht nur kleinere Teams, sondern auch zwei große Gruppen (> zwölf Teilnehmer) gleichzeitig sehr bewegungsintensiv begeistert werden. Dabei starten immer **alle** Schüler eines Teams auf einmal, also immer zusammen (wahlweise aber auch nur z. B. zu fünft), nachdem ein Schüler den Fußball weit in das Feld oder in die Turnhalle geschossen hat.

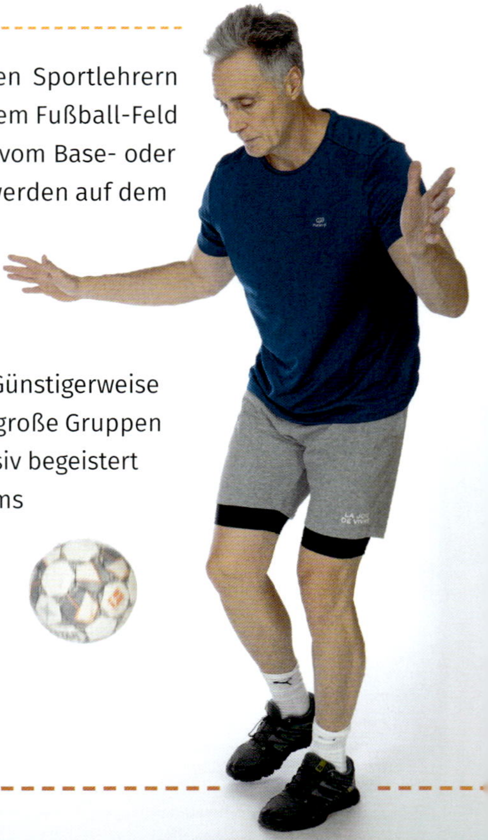

Die Spieler des gegnerischen Teams versuchen nun, so schnell wie möglich den Fußball in eine bestimmte Zone zu spielen. Dies kann ein kleines Tor (eine Matte oder ein Kastenmittelteil) seitlich am Spielfeldrand oder in der Turnhallen-Ecke sein. Solange der Fußball noch nicht erfolgreich ins Tor gespielt wurde, dürfen die Gegner weiter sprinten und ihren Home-Run erzielen. Die Rettungsinsel ist dabei immer eine Pylone (oder Matte). Sollte jedoch ein Schüler weiterlaufen („verbrannt“), obgleich der Fußball bereits im Ziel liegt, muss das ganze Team um einen Base-Point zurück. Insgesamt darf jedes Team z. B. dreimal den Fußball weit weg schießen, bevor die erfolgreichen Home-Runs gewertet und das Runner-Team gewechselt wird. Statt den Fußball z. B. nur drei- oder fünfmal schießen zu dürfen, kann auch über ein Zeitfenster von z. B. fünf Minuten gespielt bzw. gelaufen werden. Welches Team hat am Ende dabei die meisten Home-Runs erzielt?

Brennball mit Frisbee

Bereits im vorherigen Kapitel wurde eine Vielzahl von hinführenden Frisbee-Übungen in Kleingruppen vorgestellt. Von weit und schwungvoll werfen bis hin zu punktgenau und gefühlvoll treffen, die Schüler haben ein Gefühl entwickelt, wie die Scheibe am besten zu handhaben ist.

So starten wieder alle Schüler von Team A zusammen, nachdem ein Mitschüler (oder die Sportlehrkraft selbst) die Frisbee-Scheibe möglichst weit in das Brennball-Feld geworfen hat. Team B versucht nun, so schnell wie möglich die Scheibe zu ihrem Fänger (Catcher) zu werfen. Dabei soll/darf die Scheibe nicht auf den Boden fallen. Hierfür bieten sich wieder kürzere Passwege zum nächsten Mitspieler an. Als Ziel muss die Scheibe vom Fänger in einem Reifen oder auf einer Matte abgelegt werden. Erst dann dürfen die Gegner nicht mehr weiter sprinten und müssen an einem Base-Point (Hütchen/Matte) verweilen. Nach z. B. drei bis fünf Würfen oder einem Zeitfenster von z. B. fünf Minuten wird wieder gewechselt. Welches Team erzielt dabei die meisten Home-Runs erzielt?

Brennball mit Basketball

Das Brennball-Spiel mit seinem erfolgreichen Treffer über den Fußball und/oder die Frisbee-Scheibe gelingt relativ leicht. Der schnelle Tortreffer bzw. der erfolgreiche Frisbee-Wurf führt zu wenigeren Home- Runs. Bei der Variante mit dem **Basketball** verändert sich zwangsläufig das Sprint-Tempo in ein moderates Joggen, da es für die Schüler bedeutend schwerer wird, gleich beim ersten Versuch sicher in den Korb zu treffen. Hierzu wirft der Sportlehrer den Basketball weit in die Turnhalle. Mit dem Wurf sprinten/joggen wieder alle Schüler der einen Mannschaft los (wahlweise auch nur jeweils fünf Teilnehmer). Das gegnerische Team versucht nun, so schnell wie möglich den Basketball erfolgreich in einen der Körbe zu werfen. Dabei muss immer zum Korb hin gedribbelt sowie die Schrittregel beachtet werden. Bei gemischten Teams muss stets im Wechsel (Junge vs. Mädchen) bis zum erfolgreichen Korberfolg geworfen werden. I. d. R. benötigen die Schüler mehrere Versuche und es ergeben sich in der Folge zweistellige Home-Runs bei der Laufgruppe. Ohne dabei als Sportlehrkraft erklären zu müssen, wechseln die Schüler von einem Sprinttempo in der ersten und zweiten Runde hin zu einem moderaten Joggen. Ein schönes Beispiel, wie der Schüler selbst (induktive Lehrmethode) erkennt, welches Lauftempo nun zu wählen ist.

Tipp:

Entgegen dem (selten erfolgreichen) Abschlag mit einem Soft- oder Tennisball und einem Schüler als Schläger (Pitcher) können bei den oben gezeigten Varianten immer alle Schüler gemeinsam laufen. Und auch das Handling mit dem Fußball, der Frisbee-Scheibe oder dem Basketball fällt (erfahrungsgemäß) leichter, weil vertrauter aus. Im Rahmen des Themas **Weitwurf** bietet es sich naheliegenderweise an, statt der genannten Spielgeräte gleich den Schlag- oder den Tennis-Ball (und dies als Warm-up-Spiel) einzusetzen.

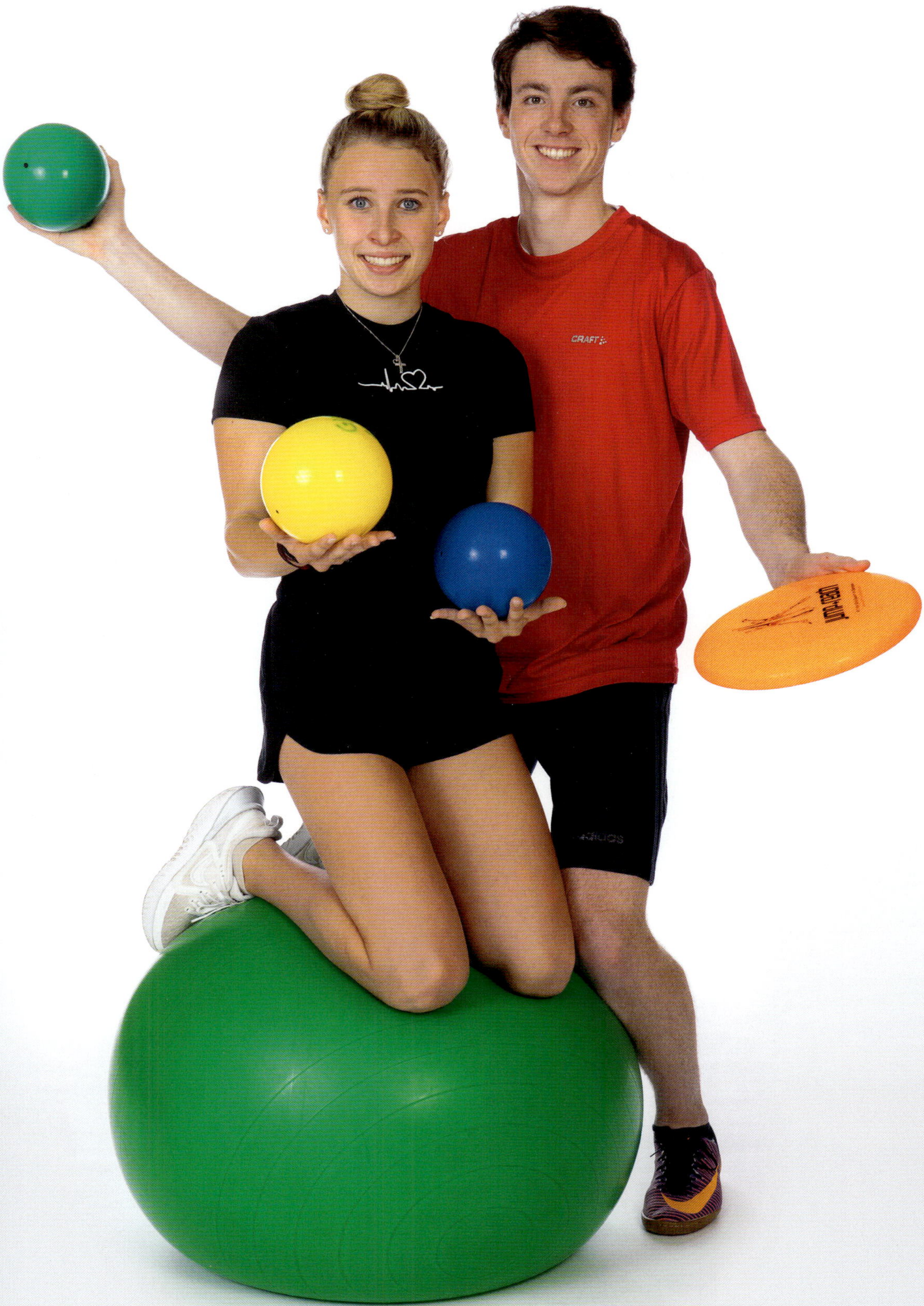

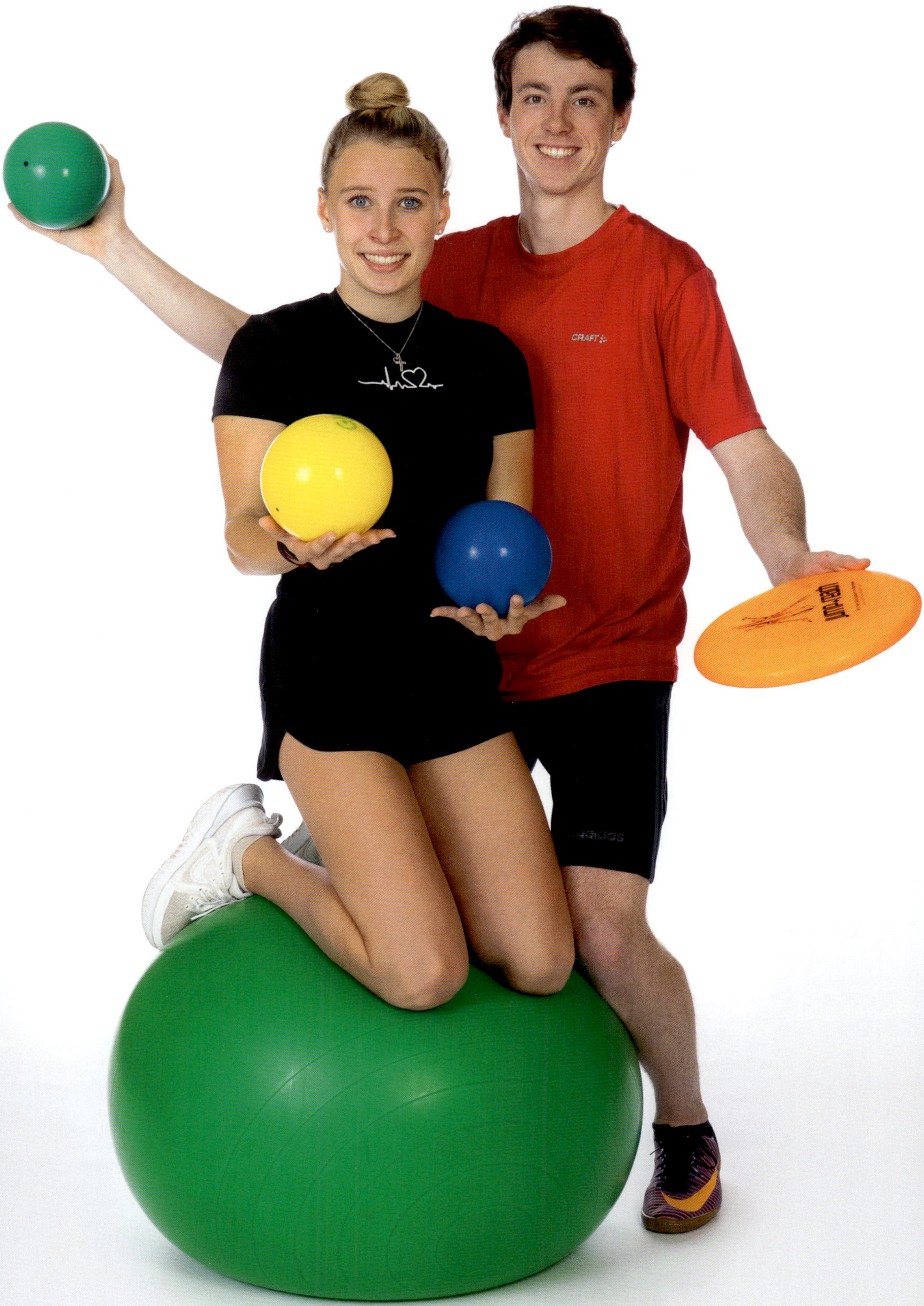

KAPITEL 6:

IDEENWERK-STATT TURNHALLE

Auch nach meiner langjährigen Sportlehrertätigkeit finde ich doch immer wieder Möglichkeiten, aus dem Fundus der Turnhalle interessante und damit anspruchsvolle wie neue Übungen zu entwerfen und auszuprobieren.
Und dies ist stets auch mein Anliegen als Dozent, dass jeder Trainer die Vielfalt der Groß- und Kleingeräte kreativ ausnutzen sollte. Es versteht sich natürlich von selbst, dass dabei jeder Sportlehrer, Trainer sowie Betreuer anhand der Altersgruppe und der körperlichen Fitness die Geräte so einsetzt, dass immer die **Sicherheit** der Schüler und Sportler im Vordergrund steht.

6.1 Langbank, Kasten, Sprossenwand – viele Einsatzmöglichkeiten

- **Vier** (oder mehr) Langbänke von der Wand aufstellen.
- **Alle** Schüler stehen auf den Langbänken nebeneinander.
- Nach **Anfangsbuchstabe** des Vornamens wird gewechselt.
- Dabei nur entlang der Langbänke balancieren, keine Bodenberührung.
- **Vier** (oder mehr) Langbänke mit Abstand im **Rechteck** aufstellen.
- **Hintereinander** über die Langbänke balancieren bzw. steigen.
- Danach immer **zwei** Langbänke umgedreht auf den Boden stellen.
- Somit ergeben sich je zweimal **Sitzfläche** und zweimal **Längsbalken**.
- **Alle** Schüler stehen versetzt **vor** und **hinter** den Langbänken.
- Vorsichtig vom Boden auf die Langbänke einbeinig **steigen**.
- Steigerung über kleinen **Sprung** auf die Langbank
- Steigerung über kleinen Sprung mit **90**-Grad-Drehung in der Luft
- Steigerung über kleinen Sprung mit **180**-Grad-Drehung in der Luft
- Steigerung über einbeinig stehen und kurz die **Augen** schließen
- **Paarweise** an die Langbänke, dabei sichert ein Schüler mit der Hand.
- Sein Partner balanciert nun **blind** über die Langbänke.
- Vier Langbänke parallel **nebeneinander** (ca. 1 Meter) aufstellen.
- Alle Schüler **wechseln** von einer Langbank zur nächsten.
- Ohne Bodenberührung, aber mit gegenseitigem Stützen/Sichern.
- Unter die Langbänke je einen **Kasten** (oder **Oberteil** Turnkasten) stellen.
- Je ein Schüler steht auf der „**Langbank-Waage**“am Ende.
- Steigerung über kurz **Augen** schließen
- Steigerung über **Ballwurf** zueinander

- Langbänke an der **Sprossenwand** „einhaken".
- Von **hochziehen**/hochlaufen über **hinabrutschen**/hinablaufen.
- Langbänke beidarmig/einarmig nach oben **stemmen/anheben**.
- **Liegestütze** mit Händen an zwei schrägen Langbänken
- kleiner **Radschlag** an der Langbank
- Langbank umgedreht auf mehrere Holzstäbe legen und balancieren.

6.2 Turnringe, Trampoline, Pezzi®-Bälle – noch mehr Ideen

Neue Trends im Fitness- und Leistungs-Sport sollten – soweit möglich – auch im Schul- und Vereinssport ihre Anwendung finden. Ein schönes Beispiel hierfür ist das sogenannte **Stabilisations-Training** (**Propriozeptives** Training) bei möglichst **instabilen** (Boden-) Verhältnissen. Dabei gilt, je wackeliger der Untergrund ist, desto mehr sind ganze Muskel-Ketten gefordert, zu stabilisieren bzw. auszugleichen. Insbesondere im Rumpfmuskel-Bereich werden – neben den großen Muskeln (Bauch vs. Rücken) – die sogenannten kleinen Muskeln trainiert. Diese tieferliegenden Muskeln sichern in kurzen Abständen nur je zwei Wirbelkörper zueinander und spielen beim Thema Rückentraining eine zunehmend wichtigere Rolle. Daher setzen gerade Physiotherapeuten und Athletiktrainer verstärkt auf den Einsatz von z. B. Balance-Kreiseln, Slacklines, Schlingen oder großen Gymnastik-Bällen (Original: Pezzi®-Bälle). Was also im Fitness-/Reha-Studio gelingt, lässt sich ebenso auch in der **Turnhalle leicht** umsetzen.

- Turnringe mit ca. **0,5** Meter Abstand zum Boden (Matte) fixieren
- von kleinen zu großen **Liegestütze** steigern
- zusätzlich ein Bein anheben und stabilisieren
- von kleinen zu großen **Bauchzügen**
- Kombination von Liegestütz und Bauchzug
- Turnringe mit ca. **1,5** Meter Abstand zum Boden (Matte) fixieren
- von steilen zu schrägen **Klimmzügen** steigern
- zusätzlich ein Bein anheben und stabilisieren
- Aufschwung und **Umschwung** und sicher stehen
- Aufschwung und **Kopfstand** und balancieren
- **Stütz** in den Ringen und stabilisieren
- zusätzlich **Beine** anwinkeln und strecken

- kleine **Dips**
- je **eine** Langbank in je **zwei** Turnring-Paare einhaken (kurzer Bodenabstand)
- **balancieren** (sitzend, kniend, stehend)
- **stabilisieren** (kurzer Liege-/Unterarmstütz)
- **Trampolin** mit kleinen Sprüngen
- Steigerung über **90**-Grad-Drehung
- Steigerung über 180-Grad-Drehung zu **360**-Grad-Drehung
- Sprünge zu mehreren Trampolinen
- **Seilspringen** auf dem Trampolin
- **Seilspringen** auf der Weichmatte
- Sprünge vom Trampolin an die **Sprossenwand** (Füße und Hände sichern)
- sitzend, kniend, stehend auf **Pezzi®-Ball** (Sicherung an Sprossenwand)

6.3 Klein- und Großgeräte – vom Durcheinander zum Parkour

In den beiden vorherigen Kapiteln wurde gezeigt, wie die Großgeräte (Weichmatten, Trampoline etc.) und die Kleingeräte (Turnringe, Seile etc.) für sich oder auch miteinander ideenreich und anspruchsvoll einsetzbar sind.
Im Folgenden benötigen wir zu Beginn alle verfügbaren Geräte aus dem Geräteraum. Hier helfen alle Schüler mit und sollen kreativ sein, wenn es darum geht, alle Geräte in der Turnhalle mit kurzen Abständen zu verteilen. Denken Sie als Sportlehrer auch an die Reifen, Matten, Kleinkästen, Hürden, (mobile) Barren, Reckstangen, Turnseile, Turnringe, Trampoline, Langbänke, Medizinbälle, Böcke, Kletterstangen und Sprossenwände. Bei den Schülern ist dieses wilde Fangspiel unter dem Namen „**Piratenspiel**" bekannt und sehr beliebt.

- Alle Schüler starten auf Kommando der Sportlehrkraft.
- Es darf der Boden **nicht** berührt werden.
- Bei Fehltritten muss der Schüler in eine „Ruhezone".
- Dauer ca. zwei bis drei Minuten

- **Variante 2:**
- Jetzt werden **drei Fänger** (mit Leibchen) eingesetzt.
- Innerhalb von zwei bis drei Minuten fangen diese alle Schüler.
- Wer bleibt übrig?

- **Variante 3:**
- Steigerung über **Befreien**
- Die gefangenen Schüler werden in der **Ruhezone** befreit.
- Die Befreiung erfolgt z. B. über **beidhändiges Abklatschen**.
- Befreiung durch z. B. **zehn Liegestütze** in einer „Aufladestation“
- Befreiung über **beidhändiges Berühren** einiger Pezzi®-Bälle

- **Variante 4:**
- Befreiung über einen **Softball**
- Wer diesen besitzt, kann nicht gefangen/berührt werden.
- Der Ball muss also zu einem gefährdeten Schüler gepasst werden.

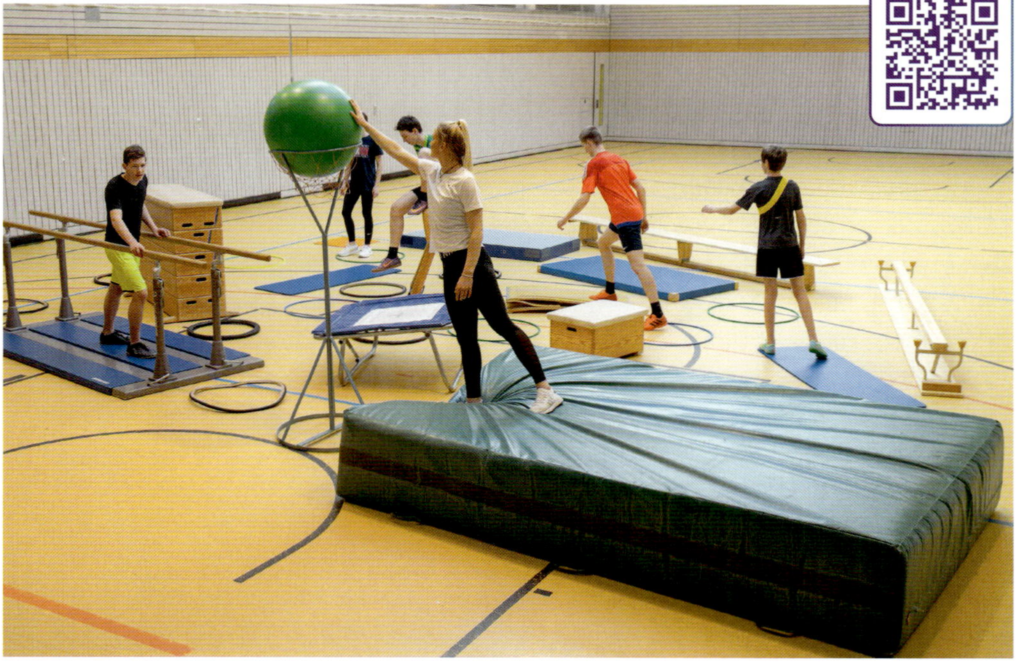

6.3.1 Flitze-Flitz-Zirkel

Nachdem alle Klein- und Großgeräte im Durcheinander in der Turnhalle stehen/liegen, kommt nun Ordnung in die folgenden Varianten.

Diese erste Spring- und Kletter-Variante fördert sowohl die **Koordination** und auch die **Schnelligkeit**. Trotzdem gilt immer die Maxime „Sicherheit vor Schnelligkeit" sowie „Freiwilligkeit".

Alle Stationen werden **paarweise/nebeneinander** und in einer **Abfolge/Reihe** (Start-Ziel) aufgebaut (siehe: Skizze).

Start: →

- Station 1: Sprung auf Trampolin und über Quer-Kasten
- Station 2: Landung auf der Weichmatte mit Rolle vorwärts
- Station 3: Langbank-Waage
- Station 4: 360-Grad-Sprung auf der Turnmatte
- Station 5: Durchlaufen eines hochgestellten Mittelkasten-Teils
- Station 6: Balancieren über sechs bis acht Medizinbälle
- Station 7: Hochklettern auf der Sprossenwand
- Station 8: Runterrutschen an der schrägen Langbank
- Station 9: Sprung über das Kastenoberteil
- Station 10: Landung auf der Weichmatte mit Rolle vorwärts
- Station 11: Balancieren über die Reckstange
- Station 12: Beidbeinige Sprünge durch sechs bis acht Reifen

Ziel: ←

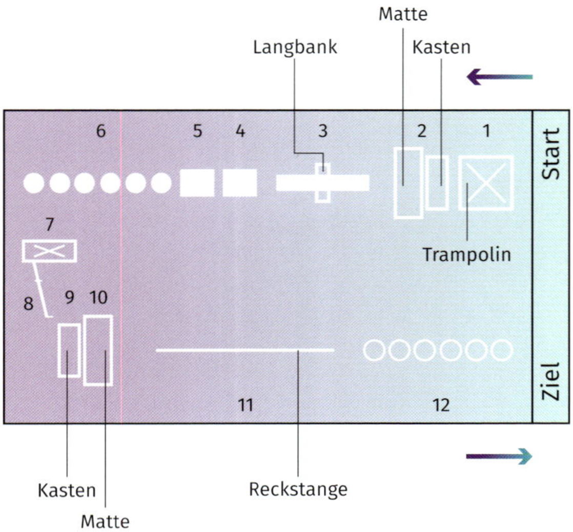

Abbildung 15: Start-Ziel-Parkour

Tipp:

Die Schüler zeigen i. d. R. eine hohe Begeisterung bei dieser Variante.
Durch die vorherigen Sportstunden mit den Themen wie **Trampolin**-Springen, **Sprossenwand**-Klettern und **Piratenspiel** sind viele Elemente bereits bekannt. Trotzdem sollten die Schüler vor dem Start noch mal in Ruhe alle Geräte bzw. Stationen für sich (ca. fünf Minuten) ausprobieren dürfen.

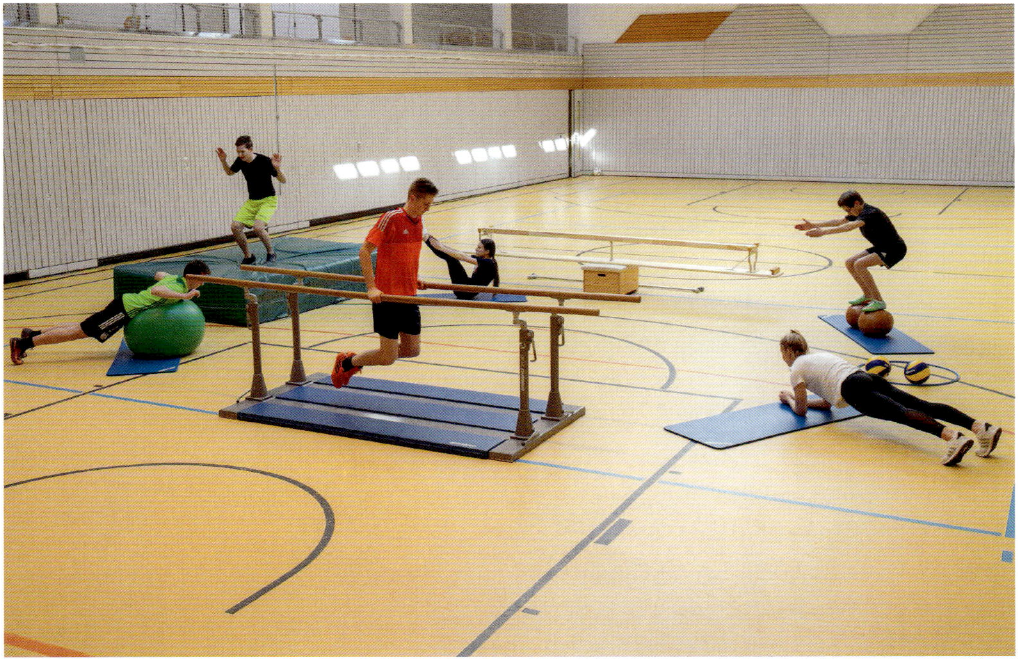

6.3.2 Shoot-out (Moorhuhn-Spiel)

Nachdem die Schüler die beiden **Parkour**-Varianten erfolgreich gemeistert haben, werden nun **zwei Teams** gebildet. Die Schüler von Team A starten allein oder zu zweit (paarweise) und versuchen dabei, ohne Balltreffer im Ziel anzukommen (Home-Run).
Geeignet ist hierfür wieder der Aufbau des „**Flitze-Flitz-Zirkels**“.
Es werden also wieder je zwei Stationen **nebeneinander** (paarweise) und **nacheinander** in der Turnhalle als **Start-Ziel-Parkour** aufgebaut. Bei einem erfolgreichen Abwurf muss der Schüler wieder zum Startpunkt. Team B wählt ein oder zwei Spieler/Abwerfer aus. Diese stehen auf einem „wackeligen“ Turnkasten (ohne Fixierung) oder auf dem Mattenwagen, welche im (schwarzen) Mittelkreis stehen, und werfen die Parkourer von Team A ab. Die Mitspieler „füttern“ dabei ihre Abwerfer mit den Softbällen. Günstigerweise genügen hierbei drei farbige Softbälle oder zwei **Pezzi®-Bälle**.
Innerhalb eines Zeitfensters von fünf bis acht Minuten werden die erfolgreichen Home-Runs der Parkourer (Team A) gezählt. Danach erfolgt der Teamwechsel.

Start: →

- Station 1: Sprung auf das Trampolin
- Station 2: Sprung sicher über den Turnkasten
- Station 3: Landung auf der Weichmatte mit Rolle vorwärts
- Station 4: durch den Mittelkasten schlüpfen
- Station 5: über Langbank-Waage balancieren
- Station 6: durch sechs Reifen beidbeinig springen
- Station 7: über die quere Sprossenwand klettern
- Station 8: an der Langbank runterrutschen
- Station 9: über Weichmatte Rolle vorwärts
- Station 10: durch Mittelkasten schlüpfen
- Station 11: über Reckstange (Slackline) balancieren
- Station 12: Sprung über Bock und an der Wand abklatschen

Ziel: ←

6.3.3 Work-out 12

Der folgende Zirkel besteht aus **zwölf Stationen** (ähnlich dem Flitze-Flitz-Zirkel). Während in der vorherigen Variante jede Station zügig und mit nur einer Ausführung absolviert wird, werden beim Work-out 12-Parkour mehrere Wiederholungen je Station absolviert. Der Schwerpunkt liegt hierbei auf dem **Schnellkraft**- und dem **Reaktionstraining** der Beine. Alle Stationen werden wieder **paarweise/nebeneinander** sowie in einer **Abfolge/Reihe** (Start-Ziel) aufgebaut (siehe: Skizze).

Start: →

- Station 1: Strecksprung Nr. 1 und Drei-Meter-Sprint vor und
- Station 1: Strecksprung Nr. 2 und Drei-Meter-Sprint zurück und
- Station 1: Strecksprung Nr. 3 und Drei-Meter-Sprint vor und
- Station 1: Strecksprung Nr. 4 (Blick immer nach vorne)
- Station 2: sechsmal beidbeinige Sprünge über Medizinball (links-rechts im Wechsel)
- Station 3: einmal über Langbank-Waage
- Station 4: sechsmal 180-Grad-Drehung auf Trampolin (links-rechts im Wechsel)
- Station 5: sechsmal Ausfallsprünge auf Weichmatte (links-rechts im Wechsel)
- Station 6: sechsmal Sprünge zum Basketball-Brett (linker-rechter Arm imWechel)
- Station 7: sechsmal Sprünge in den Mittelkasten (links-rechts im Wechsel)
- Station 8: einmal Balancieren über Reckstange
- Station 9: sechsmal 360-Grad-Drehung auf Turnmatte (links-rechts im Wechsel)
- Station 10: sechsmal Einbein-Sprünge durch sechs Reifen
- Station 11: sechsmal Skipping auf Weichmatte
- Station 12: siebenmal Seitsteps mit Abklatschen an der Wand

Ziel: ←

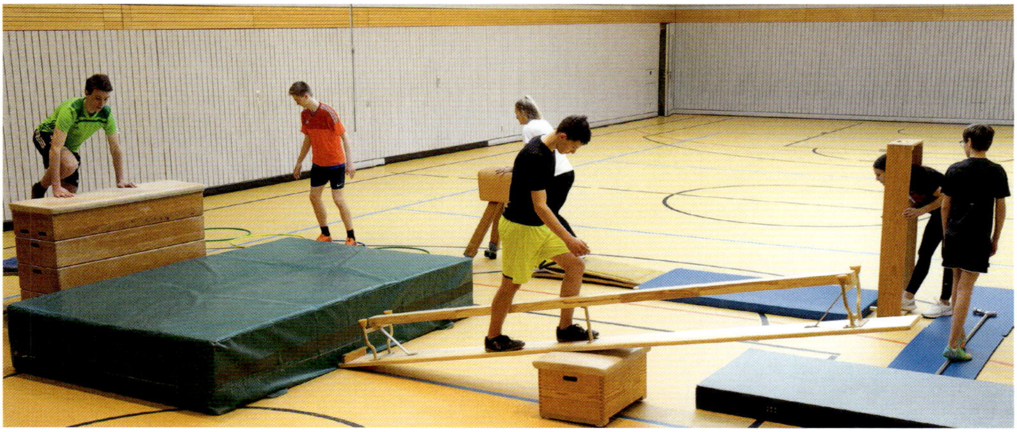

6.3.4 Power & Fitness

In dieser (letzten) Variante werden alle Übungsstationen **paarweise** und in einer großen **Kreisform** aufgebaut. Dabei werden je zwei große Weichmatten direkt unter die Basketball-Körbe platziert. In den vier Eckenliegen je zwei Turnmatten (Matten-Paare). An den beiden Längsseiten werden (je nach Verfügbarkeit) paarweise Kästen, Langbänke, Reifen, Sprung-Seile, Trampolins, Medizinbälle, Turnkästen, Reckstangen, Stäbe, Sprossenwände, Barrenholme etc. aufgebaut. Dieser Fitness-Zirkel wird bei **zwei** bis **drei** Durchgängen (Sätze) mit je **30** Sekunden Belastung vs. **30** Sekunden Pause (Stationswechsel) durchgeführt.
Hierzu einige Beispiele und tolle Ideen.

- Weichmatten unter Basketball-Korb mit Skippings und Ausfallsprüngen
- Eckpunkt-Matten mit Unterarmstütz/Plank
- Liegestütze auf je zwei Basketbällen
- Käfer (lang)
- Bridging/Schulterbrücke
- Langbank-Waage mit Ball-Zuwurf
- schräge Klimmzüge an zwei Kästen/einer Reckstange
- Squats mit Medizinball-Würfen an die Wand
- Langbank-Stemmen (Military-Press); Langbank in der Sprossenwand
- Beinheben hängend an der Sprosse (kurze vs. lange Beine)
- Kastensprünge (rechts-rechts/links-links)
- Sprünge mit 180-Grad-Rotation auf Trampolin
- sitzend oder kniend auf einem Pezzi®-Ball (ohne Bodenkontakt)
- Seilspringen auf den Turnmatten
- Vierfüßler (Arm zu Bein)
- Unterarm-Seitstütz im Wechsel

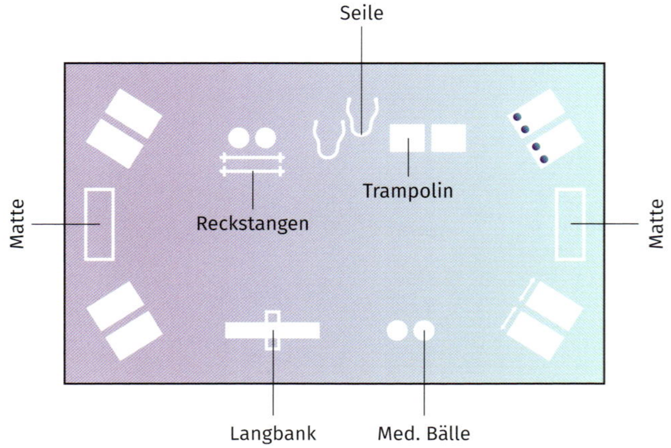

Abbildung 16: Zirkel-Station

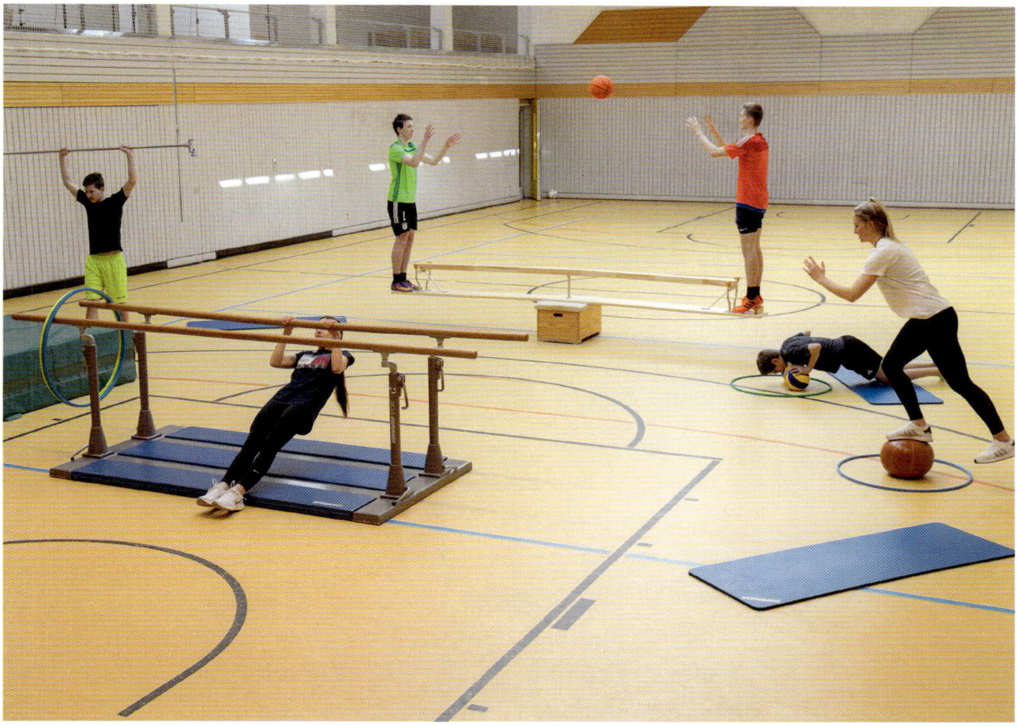

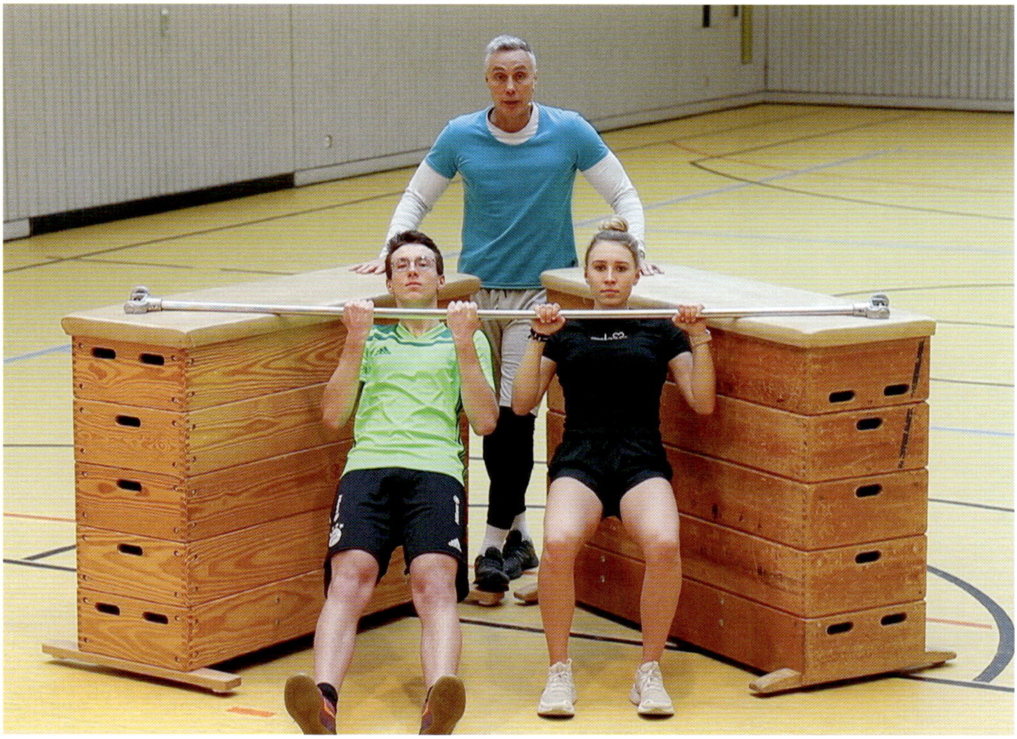

6.4 Kleine Hilfsmittel – große Wirkung

Prinzipiell gilt der Grundsatz: „**je wackeliger der Untergrund, desto anspruchsvoller die Übung**“! Unter diesem Motto lässt sich eine Vielzahl von bekannten Fitness-Übungen (koordinativ/reaktiv) enorm steigern.
Allein das **Seilspringen** kann sich von einer **schnell-zyklischen** Belastung in eine **kraftbetonte** Belastung durch das Springen auf einer **Weichmatte** wandeln. Weiter noch, das Seilspringen auf einem **Trampolin** oder synchron mit einem **Pezzi®-Ball** reift zu einer sehr schwierigen **Koordinations**-Übung. Gleiches gilt für die Turnseile und Turnringe, welche äußerst gewinnbringend für Liegestütze, Bauchzüge oder Klimmzüge (siehe: TRX®-Schlingentrainer) verwendet werden können. Aber auch der „alte“ (lederne) Medizinball bietet eine Fülle von **instabilen** Standübungen, ähnlich dem Kreisel oder dem Balance-Pad in der Physiotherapie.

Hierzu wieder einige tolle Beispiele.

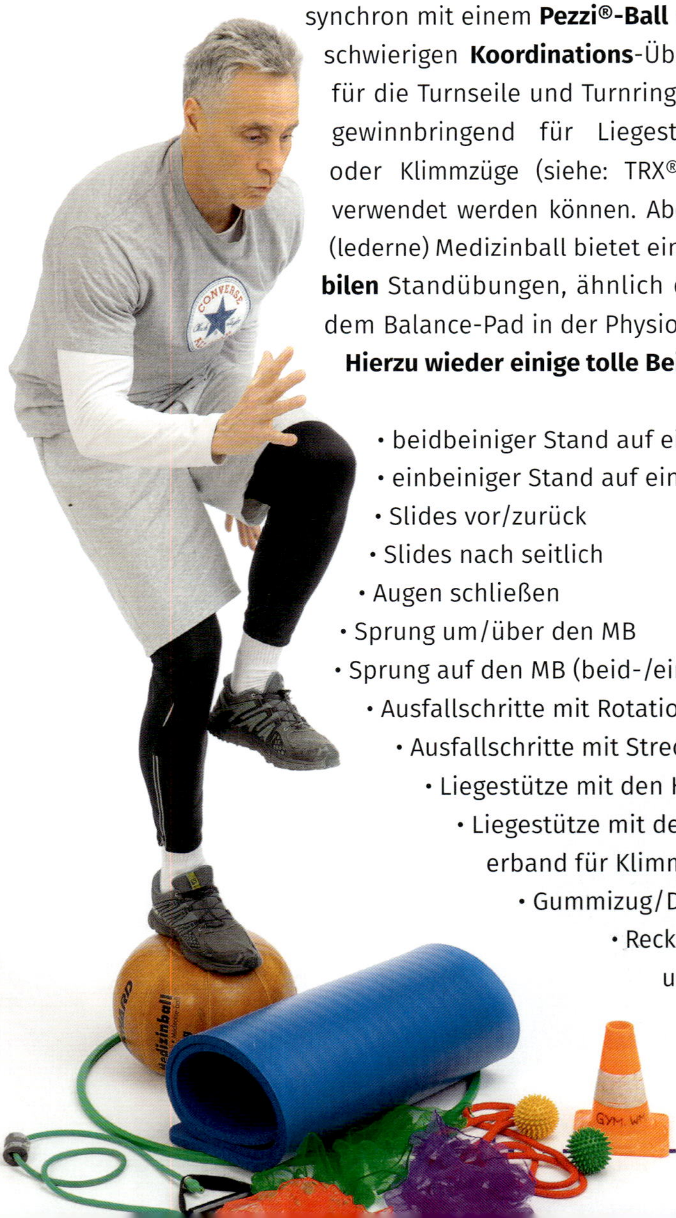

- beidbeiniger Stand auf einem Medizinball (MB)
- einbeiniger Stand auf einem MB
- Slides vor/zurück
- Slides nach seitlich
- Augen schließen
- Sprung um/über den MB
- Sprung auf den MB (beid-/einbeinig landen)
- Ausfallschritte mit Rotation und MB
- Ausfallschritte mit Streckung und MB
- Liegestütze mit den Händen auf MB
- Liegestütze mit den Füßen auf MBGummizug/Deuserband für Klimmzüge
- Gummizug/Deuserband für Dips
- Reckstange für Kreuzheben, Umsetzen und Stoßen
- Reckstange für Kniebeuge und Ausfallschritte

Zusammenfassung:

In diesem sechsten Kapitel ging es vorrangig darum zu zeigen, was unsere Unterrichtsstätte **Turnhalle** so alles an teils versteckten Möglichkeiten bietet und welche kreativen Ideen sich dabei umsetzen lassen. Haben Sie auch hier den Mut und greifen z. B. auf das **Trampolin**, die **Weichmatten** oder die **Pezzi®-Bälle** zurück.

Ja, es kann immer etwas passieren! Entscheidender ist jedoch, wie die Schüler methodisch-didaktisch an die Geräte herangeführt werden. Und weiter, wie die Sportlehrkraft sichert und das „Überschätzen" ausbremst bzw. zu anspruchsvolle Übungen (z. B. Salto) verbietet. Unser Sportunterricht enthält seit jeher eine gewisse Menge an „gefahrvollen wie anfechtbaren" Inhalten. Allein die Hilfestellung einer (männlichen) Sportlehrkraft oder eines Trainers wird heute immer „kritischer" beäugt. Aber auch rein präventiv werden interessante Übungen und Geräte (nicht nur in der Grundschule) gemieden, weil die Gefahr einer Verletzung doch zu hoch ausfällt.

Ich möchte hier keinem Kollegen und Trainer vorschreiben, wie ein moderner Sportunterricht auszusehen hat. Denn auch nach meinen rund 16 Jahren Erfahrung werden einige „übereifrige" Aktionen gestrichen, da es dann doch zu gefährlich war oder die Sicherungen in keinem Verhältnis zum eigentlichen Unterricht standen. Aber es wäre doch zu bedauern, wenn unter diesem Aspekt nur noch eine „leblose" Sportstunde ohne Freiräume und eigenen Ideen abgeliefert werden müsste.

KAPITEL 7:

GESUNDHEITS- UND REHA-SPORT

7.1 Sanftes Aufwärmen – am Ort und querbeet

Eine Besonderheit nehmen hier die sogenannten Gesundheitskurse ein.
Egal, ob im Verein, in einem Gesundheitszentrum, einem Fitness-Studio oder bei der VHS, alle Kurse finden i. d. R. in einem begrenzten Raum (Turnhalle oder Gymnastikraum) statt. Dabei unterscheiden die Anbieter zwischen den **offenen** und den **geschlossenen** Kursen. Die meisten Vereinsangebote (z. B. Zumba, Yoga, Fitness) stehen allen Teilnehmern zur Verfügung und benötigen ebenso keine regelmäßige Anwesenheit. Man kann also jederzeit einsteigen bzw. auch pausieren (offene Kursangebote).
Hingegen werden die Gesundheits- und Rehabilitations-Kurse nur für einen begrenzten Zeitraum (acht bis zwölf TE/Woche) und mit einer ebenso begrenzten Teilnehmeranzahl (sechs bis zwölf, max. 18 Teilnehmer/Kurs) durchgeführt. Gründe für dieses geschlossene Kursmodell hierfür sind u. a. eine bessere Qualitätskontrolle und die methodische Steigerung innerhalb der vorgegebenen zwei bis drei Monate (= 8 bis 12 TE).

Unabhängig von der Gruppengröße ist es gerade hier wichtig, die Teilnehmer auf die Kursstunde vorzubereiten, und dies immer unter dem Aspekt bestimmter gesundheitlicher Einschränkungen.

Wichtig:
Lassen Sie sich immer in **schriftlicher** Form eine Bestätigung über den Gesundheitsstatus sowie die Unbedenklichkeit seitens des Teilnehmers geben! Je nach Gruppenstärke stellt es durchaus eine Herausforderung dar, für alle Teilnehmer ein möglichst geeignetes wie richtig dosiertes Aufwärm-, Haupt- und Abwärm-Programm zu erstellen. Als wichtiger Hinweis gilt, die Übungen stets im eigenen Ermessen mitzumachen bzw. auch auslassen zu dürfen. Geeignet hierfür ist zu Beginn der **Frontal**- oder der **Kreis**-Unterricht.

Eine kleine Übersicht zeigt (altersbedingte) körperliche Handicaps auf.

Muskulo-skelettale Erkrankungen am aktiv-passiven Bewegungsapparat	
HWS	Hals-Nacken-Verspannung allgemein (Myogelosen)
HWS-Schulter	Schleudertrauma (Grad 1–2) mit Schwindel
Schulter-Arm	„Einklemm-Schmerzen“ (Impingement, frozen shoulder)
BWS	Eingeschränkte Beweglichkeit (z. B. Morbus Bechterew)
LWS	„Unspezifische“ Rückenschmerzen (Prolaps, Myogelosen)
Hüfte-Knie	Bewegungs-Schmerzen (Arthrose Grad 1–4)
Knie-Fuß	Belastungs-Schmerzen (Arthrose Grad 1–4)
Untere Extremitäten	Kraft- und Koordinations-Defizit (schmerzbedingt)

Herz-Kreislauf-Lungen-Erkrankungen	
Bluthochdruck	Erhöhte Herzfrequenz, erhöhte Atemfrequenz
Herzinsuffizienz	Erhöhte Herzfrequenz, niedrige Belastbarkeit
Asthma Bronchiale	Eingeschränkte Atmung, erhöhte Herzfrequenz
COPD	Eingeschränkte Lungenfunktion
Medikamente	Blutdruck-Senker (Betablocker), Blutverdünner (Marcumar)

Neuro-muskuläre Erkrankungen	
Morbus Parkinson	Gleichgewichtstörung / Funktionseinschränkung beidseitig
Multiple Sklerose	Gleichgewichtsstörung / Funktionseinschränkung beidseitig
Apoplexie	Gleichgewichtsstörung / Funktionseinschränkung einseitig

Stoffwechsel-spezifische Erkrankungen	
Diabetes Mellitus II	Durchblutungsstörung, Unter- vs. Überzucker
Adipositas	Erhöhte Herz-Kreislauf- u. Gelenkbelastung
Medikamente	Insulinpflichtig

1.) Steigern/Anheben der Atem- und Herzfrequenz

- kurze Einheiten von **fünf bis zehn Sekunden** und **ein- bis drei**mal
- **Geh-ABC**-Übungen aus dem Stand (ohne Springen) wie
- Anfersen, Knieheben, Hüftdrehen, Rumpfkreisen, Seitsteps
- am Ort walken, kombiniert mit **Armeinsatz** wie
- Schulterrollen, Armkreisen, Armschwingen, Hände unter Beine
- Steigerung zum **Lauf-ABC** (mit leichtem Springen) wie
- betont leise am Ort tänzeln/traben (auf den Fußvorderballen)
- leichtes Knieheben
- leichtes Anfersen
- leichtes Hopsern (Arm-Bein-Diagonale)
- beidbeiniges Tänzeln/Hüpfen mit kleiner Drehung (Twisten)
- beidbeiniges Tänzeln/Hüpfen mit Wechsel (vor/zurück)

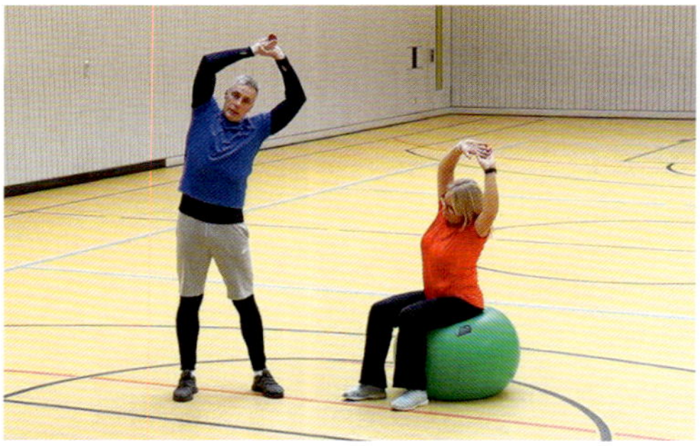

- einbeiniges Tänzeln (drei- bis fünfmal) im Wechsel
- einbeinige Seitsprünge (Slides)
- kombiniert mit Armstrecken (zur Gegenseite)
- alle Übungen in der **Bewegung durch den Raum** ausführen
- Bewegungsrichtung wechseln sowie durcheinander traben

2.) Mobilisieren/Lockern der Gelenke

- kurze Einheiten von **drei- bis fünf**mal und **ein- bis drei**mal
- Kopfwenden (links-rechts/vor-zurück/oben-unten/seitlich)
- Kopfkreisen (kleine „8“)
- Schulterrollen (vor-zurück/links-rechts im Wechsel)
- Schulterheben (beidseitig/links-rechts im Wechsel)
- Armführen angewinkelt (vor-zurück)
- Armheben (beidseitig (links-rechts im Wechsel)
- Armstrecken (beidseitig/links-rechts im Wechsel)
- Armdrehen (links-rechts im Wechsel)
- Armkreisen (seitlich von klein zu groß)
- Armkreisen (vor-zurück/links-rechts im Wechsel)
- Oberkörper-Rumpfdrehen mit Armeinsatz (Becken dreht mit)
- Oberkörper-Rumpfdrehen mit Armeinsatz (Becken fix)

- Beinheben mit Außendrehung im Wechsel
- Kniedrehen gebeugt, Drehen (innen-außen im Wechsel)
- Fußheben, Fußdrehen, Fußkreisen
- Hüft-Beindrehen gestreckt (innen-außen im Wechsel)

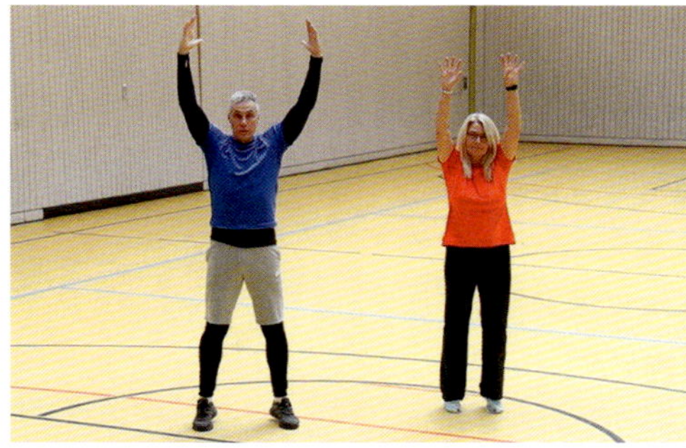

3.) An-Dehnen der Muskulatur

- kurze Einheiten von **drei** bis **fünf Sekunden** und je **ein-** bis **drei**mal
- Kopf mit Hand zur Seite führen
- Arm mit der Gegenhand hinter Kopf führen
- Arm mit der Gegenhand vor Oberkörper führen
- Arme hinter Oberkörper führen
- Arme strecken und Oberkörper zur Seite beugen
- Arme strecken und Oberkörper nach vorne beugen
- Arme strecken und Oberkörper nach hinten strecken
- Beine kreuzen und zur Seite beugen
- Beine kreuzen und nach vorne beugen
- Knie mit den Händen zum Oberschenkel ziehen
- Fuß mit der Hand an Gesäß ziehen
- Grätschen mit Oberkörper vorbeugen
- Grätschen und nach zur Seite beugen
- kleiner Ausfallschritt mit Armstrecken (Ferse mit Bodenkontakt)
- kleiner Ausfallschritt mit Arme hinter Oberkörper
- großer Ausfallschritt mit Oberkörper drehen (Ferse ohne Bodenkontakt)
- großer Ausfallschritt mit kleiner Auf-/Abbewegung

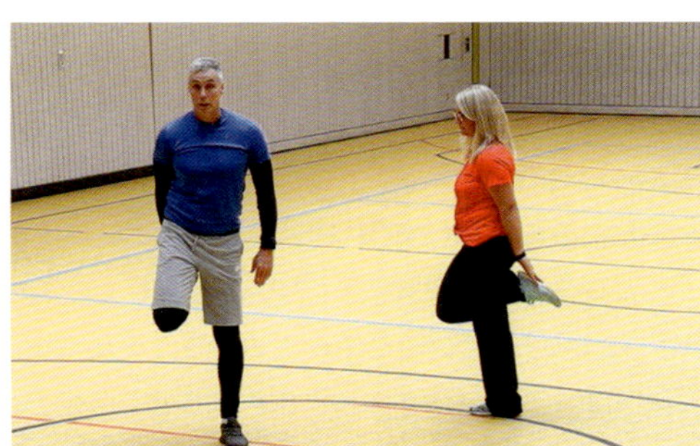

7.2 Übungen mit Köpfchen – Konzentration und Kommunikation

Die vorliegenden Übungen sind körperlich weniger anstrengend, fordern aber umso mehr die Konzentration und Merkfähigkeit der Teilnehmer heraus. Unter dem Begriff „**Lernen mit Bewegung**“, „**Brain-Fitness**“ oder „**Life Kinetik**“® werden bestimmte Bewegungsabläufe an kleine Merk- und Denkaufgaben gekoppelt (siehe 10.4).
Gerade hier ist es wichtig, die methodisch-didaktische Steigerung (von einfach zu vielfach, von leicht zu schwer) zu berücksichtigen, um eine Überforderung (auch wegen Frustration) zu vermeiden.
Wir starten in einer **Kreisform** oder im **Frontalmodus** (stehend/sitzend).

- Der Kursleiter nennt eine **gerade** Zahl (z. B. 2) für den **linken** Fuß.
- Die **ungerade Zahl** (z. B. 5) steht für den **rechten** Fuß.
- Die Teilnehmer stehen analog zur Zahl auf der richtigen Beinseite.
- Statt Zahlen können ebenso **Gemüse**- und **Obstsorten** genannt werden.
- Bei **Apfel** stehen die Teilnehmer auf dem **linken** Bein,
- bei **Paprika** analog auf dem **rechten** Bein.
- Somit ergibt sich eine „**indirekte**“ Ansage für die richtige Standbeinseite.
- Der Kursleiter (KL) sagt nun die Zahlen von **1** bis **4** an.
- Dabei steht **1** für **rechter Fuß vor** und **2** für **linker Fuß vor**,
- weiter mit **3** für **rechter Fuß zurück** und **4** für **linker Fuß zurück**.
- Aus dem Tänzeln heraus erfolgt die korrekte Ausführung.
- Als Nächstes erfolgen die gleichen Zahlenbefehle mit den Armen.
- Dabei steht **1** für **rechter Arm vor** und **2** für **linker Arm vor**,
- weiter mit **3** für **rechter Arm zurück** und **4** für **linker Arm zurück**.
- Gelingt auch diese Übung, werden die Zahlen von **1** bis **8** angesagt.
- Die **Arm**bewegung erfolgt von **1** bis **4**, die **Bein**bewegung von **5** bis **8**.
- Wahlweise dürfen auch die Teilnehmer eine Zahl (1 bis 8) benennen.
- Die nächste Steigerung ist das Benennen von **zweistelligen** Zahlen,
- also z. B. **23** oder **76**.
- Es muss aber wie **geschrieben** (und nicht wie gehört!) agiert werden.
- Bei **23** erfolgt zuerst der **linke Arm vor**, dann der **rechte Fuß vor**.
- Bei **76** erfolgt zuerst der **rechte Fuß zurück**, dann der **linke Arm zurück**.
- Auch hier dürfen die Teilnehmer ansagen und vormachen.

- Weiter geht es mit dem Benennen von **dreistelligen** Zahlen (z. B. 783)
- sowie mit der Ansage von **vierstelligen** Zahlen und deren Abfolge.
- Weiter geht es mit der Kombination von Zahlen und Obst-/Gemüse.
- **Obst** gilt für **rechtes** Standbein, **Gemüse** für **linkes** Standbein.
- **Gerade** Zahl gilt für **rechten** Arm hoch, **ungerade** für **linken** Arm hoch,
- also z. B. **Tomate-8**.
- Wie geschrieben zuerst **linkes Standbein**, dann **rechten Arm** strecken.
- oder z. B. **3-Banane**,
- wie geschrieben zuerst **linken Arm** strecken, dann rechtes **Standbein**.

Als nächste Merkaufgabe mit Bewegung gilt es, sich die **Vornamen** bzw. die **Zahlen** der Teilnehmer zu merken.
Auch hierzu starten wir in der **Kreisform**.

- Jeder Teilnehmer stellt sich mit seinem **Vornamen** vor.
- Ein Teilnehmer nennt zuerst sich,
- dann benennt er einen anderen Teilnehmer.
- Erst dann wechseln beide ihre Position durch den Kreis.
- Anschließend gilt statt des Vornamens wahlweise eine **Zahl**.
- Jedem Teilnehmer wird eine Zahl zugeordnet.
- Bei Positionswechsel durch den Kreis erfolgen **Zusatzübungen**.
- Der Kursleiter (KL) setzt hierfür z. B. Geh-ABC-Übungen ein:
- Hopsern, Zehenstand-Gehen, Hände unter Bein klatschen usw.
- Als nächste Steigerung nennt jeder Teilnehmer seinen **Vornamen**
- und zusätzlich eine (einfache) **Übung** dazu,
- z. B. mein Vorname ist **Christian** und ich rolle die **Schultern vor/zurück**.
- Alle Teilnehmer machen die Übung (zwei- bis dreimal) mit.
- Als nächster Teilnehmer wird der rechts stehende Teilnehmer gewählt.
- Dieser muss zuerst seinen Vorgänger (links stehend) nennen
- und mit allen Teilnehmern die Übungen ausführen.
- Erst dann stellt er sich mit Name und Übung vor.
- Bei zehn Teilnehmern ergibt sich ein hoher Schwierigkeitsgrad.
- Auch hier können statt Vornamen wieder Zahlen eingesetzt werden.
- Als nächste Aufgabe wird ein **Ball** an den Nachbarn rechts gereicht.
- Jeder Teilnehmer merkt sich seinen Nachbarn mit Vornamen (1. Kreis).
- Danach löst sich der Kreis auf und es werden einige Übungen absolviert.

- Alle Teilnehmer stellen sich wieder im Kreis (2.) auf, aber mit neuen Positionen.
- Der Ball geht nun an den Nachbarn aus dem ersten Kreis
- Ein zweiter **Ball** wird zum **links stehenden Nachbarn** übergeben.
- Beide Bälle werden nun im dritten Kreis zu den Nachbarn übergeben.
- Die Teilnehmer merken sich Vorname und Reihenfolge der Partner.
- Gleiche Ball-Übergabe an die Teilnehmer mit Zahlen statt Vornamen.
- Ein dritter (grüner) **Ball** an den **übernächsten rechten Teilnehmer** steigert,
- zusätzliche Bewegungsaufgaben (blauer Ball = Anfersen) erschweren.

Zusammenfassung:

Durch die Kombination aus **Bewegung** und **Denken/Merken** erhöhen sich die Aufmerksamkeit und Konzentration bedeutend. Weiter suchen die Teilnehmer intuitiv nach kleinen „Eselsbrücken", um sich die zunehmend komplexeren Übungen besser merken zu können. So wird der Vorname und die spezielle Übung mit kleinen Details i. S. von Ähnlichkeiten (z. B. „Sabine streckt sich" oder „Horst hüpft") hilfreicher abgespeichert. Und genau um diese Verknüpfungen (Assoziationen) geht es (siehe 10.4).

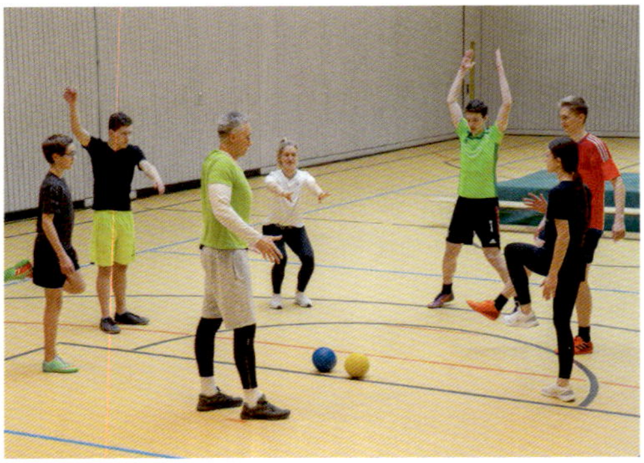

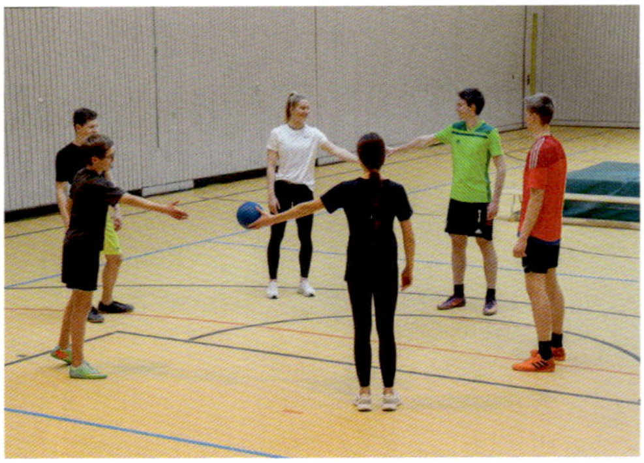

7.3 Koordination – mehr als nur Gleichgewicht

Wie in allen (Einzel-)Sportarten ist auch im Breiten- wie Gesundheitssport das Training der **Koordination** ein sehr wichtiger Baustein. Per Definition stellt die Koordination ein **optimales Zusammenspiel von Gehirn und Muskulatur dar**.

Je differenzierter die Muskeln für eine Übungsausführung eingesetzt werden, desto sicherer und sparsamer fällt die Bewegung aus. Jeder Laufanfänger benötigt vorab viele Einheiten, um seinen individuellen Laufstil (Abrollen, Schrittlänge, Armbewegung etc.) zu finden. Eine freie Kniebeuge mit Langhantel stellt eine weit anspruchsvollere Ganzkörper-Übung dar als eine Beinpresse im Sitzen. Koordination beinhaltet darüber hinaus aber auch viel an Gleichgewicht (Balance) und Orientierung im Raum bzw. von Zeitabläufen (Timing).

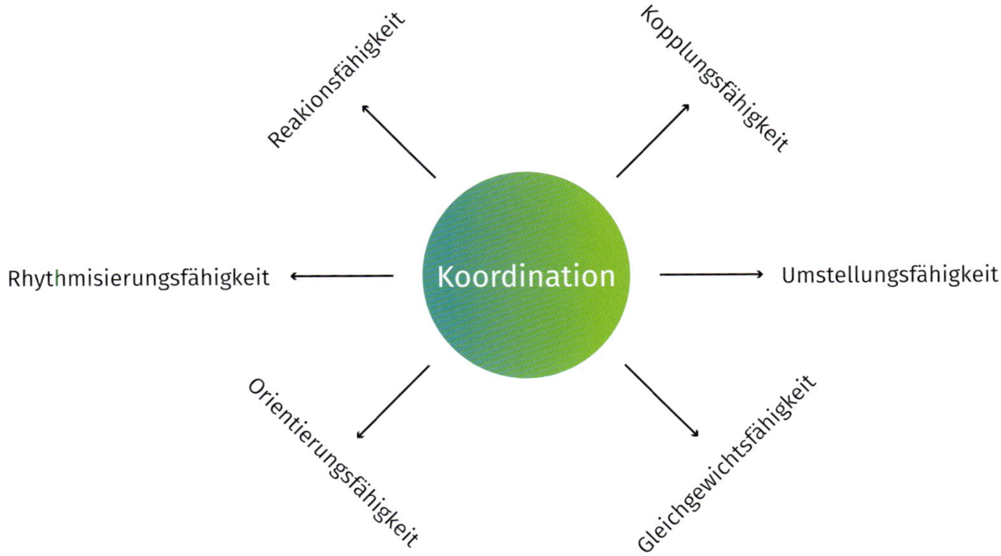

Abbildung 17: Teilbereiche der Koordination

Somit ist es von Vorteil, dass, wenn möglich, viele Sinne in die Übungsausführung einbezogen werden. Neben Einbeinstand mit Zusatzbewegungen der Arme lassen sich viele Stand- und Geh-Übungen **barfuß auf der Matte** (bzw. ohne Sportschuhe) ausführen. Weiter erhöht sich der Schwierigkeitsgrad durch das **Schließen der Augen**.
Und auch die **akustische Signalgebung** von außen hilft bei der Abfolge von mehreren Teilbewegungen (z. B. Taktvorgabe beim Tanzen).

Koordinations-Übungen im Stand

- Übungen im Stehen bei hüftbreitem Stand
- Pendeln nach links und rechts bei stabilem Rumpf
- Pendeln vor und zurück sowie kreisend
- mit geschlossenen Augen
- Arme strecken und Fersen hochziehen
- Blick zur Decke
- mit geschlossenen Augen
- kleiner Ausfallschritt nach Pendeln nach vorne (fallen lassen)
- linkes oder rechtes Bein auf Kommando hin
- Schritt mit rechtem Bein nach vorne auf Zahl **1**
- Schritt mit linkem Bein nach vorne auf Zahl **2**
- Schritt mit rechtem Bein nach hinten auf Zahl **3**
- Schritt mit linkem Bein nach hinten auf Zahl **4**
- kleine Kniebeuge und Arme in Vorhalte
- nur Fersen hoch
- nur Fußspitzen hoch
- im Wechsel rechte Ferse und linke Fußspitze hoch
- Stand auf einem Bein für je fünf bis zehn Sekunden
- mit geschlossenen Augen
- mit Gegenarm nach oben
- mit Slides nach vorne
- mit Slides nach seitlich
- Einbeinstand-Waage
- Stand auf einem Bein, aber nur auf dem Vorderfußballen
- Spielbein vor und zurück
- Spielbein um das Standbein führen

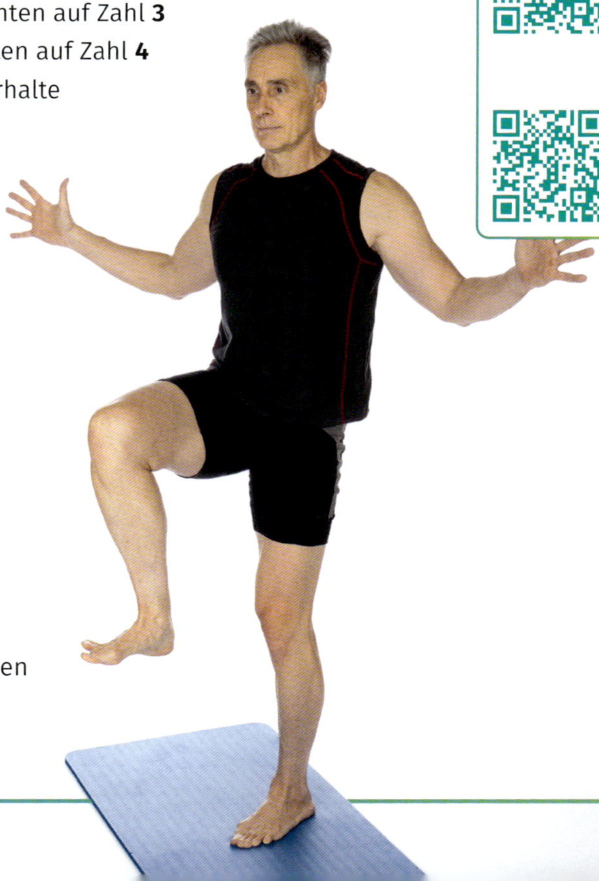

7.4 Von Kopf bis Fuß – Übungen im Stehen, im Sitzen, im Liegen

Im Folgenden werden eine Vielzahl von Übungen vorgestellt, die vorrangig die (körpereigene) **Kraft** (hier: Kraft-Ausdauer) trainieren. Bei der unüberschaubaren Menge bietet es sich an, eine Struktur vorzunehmen.
Dies kann der Schwerpunkt auf eine **Körperregion** (z. B. Rumpf-Training) oder die **Ausgangsposition** (z. B. im Vierfüßler) sein. Die Belastungsdauer beträgt i. d. R. ca. **20** bis **30** Sekunden je Übung und gewährleistet damit auch eine technisch gute Ausführung.

1.) Kraft-Übungen im Stehen

- hüftbreiter Stand und beidbeiniges Skipping bei mittlerer Kniebeuge
- hüftbreiter Stand und kleine Kniebeuge mit Armvorhalte
- hüftbreiter Stand und mittlere Kniebeuge mit Armvorhalte
- hüftbreiter Stand und tiefe Kniebeuge mit Armvorhalte
- kleine Kniebeuge und Fersen hochziehen
- kleine Kniebeuge und Fußspitzen hochziehen
- kleine Kniebeuge und Ferse links und Fußspitze rechts hochziehen
- von statisch-isometrisch zu dynamisch-auxotonisch wechseln
- von engem zu hüftbreitem zu sehr breitem Stand wechseln
- Ausfallschritt mit Arme strecken
- Ausfallschritt mit Oberkörper drehen
- Ausfallschritt mit kleiner Kniebeuge
- Ausfallschritt mit mittlerer Kniebeuge
- Grätsche mit Seitbeuge und Armvorhalte
- Zehenstand mit Armstrecken
- einbeinig auf ganzer Fußsohle und kleine Kniebeuge
- einbeinig auf Vorderfußballen und kleine Kniebeuge
- Einbeinstand mit Spielbeindrehung
- Einbeinstand mit Armbewegung vor/zurück
- Einbeinstand mit Oberkörperdrehung

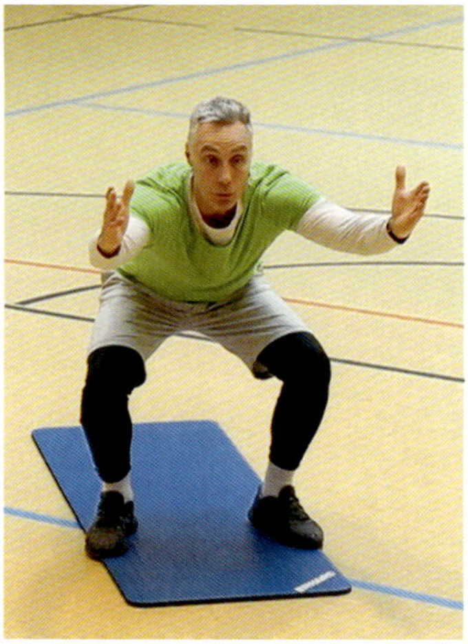

2.) Kraft-Übungen im Sitzen

- auf dem **Stuhl an der Vorderkante** sitzend
- gerader Oberkörper und ohne Festhalten
- Arme angewinkelt öffnen vs. schließen
- Arme gestreckt seitlich drehen/kreisen
- Arme gegengleich kreisen
- Arme nach oben im Wechsel strecken
- Arme vor vs. zurückführen
- beide Fersen hochziehen
- beide Fußspitzen hochziehen
- rechte Ferse und linke Fußspitze hochziehen
- über Füße Knie strecken und beugen
- Beine im Wechsel gebeugt anheben/senken
- Beine gestreckt anheben-senken
- Beine im Wechsel anheben-senken
- Beine im Wechsel aus der Hüfte kreisen
- rechtes Bein nach links kreisen, linken Arm nach rechts kreisen
- linkes Bein nach rechts kreisen, linken Arm nach links kreisen
- Hände stützen an der Lehne
- Gesäß anheben und Beine angewinkelt
- Gesäß anheben und Beine gestreckt
- Oberkörper leicht zurücklegen und Arme seitlich
- Oberkörper leicht zurücklegen und Arme strecken
- Oberkörper leicht zurücklegen und Beine anheben/senken
- vom Sitzen aufstehen und absenken mit Armvorhalte
- vom Sitzen auf Vorderfußballen stellen und strecken
- vom Sitzen aufstehen und drehen
- vom Sitzen aufstehen und Gewicht verlagern

3.1.) Kraft-Übungen im Liegen

- aus der **Bauchlage** starten
- Oberkörper anheben und Arme seitlich
- Oberkörper anheben und Arme strecken
- Oberkörper und Beine anheben und Arme strecken
- Oberkörper und Beine im Wechsel diagonal anheben
- Seitrolle links zur Mitte und Seitrolle rechts zur Mitte
- **Unterarmstütz** mit angewinkelten Beinen
- Unterarmstütz mit gestreckten Beinen
- Unterarmstütz mit Rollen vor-zurück
- Unterarmstütz mit Armstrecken rechts/links
- Unterarmstütz mit Oberkörperdrehung rechts/links
- Unterarmstütz mit Beinheben rechts/links
- Unterarmstütz mit Armstrecken rechts und Beinstrecken links
- Unterarmstütz mit Armstrecken rechts und Beinstrecken rechts
- Unterarmstütz mit Oberkörperdrehung
- Unterarmstütz mit Seitdrehung und Beinheben
- vom Unterarmstütz zum **Langstütz** und zurück
- vom Langstütz in den Liegestütz und zurück
- Langstütz mit Oberkörperdrehung
- Langstütz mit Seitdrehung und Beinheben
- Langstütz mit Rollen vor/zurück
- Langstütz mit Armstrecken rechts/links
- Langstütz mit Beinstrecken rechts/links
- Langstütz mit Armstrecken rechts und Beinstrecken links
- Langstütz mit Armstrecken rechts und Beinstrecken links
- Langstütz mit Fußtrippeln im Wechsel
- Langstütz u. Beinvorziehen im Wechsel

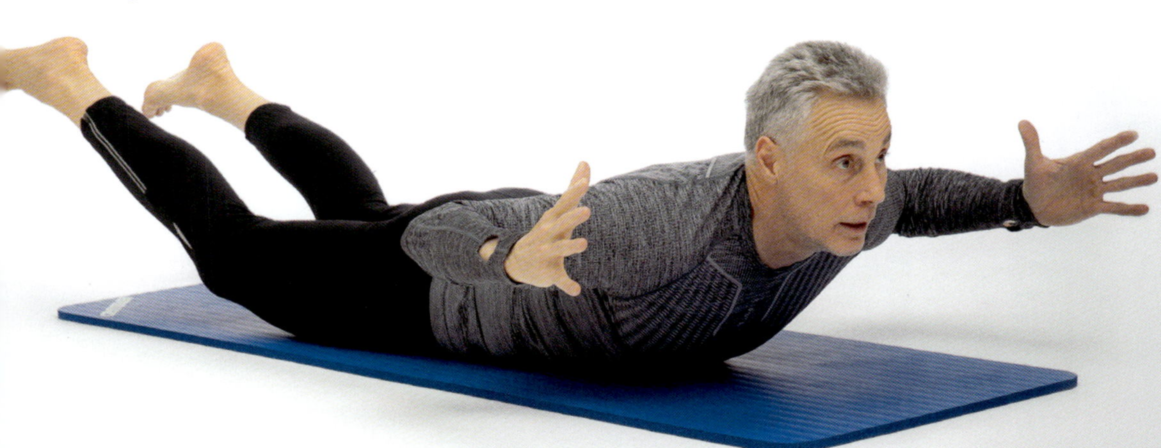

- Langstütz mit Beinheben im Wechsel
- **Vierfüßler** mit Oberkörper beugen und strecken
- Vierfüßler mit Schulterblattgleiten
- Vierfüßler mit Knie vom Boden
- Vierfüßler mit rechter Hand und linkem Fuß vom Boden
- Vierfüßler mit rechtem Arm und linkem Bein strecken
- Vierfüßler mit rechtem Arm und rechtem Bein strecken
- Vierfüßler mir rechtem Arm und rechtem Bein seitlich drehen
- Vierfüßler mit versetzen Händen und Füßen
- Vierfüßler und krabbeln

3.2.) Kraft-Übungen im Liegen

- aus der **Rückenlage** starten
- **Becken anheben** mit Zusatzbewegung rechts/links
- Becken anheben mit Zusatzbewegung auf/ab
- Becken anheben mit Zusatzbewegung kreisen
- Becken anheben und mit Füßen im Wechsel treten
- ein Bein anheben und anwinkeln
- ein Bein anheben und strecken
- beide Arme hinter Rücken
- zusätzlich mit Beinanheben

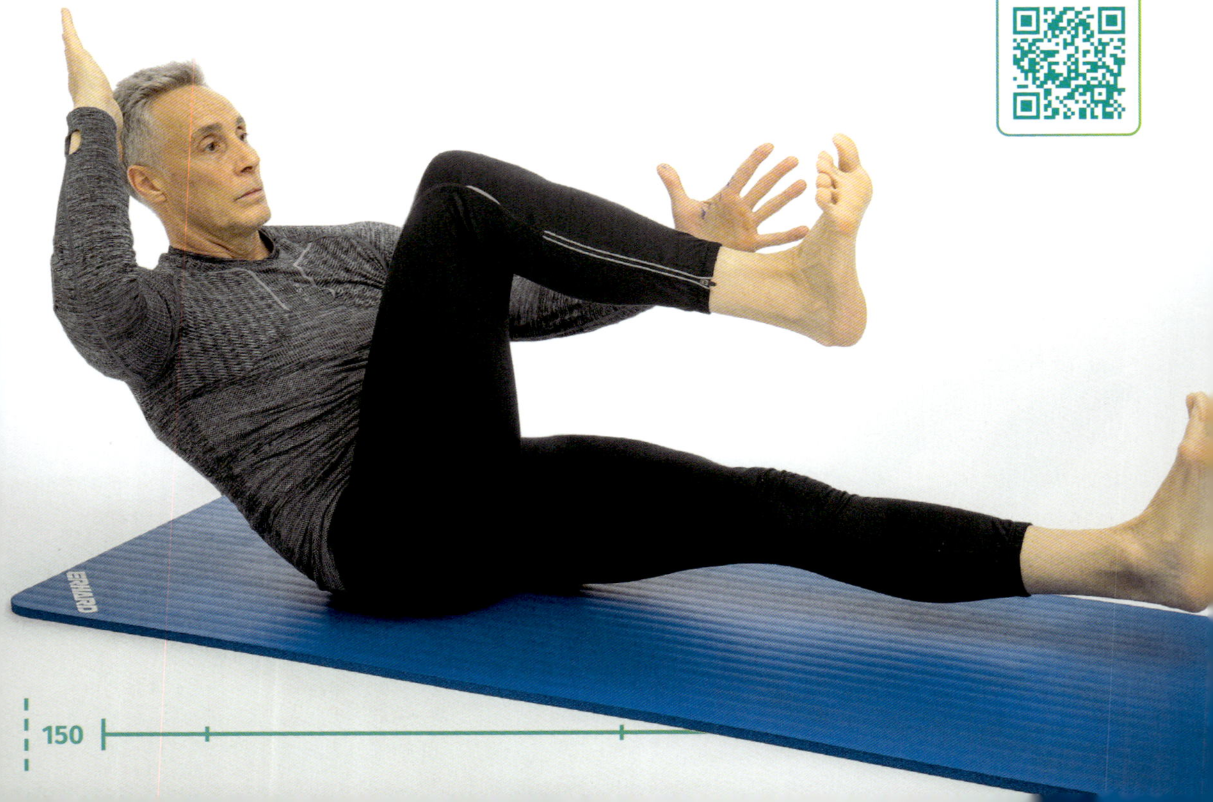

- **Oberkörper anheben** und Beine anwinkeln
- Oberkörper anheben und Beine im Wechsel beugen/strecken
- Oberkörper aufrollen und Beine strecken
- Oberkörper rechts-links aufrollen
- Oberkörper aufrollen und Beine rechts/links drehen
- Oberkörper aufrollen und rechter Arm zu linkem Bein anheben
- Oberkörper und Beine anheben mit Arme seitlich
- Oberkörper und Beine anheben mit Arme strecken
- Oberkörper und Beine anheben mit Armbewegung
- Oberkörper anheben und Beine

- **Rückenlage** und Beine zur Decke strecken
- Rückenlage und Becken und Beine heben
- Rückenlage und Beine imWechsel scheren
- Rückenlage und Beine anwinkeln und rechts/links drehen
- Rückenlage und Beine strecken und rechts/links drehen

Zusammenfassung:

Gerade Gruppenkurse in „engeren“ Räumen bieten nur einen kleineren Aktionsradius an und reduzieren sich daher oft auf ein „Mattenprogramm“. Wie die vielen Beispiele zeigen, kann aber auch das Aufwärmen durch den Raum **gehend/walkend** gut absolviert werden. Der Einsatz von **Geh**- und **Lauf**-ABC- sowie ergänzenden **Reaktions**- und **Koordinations**-Übungen lockert die Vorgehensweise gewinnbringend auf. Auch die **Merk**- und **Konzentrations**-Aufgaben bereichern ungemein. Zusätzliche **Partner**-Übungen (z. B. rechter Fuß zu rechtem Fuß) fördern das soziale Miteinander und machen dabei viel Freude.

- wechselnde Partner-Übungen aus der Bewegung heraus
- rechte Fußspitze an rechte Fußspitze
- rechte Ferse an rechte Ferse und linke Hand zur linken Hand
- rechte Hand unter linkem Bein
- ganze Fußsohle an ganze Fußsohle
- springen/strecken und mit beiden Händen in der Luft abklatschen
- springen/strecken und mit nur einer Hand abklatschen
- springen und auf dem angesagten Bein/Fuß landen
- springen und mit der angesagten Hand abklatschen

Denken Sie anschließend an die vielen Übungen im Stehen (Koordination und Mobilisation), um dann (erst) auf die Matte zu wechseln. Auch hier lassen sich anspruchsvolle Übungen mit der zusammengerollten Bodenmatte gestalten.

- beidbeinig auf Quer-Matte stehen
- kleine Kniebeuge und Arme strecken
- kleine Kniebeuge und schnell mit den Armen vor und zurück
- Augen schließen
- einbeinig stehend
- beidbeinig auf Längs-Matte stehen
- kleine Kniebeuge mit Armvorhalte
- einbeinig stehend
- Augen schließen

Haben Sie Mut, auch „neue" Übungen anzubieten, öfter mal zu wechseln, die Belastungen zu variieren, Trends aufzunehmen und Schwerpunkte zu setzen.
Erst dann bleibt Ihr Kurs auch über Jahre hin interessant, abwechslungsreich, macht Freude (auch Ihnen) und ist die sichere Garantie, dass die Teilnehmer Ihnen lange treu bleiben.

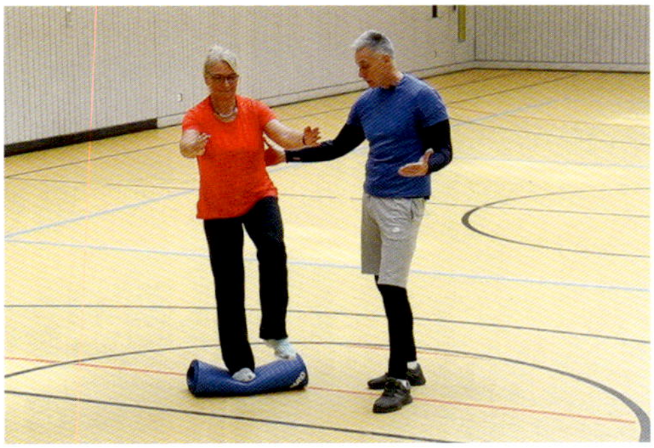

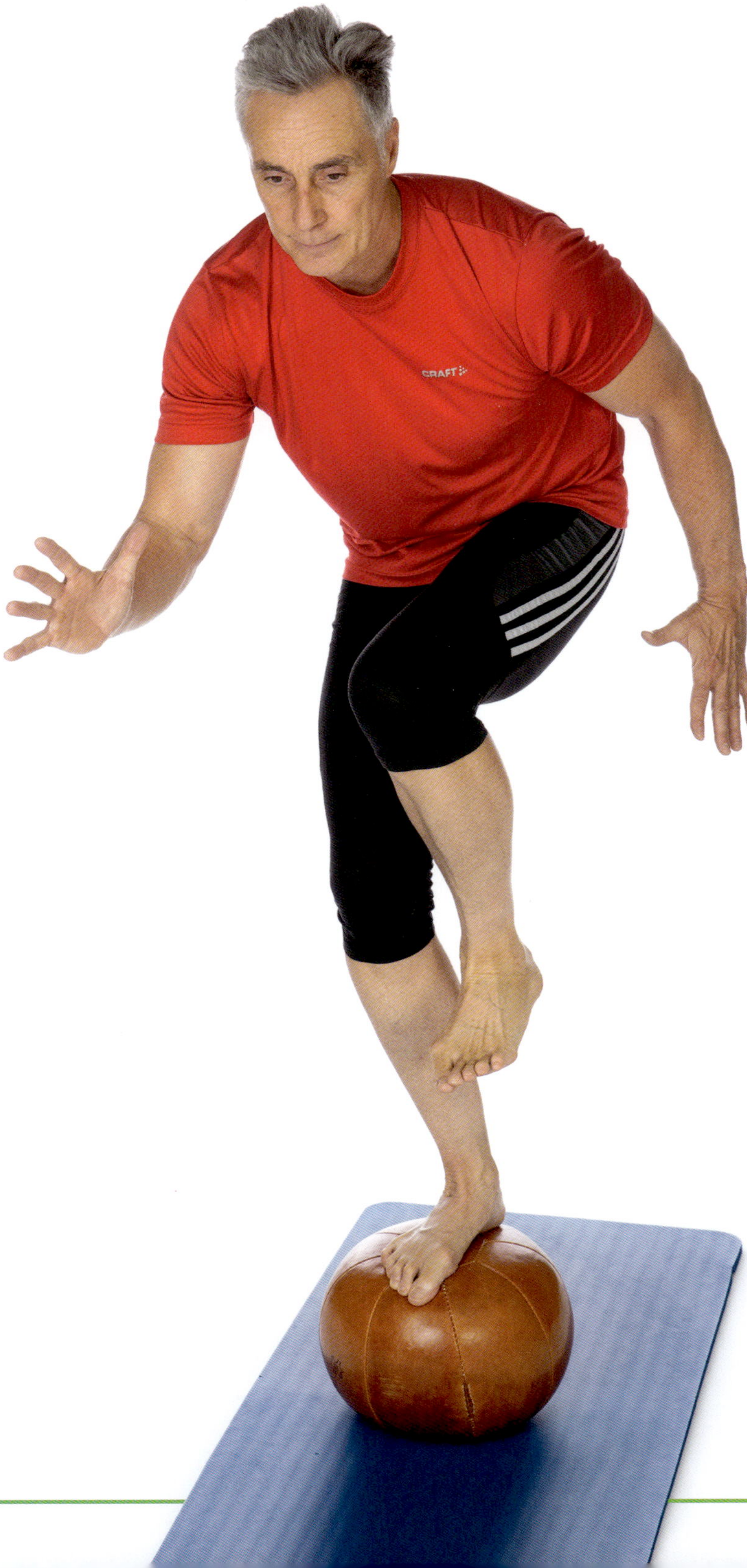
CRAFT

KAPITEL 8:

ABWÄRMEN (COOL-DOWN)

8.1 Cool-down nach Ballsportarten

Ebenso wie in einem Aufwärm-Programm werden durch vorwiegend aktive Cool-down-Übungen die regenerierenden (Stoffwechsel-)Prozesse schneller wie effektiver eingeleitet (z. B. Abbau von erhöhten Laktat- und pH-Werten). Vor allem das Herabsetzen der erhöhten **Muskel-Spannung** steht dabei stark im Vordergrund. Der Sportler möchte, dass seine Muskulatur sich wieder „weicher" anfühlt und diese nicht mehr so „steif" und „schwer" ist.

Gerade die Anwendung von lang andauernden passiven Dehnübungen in Form von Stretching (> 30 Sek./Übung) oder von Yoga (> 3 Min./Übung) bieten wirksame Methoden, die erhöhte Muskelspannung spürbar wie messbar herabzusetzen.

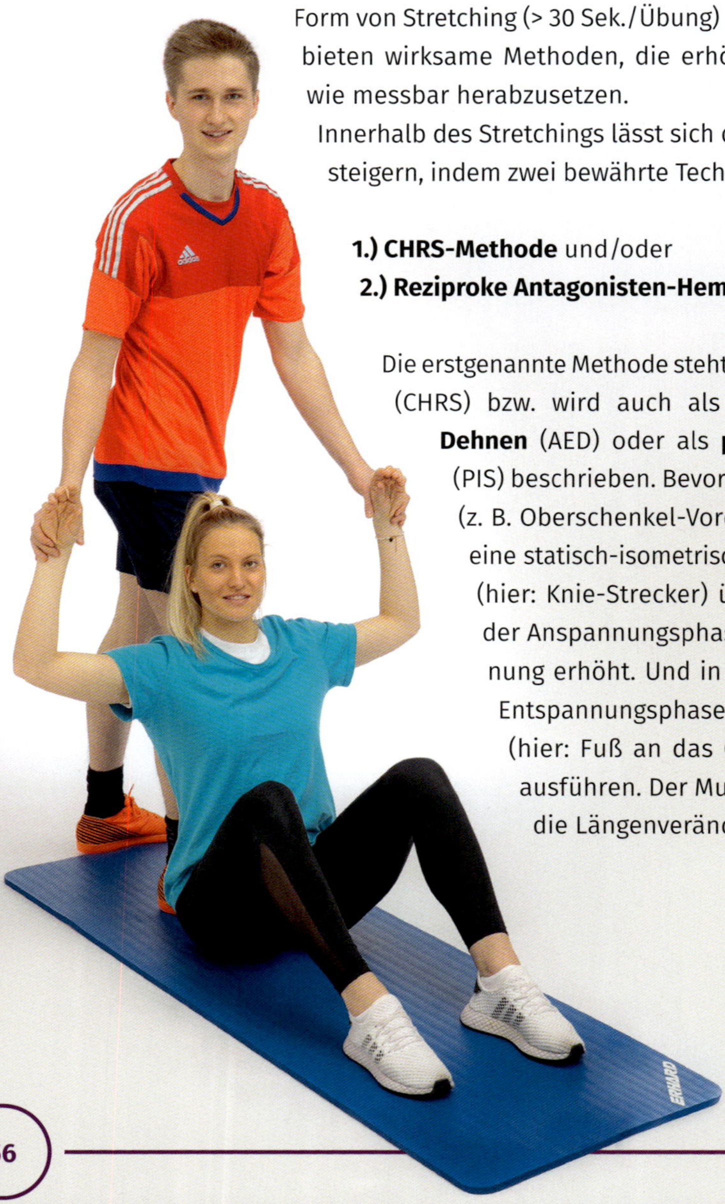

Innerhalb des Stretchings lässt sich diese positive Wirkung dadurch steigern, indem zwei bewährte Techniken mit eingebaut werden.

1.) **CHRS-Methode** und/oder
2.) **Reziproke Antagonisten-Hemmung**

Die erstgenannte Methode steht für **contract-hold-relax-stretch** (CHRS) bzw. wird auch als **Anspannungs-Entspannungs-Dehnen** (AED) oder als **post-isometrisches Stretching** (PIS) beschrieben. Bevor eine bestimmte Muskelgruppe (z. B. Oberschenkel-Vorderseite) gedehnt wird, erfolgt eine statisch-isometrische **Kontraktion** dieser Muskeln (hier: Knie-Strecker) über ca. **zehn** Sekunden. Nach der Anspannungsphase wird kurzzeitig die Entspannung erhöht. Und in dieser momentan verstärkten Entspannungsphase lässt sich die passive Dehnung (hier: Fuß an das Gesäß ziehen) wirkungsvoller ausführen. Der Muskel sperrt sich weniger gegen die Längenveränderung.

Einfach anwendbare AED-Übungen im Stehen und Sitzen

- **Im Stehen**:
- Linke Hand drückt gegen linke Kopfseite (ca. 10 Sek.).
- Rechte Hand führt Kopf nach rechts (ca. 20. Sek.) – und umgekehrt.
- Beide Hände vor dem Oberkörper zusammendrücken.
- Beide Arme hinter den Rücken verschließen.
- Rechter Fuß-Rist drückt in rechte Hand.
- Rechte Hand zieht rechten Fuß ans Gesäß – und umgekehrt.
- **Im Sitzen:**
- Rechtes Bein mit Ferse in den Boden drücken.
- Rechtes Bein strecken und Oberkörper vorbeugen – und umgekehrt.

Die zweite Technik nutzt die **neuronale** Steuerung aus. **Kontrahiert** ein Muskel (z. B. Ellenbogen-Beuger), muss sich sein Gegenspieler (hier: Ellenbogen-Strecker) **entspannen** und die Beuge-Bewegung zulassen. Es gilt dabei, je stärker die Anspannung ausfällt, desto höher muss die antagonistische Entspannung sein (reziproke Antagonisten-Hemmung). Während der Dehnung (z. B. Knie-Beuger im Sitzen) wird zusätzlich die Oberschenkel-Vorderseite (hier: Knie-Strecker) mit angespannt. Somit gelingt auch hier eine wirkungsvollere Entspannung am Knie-Beuger.

Diese beiden (in sich verstärkenden) Dehn-Techniken werden im **Yoga** meist unbewusst mit eingesetzt und zeigen auch deswegen klare Vorteile gegenüber dem klassischen Dehnen (weitere Informationen unter: 10.2 und 10.3).

Einfach anwendbare Dehnübungen mit Anspannung im Stehen und Liegen

- **Im Stehen:**
- Rechten Fuß mit langem Bein aufstellen, Oberkörper vorbeugen.
- Oberschenkel vorne zusätzlich anspannen.
- Linken Fuß mit Hand an Gesäß ziehen, Oberkörper gerade.
- Gesäßmuskel zusätzlich anspannen.
- **Im Liegen:**
- Arme seitlich am Boden ablegen, Becken zur Seite drehen.
- Arme zusätzlich in den Boden drücken.
- Hände ziehen rechtes Bein in Senkrechte, linkes Bein angewinkelt.
- Oberschenkel vorne zusätzlich anspannen.

Charakteristisch für (beinahe) alle Ballsportarten ist die ausgewogene Fitness bzw. eine gut zueinander ausgerichtete Kondition. So benötigt jeder Fußballspieler neben einer soliden Grundlagen-**Ausdauer** ein hohes Maß an **Schnelligkeit** bzw. **Schnellkraft** und **Reaktions**vermögen sowie (Bein-)**Kraft** und **Beweglichkeit**. Gleiches gilt natürlich ebenso für den Handball- und Basketballspieler mit dem zusätzlichen Einsatz der oberen Extremitäten. Allen gemeinsam ist aber der wichtige Aspekt einer Gruppensituation.
Gerade hierfür gilt es, für alle Spieler ein einheitliches Cool-down-Programm anzubieten. Durch die enorme Belastungssteigerung in fast allen Ballsportarten mit einem Mehr an Athletik (vor allem Kraft und Schnelligkeit) reicht folglich das Auslaufen nach Training oder Wettkampf alleine nicht mehr aus.
Im Anschluss an das regenerative Ausdauer-Programm mit sehr niedrigen Herzfrequenzwerten (von unter 60 % der max. Hf) werden nur wenige, aber ganz spezielle Dehn- und Stretching-Übungen bzw. Yoga-Übungen eingebaut.
Die Auswahl hat sich dabei auch an der vorwiegend belasteten Körperregion (z. B. mehr Beine vs. mehr Arme) zu orientieren.

Einige geeignete Yoga-Übungen für Ballsportler & Allrounder

- Der herabschauende Hund (von der Streckung in die Beugung)
- Der Krieger mit Armstütz (von der Streckung in die Rotation)
- Die Grätsche mit Handstütz (von der Beugung in die Streckung)
- Das Kamel (von der Beugung in die Streckung)
- Die Sphinx (von der Streckung in die Rotation)
- Der Bogen (von der Beugung in die Streckung)
- Das Krokodil (von der Streckung in die Rotation)

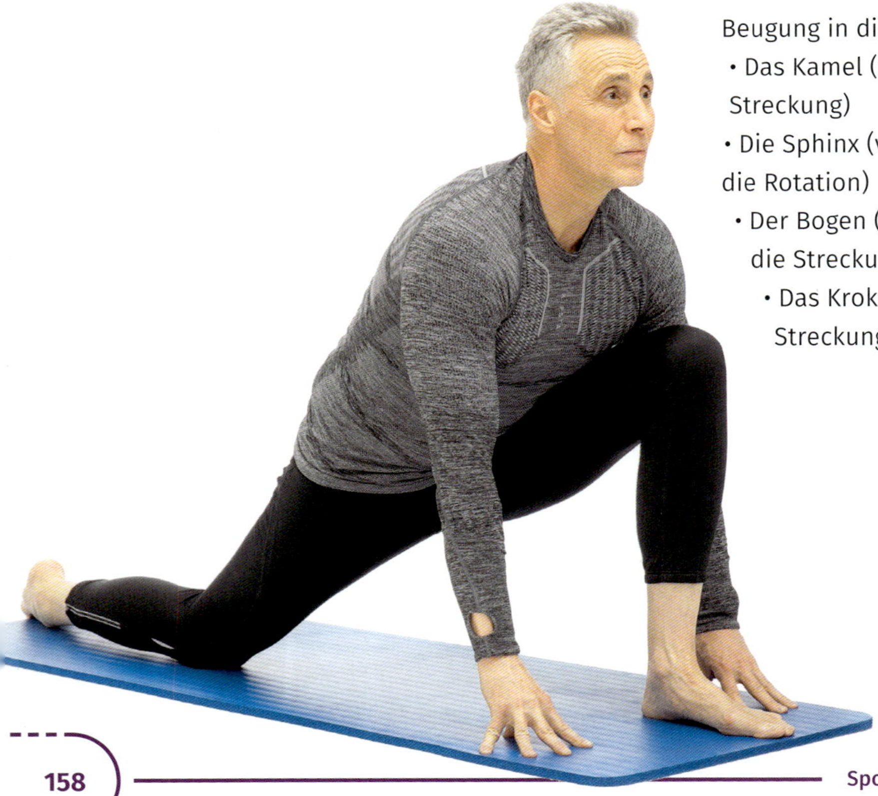

8.2 Cool-down nach Einzelsportarten

Im Gegensatz zum Mannschaftssport lässt sich natürlich für den einzelnen Athleten ein auf ihn persönlich zugeschnittenes Abwärm-Programm bedeutend leichter wie differenzierter erstellen.
Nicht nur anhand der sportart-typischen Belastung, sondern auch nach den individuellen (physischen und psychischen) Voraussetzungen wird ein spezielles Cool-down ausgearbeitet. Hier liefern (wiederum) die Belastungsspitzen erste wichtige Informationen.

- Dominiert z. B. eine **Wurfarmseite** (z. B. Speerwurf rechter Arm) oder eine **Sprungbeinseite** (z. B. Hochsprung linkes Bein) im Training?
- Wurde eher die **Schnell-Kraft** (z. B. fliegende Sprints) oder hingegen die **Mittelzeit-Ausdauer** (z. B. Intervall-Training) trainiert?
- Gibt es (offensichtliche) Defizite in puncto **Kraft** oder **Beweglichkeit** gerade wegen der intensiven Trainingsabläufe?

Einige geeignete Yoga-Übungen für Athleten & Spezialisten

- Das Krokodil (von der Streckung in die Rotation)
- Die Grätsche im Sitzen (von der Beugung in die Rotation)
- Der Drehsitz (von der Streckung in die Rotation)
- Der Krieger 1 (von der Streckung in die Beugung)
- Der Krieger 2 (von der Streckung in die Rotation)
- Der Krieger 3 (von der Streckung in die Beugung)
- Der herabschauende Hund (von der Streckung in die Beugung)

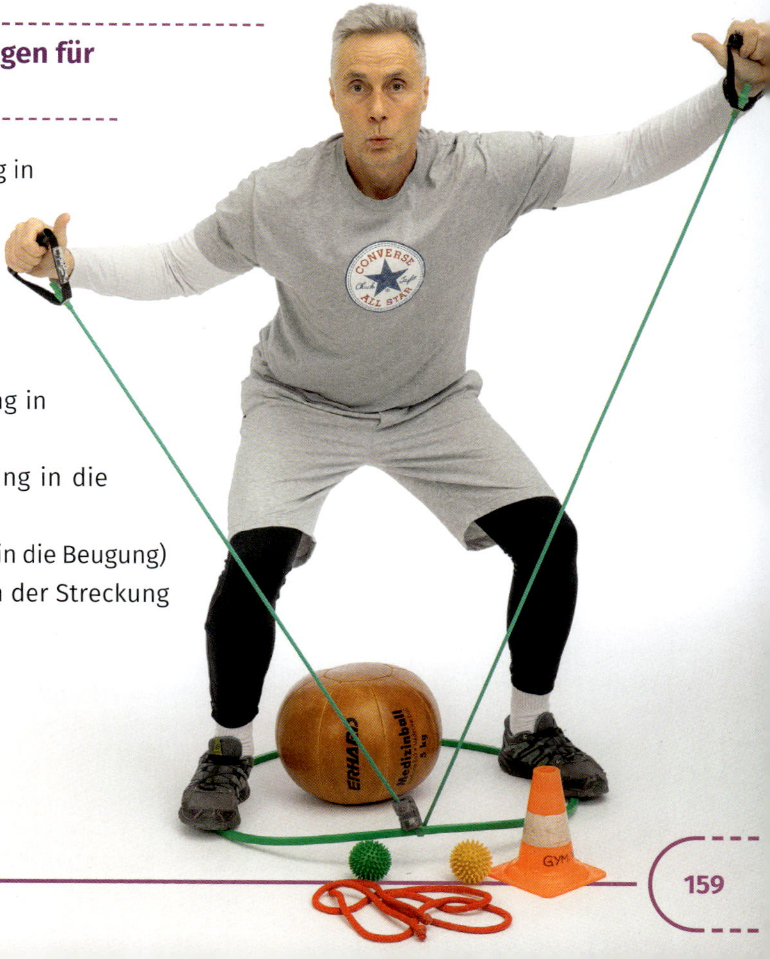

8.3 Cool-down nach einer Schulsportstunde

Die beiden o. g. Beispiele gaben Informationen zu dem (ambitionierten) Leistungssport im Einzel- wie im Teambereich. Hier besteht i. d. R. ein sehr homogenes Ausgangsniveau in puncto Fitness und Athletik.

Dies erleichtert folglich ein Planen von zielgerichteten Abwärm-Einheiten. Im Gegensatz dazu gestaltet sich die klassische Sportstunde als sehr heterogen bzgl. der konditionellen Fertigkeiten, dem kognitiven Anspruch und den sportlichen Vorerfahrungen.

Wenn es gelingt, auch am Ende einer (Doppel-)Sportstunde ein kleines Zeitfenster von ca. fünf Minuten dem Cool-down zu widmen, hat dies vor allem einen positiven Effekt auf die **mentale Entspannung** der Schüler.

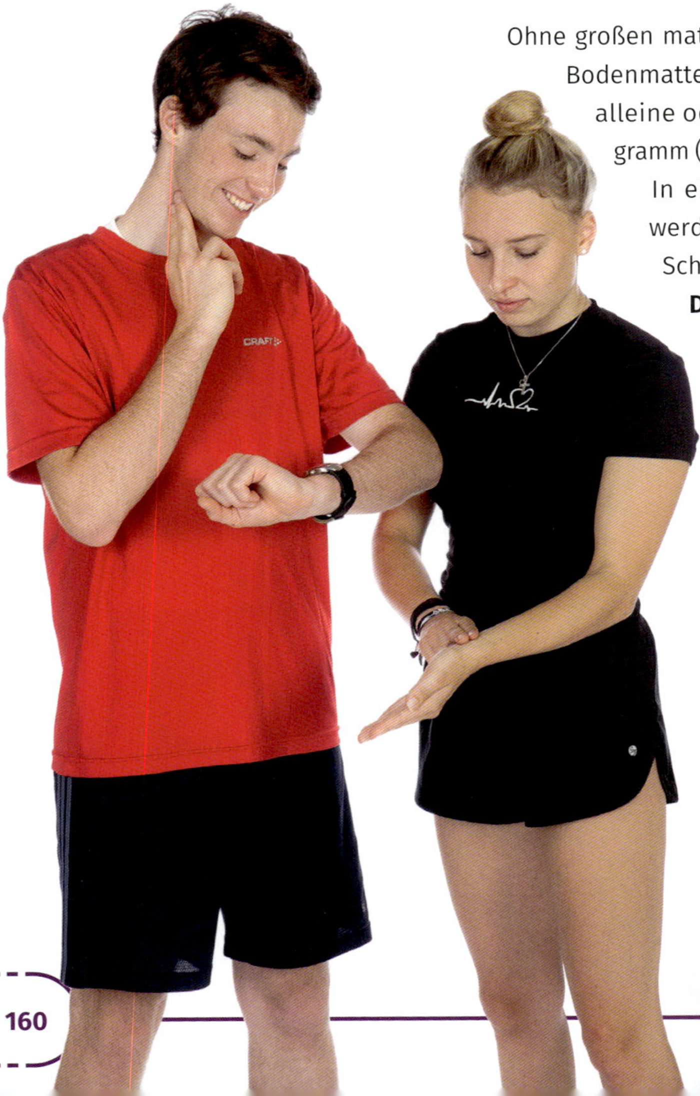

Ohne großen materiellen Aufwand können mit einer Bodenmatte auch jeweils **zwei Schüler** für sich alleine oder miteinander das Abwärm-Programm (stehend, sitzend, liegend) ausführen. In einer Frontal- oder Kreisformation werden von der Sportlehrkraft oder den Schülern (eher) wenige, aber geeignete **Dehn-** und **Atem**-Übungen vermittelt. Die abschließende manuelle **Pulskontrolle** liefert dann noch wichtige Informationen bzgl. Erholung und dient auch stets als Lehrthema.

Einige geeignete Paarübungen im Stehen, Sitzen & Liegen

- **Im Stehen:**
- Arme und Schulter Arme sanft ausklopfen
- Schulter und oberen Rücken sanft ausklopfen
- Oberen und unteren Rücken sanft ausklopfen
- Arme, Schulter und Rücken sanft ausstreichen
- **Im Sitzen:**
- Arme sanft nach hinten führen/ziehen
- Arme sanft nach oben führen/ziehen
- Oberkörper sanft nach vorne führen/drücken, Beine angewinkelt
- Oberkörper sanft nach vorne führen/drücken, Beine gestreckt
- **Im Liegen:**
- beide Beine fassen und sanft seitlich pendeln
- beide Beine fassen und sanft schütteln
- beide Beine fassen und sanft ziehen
- beide Arme fassen und sanft ziehen

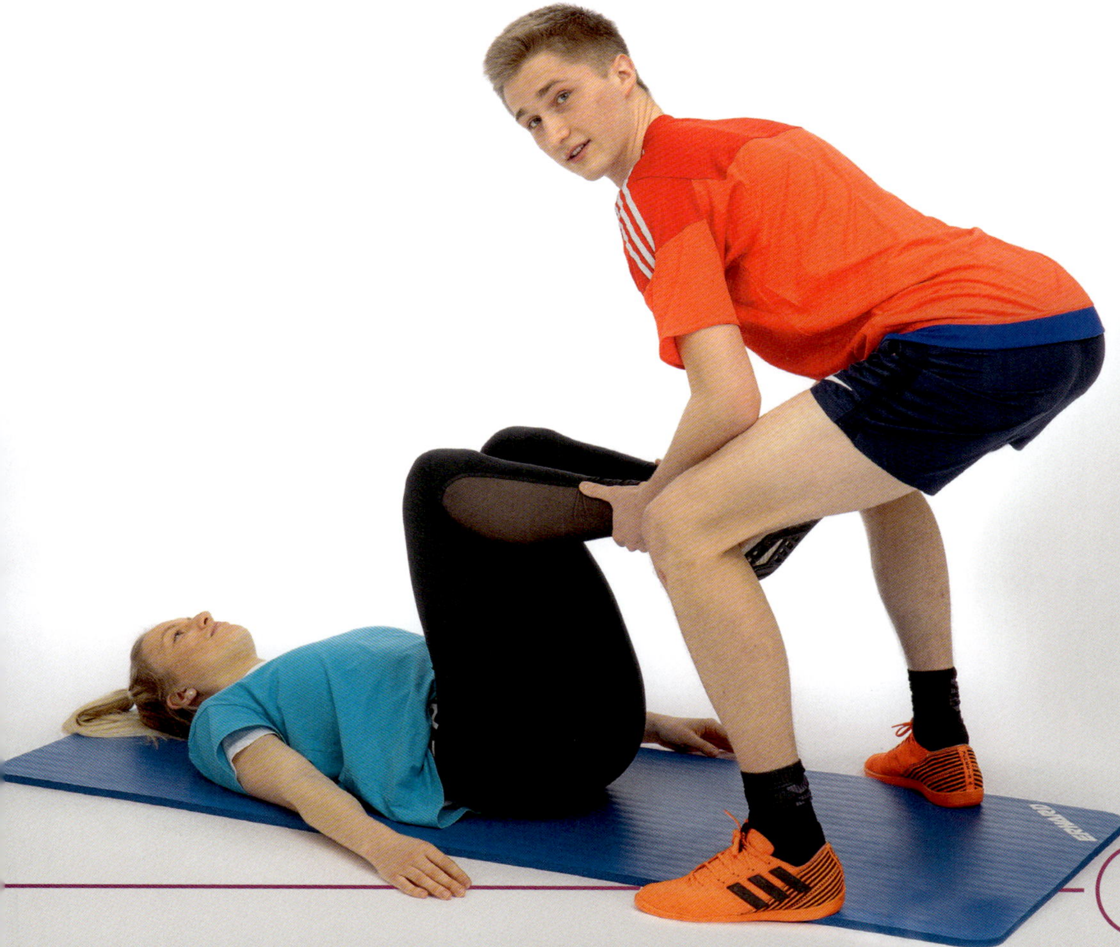

8.4 Cool-down nach Kraft und Ausdauer

Unabhängig von der Zusammensetzung der einzelnen Sportgruppen ist es ebenso von Bedeutung, welche der sport-motorischen Fertigkeiten vorrangig bzw. überwiegend beansprucht wurde. Es ergeben sich dabei signifikante Unterschiede, ob ein Sportler ein intensives, sub-maximales Schnell-Kraft-Training (Intervallmethode) oder nur ein moderates Ausdauer-Training (Dauermethode) absolviert hat.

Der Ausdauerbereich (z. B. Zehn-Kilometer-Lauf) findet dabei (überwiegend) im Bereich der aeroben Glykogen- und Fettverbrennung statt. Durch eine genügende Zufuhr an Sauerstoff (O_2) bewegen sich die Stoffwechselparameter (wie Laktat- und pH-Wert) im Normbereich oder steigen nur kurzzeitig leicht an. D. h. eine leichte Anhäufung von z. B. Laktat (Salz der Milchsäure) auf nur 3–4 mmol/l kann auch während der Belastung immer wieder reduziert und als Energiegewinnung re-synthetisiert werden.

Der Sportler bleibt somit in einem neutralen Milieu, er „übersäuert" nicht. Die Laufbelastung liegt hier bei etwa 75 % seiner max. Herzfrequenz (+/– 5 %).

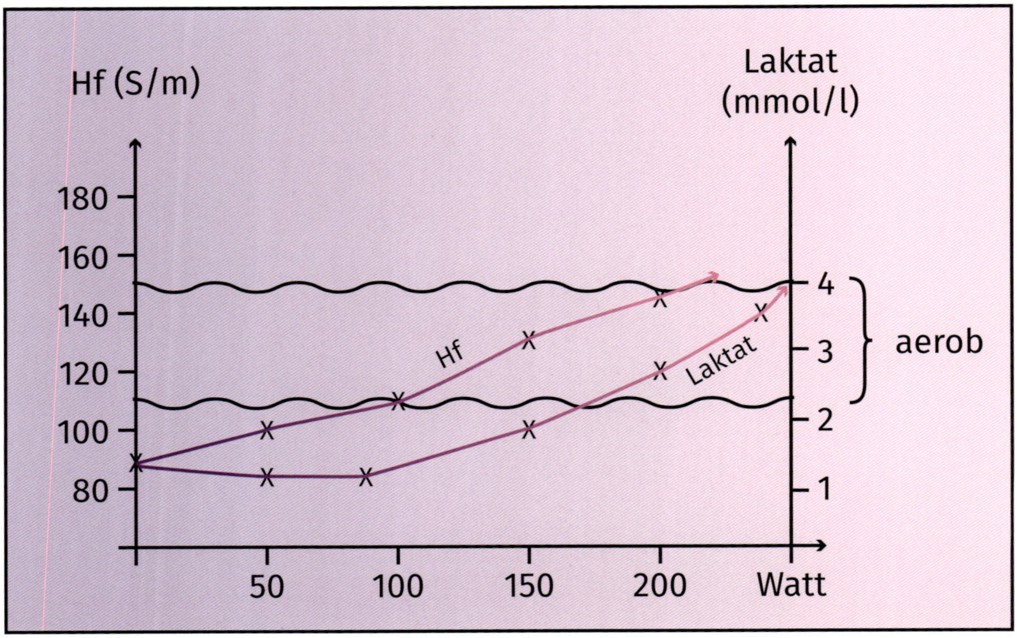

Abbildung 18: Aerobe Belastung

Im Bereich Schnell-Kraft, Explosiv-Kraft und sub-maximalem Krafttraining werden hingegen zum einen in kürzester Zeit enorm hohe Lasten bewegt.
Das Langhantel-Training mit Stoßen und Reißen, die schwere Kniebeuge oder das Kreuzheben sind klassische Beispiele, wo – im Rahmen eines gezielten Muskelaufbau-Programms (Hypertrophie-Training) – mit schwer(st)en Gewichten nur wenige (drei bis sechs) Wiederholungen absolviert werden können.

Aber auch ohne Zusatzlasten erfolgen mit dem eigenen Körpergewicht dann sogenannte **an-aerobe Belastungsspitzen**, wenn der Athlet maximale Sprint- oder Sprung-Übungen (Schnelligkeits-Training oder HIT) durchführt. In beiden Situationen benötigt der Sportler innerhalb von wenigen Sekunden ein Höchstmaß an Energie. Um dies zu gewährleisten, greift der Körper auf die „Superbenzin-Tanks", die Phosphate (ATP und KP) sowie auf die Glykogene (in Muskel und Leber) zurück.
Die Belastung liegt dabei teilweise über **95 %** der maximalen Herzfrequenz. Jedoch entwickeln sich über die Verbrennung vor allem von Glykogen bei zu wenig Sauerstoff (anaerob) stark erhöhte „Abfall-Produkte". Diese Anhäufung von Laktat kann (kurzeitig) zu weit über 6–12 mmol/l (und mehr) führen. Dies wiederum lässt den pH-Wert im Blut in den „sauren" Bereich von weit unter 7,35 (statt 7,40) absinken, wodurch die Enzymaktivität im Muskelstoffwechsel „abgeschnürt" wird. In dieser Situation kann der Körper die Stoffwechsel-Parameter nicht mehr oder nur bedingt wie unzureichend eliminieren. Die Beine werden zunehmend schwerer, es brennt und schmerzt. Der Sportler hat das Gefühl, er „übersäuert".

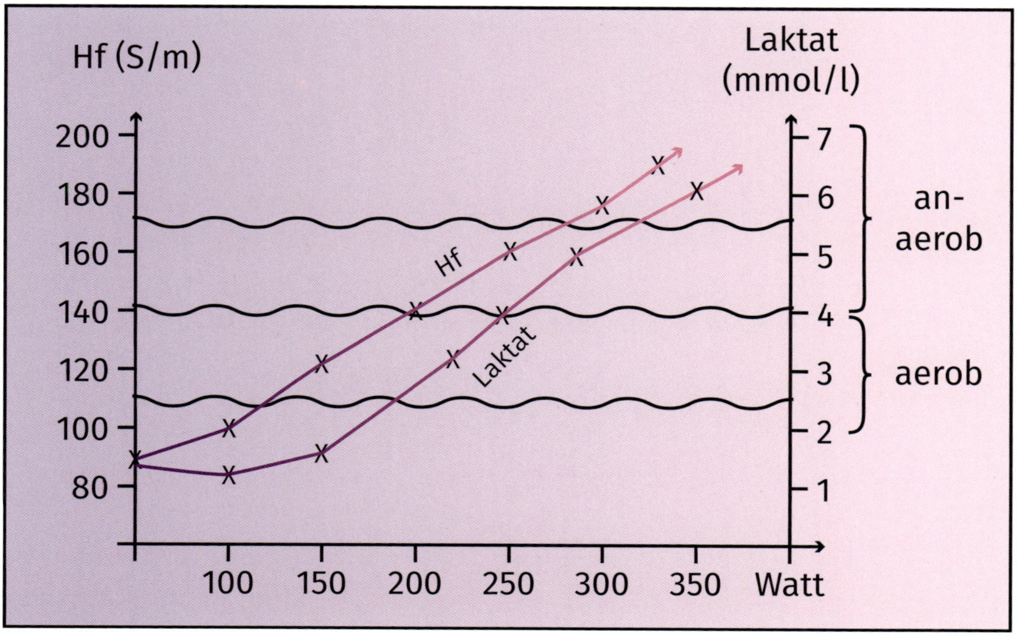

Abbildung 19: An-aerobe Belastung

KAPITEL 9:

TESTEN – MESSEN – PLANEN (B-A-S-KO-K)

In diesem vorletzten Kapitel möchte ich alle Sportlehrer und Vereinstrainer nicht nur informieren, sondern auch ermutigen, den **Ist-Wert** einer körperlichen wie sportlichen Leistung regelmäßig zu testen. Dies aber nicht, wie sonst üblich, nur über die gängige Benotung (z. B. Weitsprung im Sportunterricht oder bei Bundesjugend-Spielen).
Vielmehr geht es um Messverfahren, die alle **fünf** sport-motorischen Teildisziplinen mit Hilfe mehrerer Tests aussagekräftig wiedergeben.
Als Vorlage hierzu dient das Standardwerk, sozusagen die „Bibel aller Tests", von Klaus **BÖS** „Handbuch Motorische Tests" (Hogrefe Verlag, 2001). Aus rund 200 weltweit anerkannten Testverfahren habe ich für jeden konditionellen Teilbereich die **fünf besten Tests** (Top 5!) ausgesucht. Meine Auswahl orientiert sich dabei an drei, gerade für den Sportunterricht, wichtigen Kriterien.

1.) statistisch **genau**, **aussagekräftig** und **vergleichbar**
2.) **praxisnah**, **anwenderfreundlich** und leicht **umsetzbar**
3.) **Eigendynamik** und **Mitarbeit** der Schüler beim Testen

Zu 1.) Jeder Test muss exakte Werte liefern. Dafür bedient man sich der **objektiven** Einheiten wie Meter und Zentimeter, Minuten und Sekunden sowie Herzfrequenz in Schläge pro Minute (S/m).
Ergänzt werden diese durch das **subjektive** Anstrengungsempfinden (RPE) nach G. **BORG**, genannt die Borg-Skala (hier: 1 bis 6). Neben der guten Aussagekraft i. S. eines Ist-Wertes sollte dieser mit sogenannten Referenzwerten stets verglichen werden. Zum einen kann man hierbei auf die Vorgaben z. B. für Ausdauer- oder Sprint-Zeiten je Jahrgangsstufe zurückgreifen. Zum anderen ergibt es Sinn, innerhalb der jeweiligen Sportklasse oder der Fußball-Mannschaft die gewonnen Werte gegeneinander, also **inter-individuell**, zu vergleichen (Rangliste).
So starten z. B. zu Beginn des Schuljahres die Schüler einer fünften Klasse mit (nur) **acht** Liegestütze (im Mittel). Durch das wöchentliche Üben im Sportunterricht und die „kleinen Hausaufgaben" (z. B. zehn Liegestütze täglich) lässt sich bis zum Halbjahreszeugnis (> fünf Monate) ein messbarer Erfolg verbuchen.

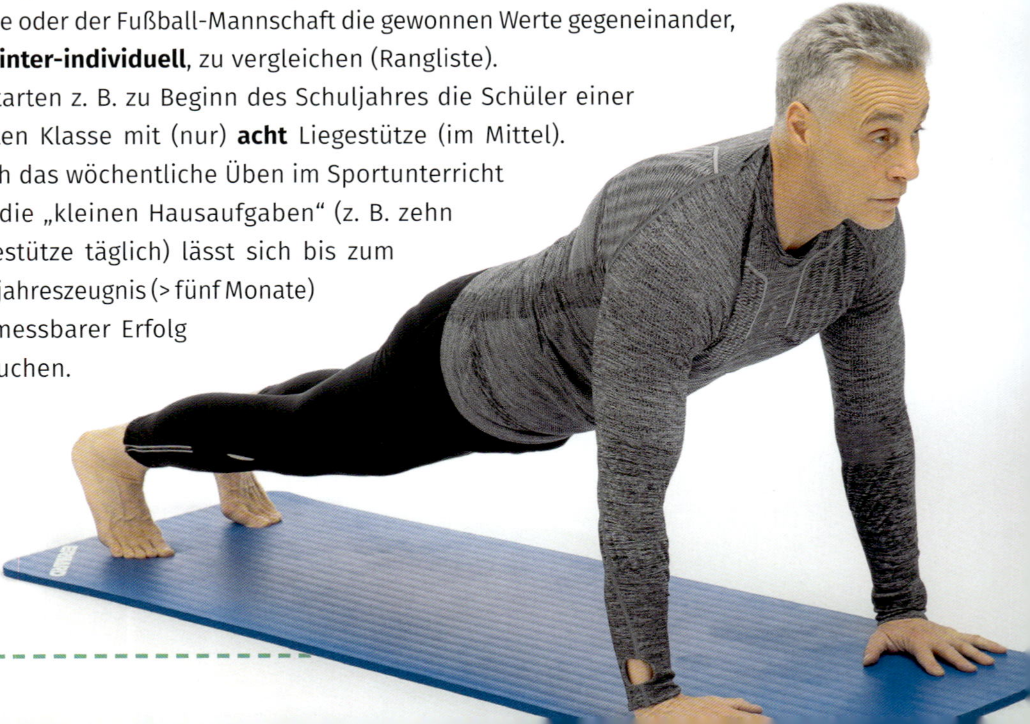

Im Durchschnitt haben sich die Schüler (mind.) auf **25** Liegestütze verbessert. An diesem Beispiel lässt sich sehr gut erahnen, dass es nicht nur um eine (körperliche) Kraftverbesserung geht. Hier wird „das Mittel zum Zweck". Die Schüler vergleichen sich untereinander, sehen, beobachten und tauschen sich aus. Dies hat i. d. R. auch stets einen motivierenden und zielführenden Effekt (edukative Ebene).

Zu 2.) Alle zur Auswahl vorgestellten Tests sind innerhalb einer Doppelstunde Sport sehr leicht anzuwenden. Ohne großen Materialaufwand lassen sich die einzelnen Verfahren auch mit großen Gruppen gut umsetzen. Dabei wählt die Lehrkraft nur einen Bereich (z. B. Beweglichkeit oder Koordination) als Hauptthema für die kommenden Sportstunden aus und schult, ergänzend zu den Messverfahren, die Schüler mit Übungen sowie (theoretischen) Informationen zur Beweglichkeit oder zur Koordination. Durch die Nähe zur Praxis, man spricht auch von einem Feldtest-Verfahren (gegenüber dem Labor-Test), lassen sich alle Einzel-Tests auch im Sport gut integrieren. Somit bleibt es nicht nur bei einer für sich alleinstehenden Test-Übung, sondern diese kann auch als (ähnliche) Trainingsmaßnahme (z. B. Unterarmstütz oder Bankwaage) jederzeit weiter verwendet werden.

Zu 3.) In der Physiotherapie und Orthopädie erfolgt die Testanwendung im „1-zu-1-Verfahren". Mit Hilfe von Messverfahren wie z. B. Test nach **OTT** oder **SCHOBER** (BWS-LWS) und **DEBRUNNER** (Neutral-Null-Methode) ermittelt der Therapeut und Arzt die momentane Beweglichkeit der Gelenke. Neben dem Fachwissen hilft die jahrelange Praxis für eine schnelle Umsetzbarkeit.
Im Sportunterricht sollen hingegen auch die Schüler in die Testung mit eingebunden werden. Daher wurden auch unter diesem Aspekt Übungen ausgewählt, die in Kleingruppen oder paarweise anwendbar sind. Dies fördert nebenbei auch das Miteinander und ein verantwortungsvolles Arbeiten (Dokumentation).

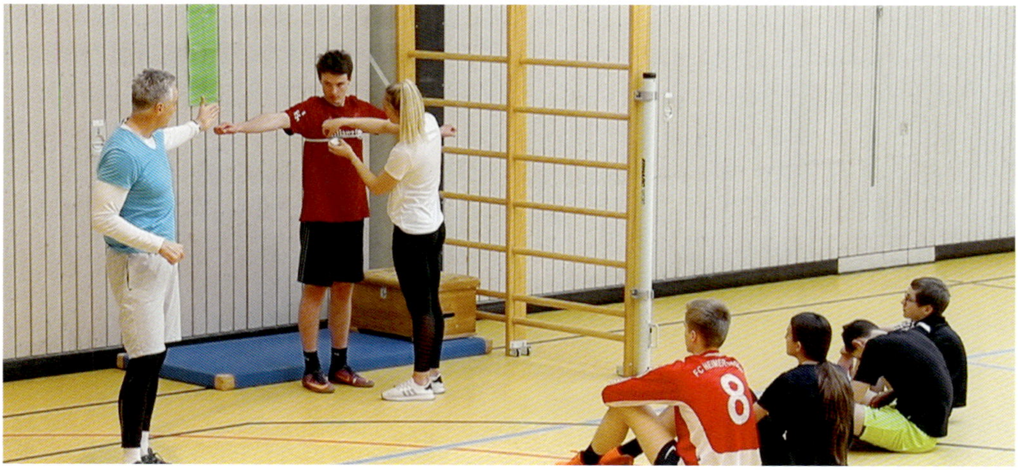

Als Ergebnis all der oben genannten wichtigen wie praxisrelevanten Kriterien insbesondere für Schule und Verein wurde der sogenannte **BASKOK**-Test© entworfen.
Das **B-A-S-Ko-K**-Testverfahren (**B**eweglichkeit-**A**usdauer-**S**chnelligkeit-**Ko**ordination-**K**raft) dient zum einen dazu, die einzelnen konditionellen Teilbereiche zu analysieren bzw. zu messen. Zum anderen dient das (aktuelle) Ergebnis dazu, einen Trainingsplan erstellen zu können.
Denn bereits bei den „Erst-Test-Verfahren" können kleine Defizite oder Schwächen (z. B. zu geringe Rumpfkraft) offensichtlich werden. Gleiches gilt auch z. B. für die Grundlagen-Ausdauer einer Fußball-Mannschaft (C-Jugend). Fällt diese (hier: zweimal 30 Minuten) im Vergleich zu den gegnerischen Teams zu schwach aus, können verstärkt technische Fehler oder gar kleinere Verletzungen gegen Ende eines Spiels auftreten.

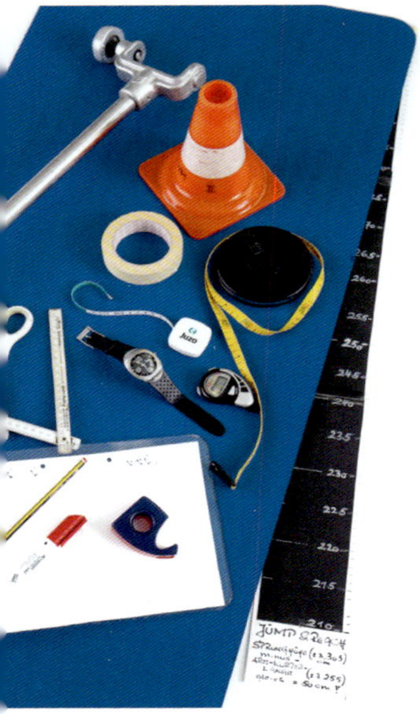

Die notwendigen Materialien hierzu sind wie folgt:

- eine Stoppuhr
- ein Maßband (bis fünf Meter)
- ein Zollstock oder ein Lineal (> 30 cm)
- eine Langbank
- eine Reckstange
- zwei Turn-Kästen
- eine Sprossenwand
- eine Matte
- ein Schreibstift
- eine Schreibunterlage
- vier Hütchen oder vier Pylonen
- ein Klebeband

Übersicht des B-A-S-Ko-K-Testverfahrens

→Kopiervorlage bzw. Beispiel für Ihre Dokumentation←

I.	**Beweglichkeits-Test**	**Beweglichkeit**	
Nr.	Übung (gemeinsam)	Abstand (in cm)	Borg (1–6)
1	Atemdifferenz-Wert (stehend)		
2.	Arm-Wand-Abstand (stehend)		
3.	Finger-Boden-Abstand (stehend)		
4.	Finger-Wand-Abstand (sitzend)		
5.	Hüft-Beugung (liegend)		
Trainingsziel für Beweglichkeit		→	

II.	**Ausdauer-Test**	**Ausdauer**		
Nr.	Übung (wahlweise)	Zeit/Runde	Hf (S/m)	Borg (1–6)
1.	Individual-Test (Zeit/Runde)			
2.	12-Minuten-Lauf (Cooper-Test)			
3.	1.000-Meter-Lauf (Schüler)			
4.	800-Meter-Lauf (Schülerinnen)			
5.	2.000-Meter-Walking-Test			
Trainingsziel für Ausdauer		→		

III.	**Schnelligkeits-Test**	**Schnelligkeit**			
Nr.	Übung (gemeinsam)	Zeit	Wh	cm	Borg (1–6)
1.	Jump & Reach (beidbeinig)				
2.	Weitsprung/fast hop (beidbeinig)				
3.1	Diagonal-Sprung (einbeinig rechts)				
3.2.	Diagonal-Sprung (einbeinig links)				
4.	Viereck-Sprint (außen – 30 Sek.)				
4.	Mitte-Eck-Sprint (mittig – 30 Sek.)				
Trainingsziel für Schnelligkeit		→			

IV.	**Koordinations-Test**	**Koordination**			
Nr.	Übung (gemeinsam)	Note	Rechts	Links	Borg (1–6)
1.	Vierfüßler (ipsilateral – 30 Sek.)				
2.	Unterarmstütz (ipsilateral – 30 Sek.)				
3.	E nbeinstand (Arm und Bein – 30 Sek.)				
4.	Einbeinstand-Waage (30 Sek.)				
5.	Hopserlauf (vor und zurück – 30 Sek.)				
Trainingsziel für Koordination		→			

V.	**Kraft-Test**	**Kraft**			
Nr.	Übung (gemeinsam)	Wh	Rechts	Links	Borg (1–6)
1.	Klimmzüge (schräg – 30 Sek.)				
2.	Seitstütze (lang – 30 Sek.)				
3.	Liegestütze (lang – 30 Sek.)				
4.	Kniebeuge einbeinig (30 Sek.)				
5.	Beinheben (lang – 30 Sek.)				
Trainingsziel für Kraft		→			

9.1 Test für Beweglichkeit (B-A-S-Ko-K)

Die fünf einzelnen Messverfahren testen die aktive Beweglichkeit der „verkürzten“ Muskelketten auf der **Beinrückseite** und im **Schulter-/Brust-**Bereich sowie der **mittleren** (BWS) und der **unteren** (LWS) **Wirbelsäule**.
Für ein gutes Ergebnis sollten hier alle **fünf** Tests gemeinsam/zusammen ausgeführt werden. Organisatorisch bietet sich hier ein Fünf-Stationen-Zirkel an. Jeweils in einer Kleingruppe oder paarweise lassen sich die einzelnen Tests (ohne vorgegebene Reihenfolge) miteinander durchführen.

Als Material benötigen wir:

- ein flexibles Maßband
- ein starres Maßband oder ein Lineal
- eine Bodenmatte
- einen Kasten oder eine Langbank
- eine Schreibunterlage und einen Stift

Test 1: Mittlere (BWS) Wirbelsäule – Atemdifferenz (ADW)
Der Atemdifferenz-Wert liefert eine gute Aussagekraft über die Beweglichkeit im **Brustwirbelabschnitt** (BWS/thorakale WS). Dabei erfolgt die Messung mit Hilfe eines flexiblen Messbandes. Dieses wird auf Höhe des Brustbeins (Sternum) um den Körper gelegt und leicht gestrafft. Der Start beginnt mit einer maximalen **Einatmung** (z. B. 95 cm Umfang), das Ende mit einer maximalen **Ausatmung** (z. B. 89 cm Umfang). Die Atemdifferenz von **+ 6 cm** stellt hierbei ein sehr gutes Ergebnis dar.

↓

Test 2: Schulter-Brust-Muskulatur – Arm-Wand-Abstand (AWA)
Die Messung des **Arm-Wand-Abstands** (AWA) erfolgt stehend und mit dem Rücken zur Wand. Dieser Test ergibt eine gute Bewertung bzgl. der Beweglichkeit im Bereich der **Arm-SchulterBrust-Muskulatur.** Auf Brusthöhe werden die Arme gestreckt und mit dem Daumen nach oben (Handrücken zur Wand) seitlich bis zur Wand geführt. Ohne eine Ausweichbewegung (gerade Lotposition) wird der **Fersenabstand** zur Wand gemessen. Je größer der Abstand (z. B. **+ 20 cm**), desto besser die aktive Beweglichkeit der Arm-Schulter-Brust-Muskulatur.

↓

Test 3: Beinrückseite und untere Wirbelsäule – Finger-Boden-Abstand (FBA)
Mit dem Test **Finger-Boden-Abstand** (FBA) im Stehen wird sowohl die Beweglichkeit der **hinteren** (dorsalen) **Beinmuskulatur** sowie auch die Beweglichkeit der **unteren** (lumbalen) **Wirbelsäule** erfasst.
Auf einem Kasten oder einer Langbank stehend, wird bei gestreckten Beinen der Oberkörper nach **vorne-unten** gebeugt. Je geringer der Abstand (z. B. **– 5 cm**) ausfällt, desto besser die Beweglichkeit. Da viele Schüler und junge Sportler sich über den Kasten hinaus tiefer vorbeugen können, werden Werte ab der Kante (= **0 cm**) und weiter mit (z. B. **+ 6 cm**) dokumentiert.

↓

Test 4. Beinrückseite und untere Wirbelsäule – Finger-Wand-Abstand (FWA)
Ähnlich dem FBA-Test liefert der **Finger-Wand-Abstands-Test** (FWA) im Sitzen gute Werte für die Beweglichkeit der **hinteren** (dorsalen) **Beinmuskulatur** sowie der **unteren** (lumbalen) **Wirbelsäule**. Dabei werden die Fußsohlen mit gestreckten Beinen leicht an die Wand oder den Kasten gedrückt. Der Oberkörper wird mit den Armen nach vorne gebeugt. Je geringer der Abstand (z. B. **– 5 cm**) zur Wand ausfällt, desto besser die Beweglichkeit.
Der Vorteil dieser Variante besteht darin, dass Ausweichbewegungen über das Beugen im Kniegelenk besser kontrolliert werden können. Auch hier können viele Schüler und junge Sportler mit den Fingern den Kasten berühren (= **0 cm**) bzw. über den Kasten hinaus sich weiter vorbeugen (z. B. **+ 6 cm**).

↓

Test 5: Hüftbeugung und Beinrückseite
Dieser Test ermittelt die Beweglichkeit an der **hinteren** (dorsalen) **Beinmuskulatur** (z. B. linke Beinseite) und gleichzeitig an der **vorderen** (ventralen) **Hüft-/Beinmuskulatur** (auf der rechten Beinseite).
Auf einer Bodenmatte seitlich zur Wand wird im Liegen (rücklings) das (wandnahe) Bein gestreckt und ohne Zuhilfenahme der Hände, also aktiv, über die hüftbeugende Muskelkette angehoben. Das Gegenbein liegt ebenso gestreckt auf der Matte. Auf Höhe der Ferse wird der Abstand zur senkrechten Wandlinie (= **0 cm**) gemessen. Im Links-rechts-Vergleich wird die Beweglichkeit ermittelt (z. B. links **+ 3 cm**/rechts **– 3 cm**).

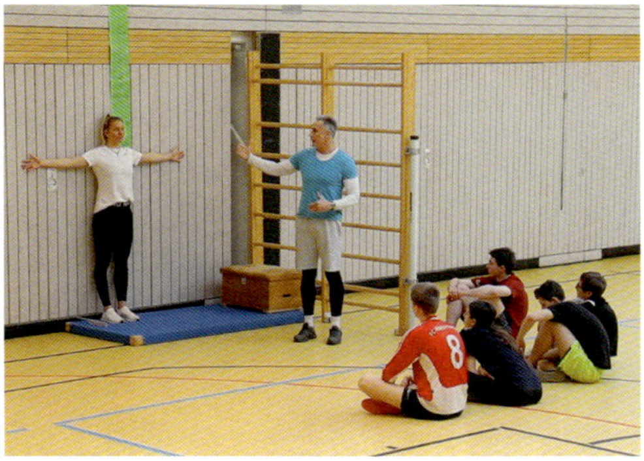

9.2 Test für Ausdauer (B-A-S-Ko-K)

Die fünf vorgestellten Testverfahren orientieren sich nach Alter, Geschlecht, Belastbarkeit sowie Zielsetzung und werden jeweils für sich **alleine** angewendet. Als wichtigstes Kriterium ist die Messung der **Herzfrequenz** in Schläge pro Minute (S/m) in Bezug zur **Strecke** (400 Meter bis 3.200 Meter) und einer vorgegebenen **Zeitspanne** (von 90 Sekunden bis 12 Minuten). Der jeweilige Ausdauer-Test sollte in einer großen Gruppe oder Mannschaft auf einer 400-Meter-Bahn durchgeführt werden.

Als Material benötigen wir:

- eine Stoppuhr
- eine 400-Meter-Laufbahn (Tartan/Asche) oder alternativ
- eine Laufstrecke mit gültigen Maßen (z. B. 100 Meter/1 km)
- eine Schreibunterlage und einen Stift

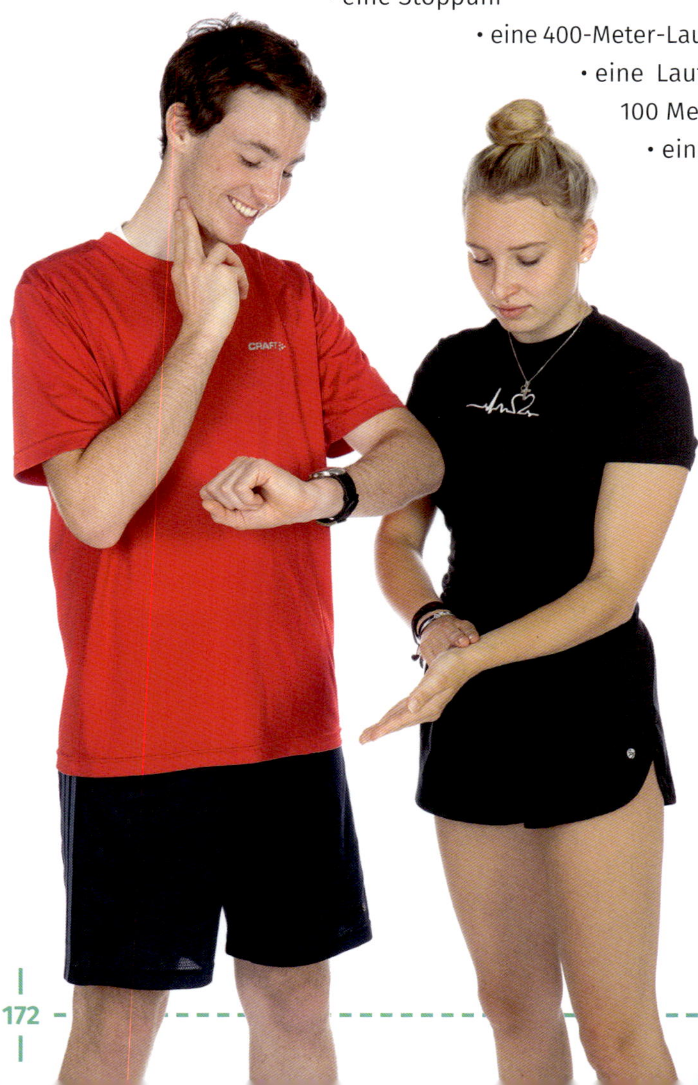

Kopiervorlage für Ausdauer-Tests	
Name:	**Vorname:**
Alter:	Klasse:
Körpergröße (cm):	Gewicht (kg):
BMI (kg/cm²):	BROCA (cm minus 100):
Sportlichkeit (1 bis 6):	Sporthäufigkeit/Woche (1- bis 7-mal):
Deine Ziele durch Sport:	Dein Lieblingssport:

Nr.	**Zeit/1 Runde (400 Meter)**	**Zeit/2 Runden (800 Meter)**	**Herzfrequenz (S/m)**	**Borg (1–6)**
1.	03:20“	06:40“		
2.	03:00“	06:00“		
3.	02:40“	05:20“		
4.	02:20“	04:40“		
5.	02:00“	04:00“		
6.	01:40“	03:20“		
7.	01:20“	02:40“		
Ende	Messung nach **1** Minute:			
Ende	Messung nach **5** Minuten:			

Ergebnis	**Dein individuelles Lauftempo**	**Deine THF (S/m)**	**Dein Borg (1–6)**

12-Minuten-Cooper-Test				
Datum	**Anzahl der Runden**	**Meter Kilometer**	**Herzfrequenz (S/m)**	**Borg (1–6)**

1.000-Meter-Lauf				
Datum	**1.000 (Meter)**	**Zeit (Min./Sek.)**	**Herzfrequenz (S/m)**	**Borg (1–6)**

800-Meter-Lauf				
Datum	**800 (Meter)**	**Zeit (Min./Sek.)**	**Herzfrequenz (S/m)**	**Borg (1–6)**

2.000-Meter-Walking-Test				
Datum	**2.000 (Meter)**	**Zeit (Min./Sek.)**	**Herzfrequenz (S/m)**	**Borg (1–6)**

Test 1: Individual-Test

Es werden stets **zwei** Runden (= 800 Meter) gelaufen. Das Lauftempo wird von der Sportlehrkraft oder dem Trainer vorgegeben. Die erste Rundenzeit startet mit **03:20** Minuten je 400 Meter (= 200 Sek./R.), also **06:40** Minuten für **zwei Runden** bzw. 800 Meter. Danach wird die Herzfrequenz (S/m) ermittelt (Messung am Unterarm oder am Hals) und mit dem subjektiven Belastungsempfinden **BORG** (1–6) notiert.

Die **nächste** Rundenzeit wird mit **03:00** Minuten, also 20 Sekunden schneller, absolviert. Bei zwei Runden ergibt sich eine Zeit von sechs Minuten. Zur guten Orientierung werden somit die 100 Meter jeweils um ca. fünf Sekunden schneller gelaufen. Nach der Messung von Herzfrequenz und BORG-Wert folgt die **dritte** Etappe mit einer Rundenzeit von **zwei** Minuten und **40** Sekunden (= 02:40“) bzw. 05:20“ für zwei Runden. Im **vierten** Durchgang wird dann die Runde in 02:20“ (04:40“/2 R.) gelaufen. Die **fünfte** Steigerung ergibt eine Rundenzeit von genau **zwei** Minuten (bzw. 800 Meter in vier Minuten). Diese Rundenzeit von exakt 02:00“ ergibt auf 1.000 Meter (= 2 ½ Runden) ein Lauftempo von **fünf** Minuten/km bzw. **12** km pro Stunde.

Die Formel hilft dabei bei der Umrechnung:

Strecke (s) / Zeit (t) * 3,6 (km/h)

Beispiel 1: **400** Meter (= 1 Runde) : **120** Sekunden (= 2 Minuten)
= **3,3 m/s**
× **3,6** (= Umrechnung in km)
= **12 km/h** Lauftempo bzw.
= **05:00 Minuten** pro Kilometer

Beispiel 2: **400** Meter (= 1 Runde) : **180** Sekunden (= 3 Minuten)
= **2,2 m/s**
× **3,6** (= Umrechnung in km)
= **8 km/h** Lauftempo bzw.
= **07:30 Minuten** pro Kilometer

(Eine Minute entspricht 60 Sekunden. Eine Stunde entspricht 60 Minuten. Somit 3.600 Sekunden je einer Stunde (60 Sekunden × 60 Minuten). Folglich gilt von Meter/Sekunde zu Kilometer/Stunde der Umrechnungsfaktor ***3,6****).*

Als wichtige Orientierung für das **individuell** richtig dosierte Ausdauer-Lauftempo gilt der Abgleich über die Formel nach **BAUM**, **HOLLMANN** und **ROST**:

180 S/m minus Lebensalter

Für einen **15** Jahre jungen Schüler ergibt dies **165 S/m** (zzgl. der BORG-Bewertung von 3–4 für normal bis etwas schwer/anstrengend).
Hingegen bedeutet dies für einen **55** Jahre (älteren) Teilnehmer eine Ausdauer-Belastung von nur **125 S/m**, auch als Trainingsherzfrequenz (THF 125 S/m) beschrieben.

↓

Test 2: 12-Minuten-Lauf (nach K. COOPER/Cooper-Test)
Innerhalb einer Zeit von **zwölf Minuten** soll eine maximal weite Distanz in einem (möglichst) konstanten Tempo zurückgelegt werden. Dieser Test wurde von dem Amerikaner K. **COOPER** bereits in den 1970er Jahren als Ausdauer-Test für die Soldaten entwickelt.
Hierzu dient wieder die **400-Meter**-Bahn oder eine markierte Strecke. In der Dreifach-Turnhalle kann mit Pylonen oder Turnmatten hinter den vier Eckpunkten des Handball-Feldes (rote Linien) eine Rundenstrecke von etwa **130** Meter absteckt werden. Bei **drei** Runden entspricht dies einer (annähernd gleichen) Strecke von **400** Meter.
Gute Distanzwerte liegen bei **2.800 Meter** (= 7 Runden/12 Minuten).
Dies entspricht einer schnellen Rundenzeit von **01:30**“ je 400 Meter.

↓

Test 3: 1.000-Meter-Lauf (Jungen/Schüler)
Vorrangig für Schüler wird die 1.000-Meter-Distanz, analog zweieinhalb Runden zu 400 Meter, angewendet (Abitur oder Eignungstest für das Sportstudium). Sehr gute Laufzeiten liegen hier bei **03:00**“ und benötigen dafür ein **Sprinttempo** von unter **70** Sekunden je Runde. Diese sehr gute Laufzeit entspricht der Abitur-Note 1 bzw. 15 Punkte.

↓

Test 4: 800-Meter-Lauf (Mädchen/Schülerinnen)
Vorrangig für Schülerinnen wird die 800-Meter-Distanz, also genau zwei Runden, gewählt. Auch hier gelten Zeiten unter **02:40**“ als sehr gut und ergeben für das Abitur 15 Punkte. Hierfür muss die Sportlerin mit unter **80** Sekunden je Runde sprinten.

↓

Test 5: 2.000-Meter-Walking-Test (Ältere Teilnehmer)
Dieser Walking-Test ist eher für ältere Teilnehmer (z. B. Präventions-Kurs oder Gesundheitssport) geeignet. Aber auch für Schülerinnen stellt dieser eine gute Alternative zum Laufen dar. Dabei werden **fünf** Runden (= 2.000 Meter) in einem möglichst zügigen Walking-Tempo zurückgelegt. Gute Rundenzeiten liegen bei **03:15**“ und ergeben etwa **16** Minuten zu fünf Runden bzw. bei 2.000 Meter.

↓

Tipp

Bei allen **fünf** (unterschiedlichen) Tests bietet es sich an, immer zu Beginn, also **vor** dem Start, die Herzfrequenz zu messen (z. B. 80 S/m). Ebenso direkt **nach** dem Zieleinlauf (< eine Minute) und nach fünf Minuten (Erholungswert) inkl. dem BORG-Wert. In den letzten Jahren hat sich die punktgenaue Messung der Herzfrequenz durch Puls-Uhren/Fitness-Tracker technisch deutlich verbessert.

Die Firma **POLAR®** bietet auch für große Teams ein sogenanntes Monitoring über ein Tablet an. Hier lassen sich bis zu 20 Teilnehmer gleichzeitig „pulsen“ und kontrollieren.

9.3 Test für Schnelligkeit (B-A-S-Ko-K)

Die fünf vorgestellten Testverfahren ermitteln neben der **Sprint-Schnelligkeit** auch die (vertikale und horizontale) **Sprungkraft**.
Auch hier empfiehlt sich die Anwendung **aller Tests zusammen**.
In einem Fünf-Stationen-Betrieb lassen sich die einzelnen Stationen in der Turnhalle mit genügend Abstand gut verteilen.

Als Material benötigen wir hierfür:

- eine Stopp-Uhr
- ein Maßband über fünf Meter
- ein Maßband (Zollstock) ab zwei Meter an der Wand hoch
- vier Hütchen oder vier Pylonen
- eine Schreibunterlage und einen Stift

Test 1: Jump & Reach
Ab genau **zwei Meter** Höhe wird ein Maßband oder Zollstock fixiert.
Seitlich an der Wand stehend (links wie rechts), wird die Höhe bei gestrecktem Arm (z. B. **245 cm**) notiert. Mit einem explosiven Sprung aus leicht gebeugten Knien erfolgt ein Antippen an der Wand (z. B. **285 cm**). Somit ergibt sich eine gute Sprunghöhe von **+ 40 cm**.

↓

Test 2: Beidbeiniger Weitsprung (fast hop)
Bei diesem explosiven **Standweitsprung** werden die Arme bewusst mit eingesetzt. Aus einer mittleren Kniebeuge wird nach weit vorne gesprungen. Entlang einer Linie (z. B. Volleyball-Seitenlinie) wird ein **Zehn-Meter**-Maßband gelegt. Startpunkt sind beide **Fußspitzen** an der Grundlinie, Endpunkt beide **Fersen** (z. B. + **236 cm**). Wahlweise lassen sich auch **drei** schnelle Sprünge nacheinander absolvieren (z. B. + **685 cm**).

↓

Test 3. Einbeiniger Diagonalsprung
Entlang einer Linie (z. B. Volleyball-Grundlinie mit genau neun Metern) wird **einbeinig diagonal** (im Zick-Zack-Muster) hin und wieder zurück gesprungen. Dies so häufig wie möglich innerhalb von **30** Sekunden. Im Links-rechts-Vergleich lassen sich die zurückgelegten Meter und die absolvierten Sprünge gegeneinander bestimmen (z. B. linkes Bein mit **45 Meter** bei **28 Sprüngen** gegenüber rechtem Bein mit **42 Meter** bei **25 Sprüngen**). Die Seitendifferenz (hier: drei Meter und drei Sprünge) gibt eine gute Auskunft über die (unterschiedliche) Sprungkraft.

↓

Test 4: Viereck-Sprint
Um ein halbes Volleyballfeld (blaue Linie mit 9 mal 9 Meter) werden vier Hütchen/Pylonen aufgestellt. Von links unten (linke Ecke Grundlinie) wird mit einer schnellen Umrundung außerhalb des Feldes gestartet. Dabei bleibt die Blickrichtung immer nach vorne gerichtet. Somit erfolgt die erste Neun-Meter-Gerade nach **vorne**, dann seitlich nach **rechts**, dann **rückwärts** nach hinten und zuletzt seitlich nach **links**. Es wird also im Uhrzeiger-Sinn (↻) gesprintet. Innerhalb von **30** Sekunden müssen so viele Runden wie möglich absolviert werden (z. B. zweieinhalb Runden gleich 10 mal 9 Meter gleich **90 Meter**).

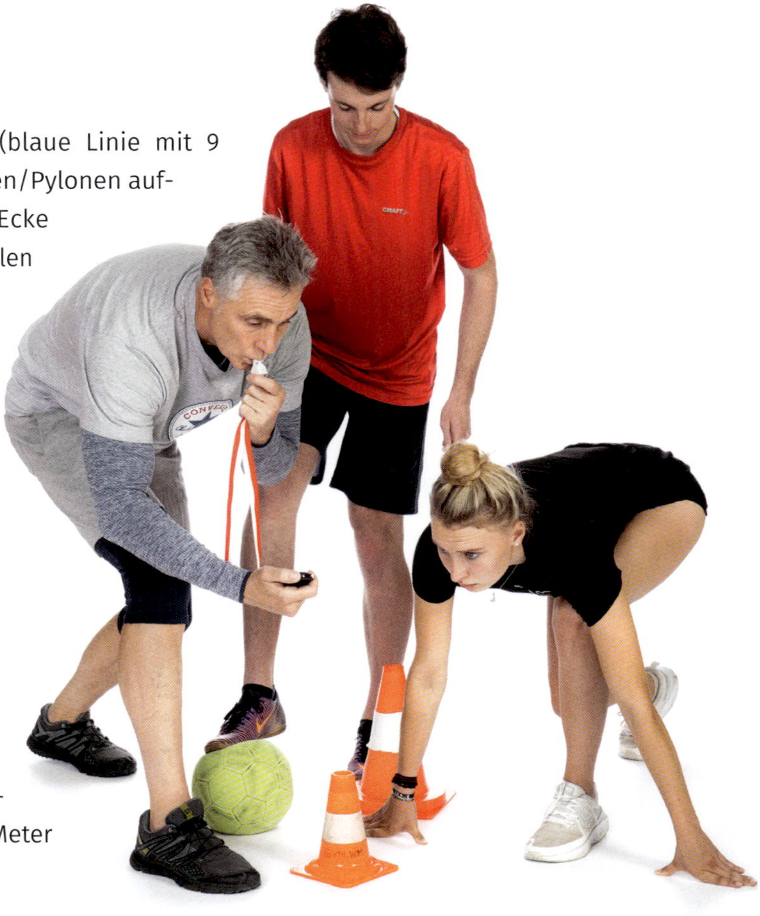

↓

Test 5: Mitte-Ecke-Sprint

Um ein halbes Volleyball-Feld (blaue Linien mit 9 mal 9 Meter) werden an den vier Eckpunkten vier Hütchen/Pylonen aufgestellt.

Von der Mitte aus wird mit einem schnellen Sprint zu einem Eckpunkt hin und wieder zurück zur Mitte gesprintet. Innerhalb von **30** Sekunden sollen so viele wie mögliche Berührungen der Eckpunkte erreicht werden (z. B. **17 Wh.**). Dabei darf ein Eckpunkt nicht zweimal hintereinander angepeilt werden.

9.4 Test für Koordination (B-A-S-Ko-K)

Die folgenden fünf Testverfahren versuchen, die **Koordination** (i. S. eines optimalen Zusammenspiels aller notwendigen Muskeln) sowohl **dynamisch** wie auch **statisch** zu erfassen. Da ein Messen über Zeit (Minuten/Sekunden) pro Strecke oder Sprunghöhe (Meter/Zentimeter) hier nicht möglich ist, bedient man sich der vergleichenden **Beobachtung** und einer Benotung (von 1 bis 6). Für eine gute/objektive Bewertung sollten alle **fünf Tests** im Rahmen eines Fünf-Stationen-Zirkels sowie in Kleingruppen oder paarweise durchgeführt werden.

Als Material benötigen wir:

- eine Stopp-Uhr
- ein Maßband
- eine Bodenmatte oder eine Turnmatte
- eine Schreibunterlage und einen Schreibstift

Test 1: Vierfüßler gleichseitig (ipsi-lateral)

Im klassischen „Vierfüßler-Stand“ werden sowohl das rechte Bein und der rechte Arm (gleichseitig) gestreckt. Dabei darf das Becken nicht mit nach links wegkippen. Innerhalb von **30** Sekunden wird die **Stützsicherheit** und die **Rumpfstabilität** in einer Note (1–6) gegenüber der linken Arm-Bein-Seite bewertet (Links-rechts-Vergleich).

↓

Test 2: Unterarmstütz gleichseitig (ipsi-lateral)

Im langen Unterarmstütz (Plank) erfolgt ebenso das Anheben und Strecken von rechtem Bein und rechtem Arm. Auch hier ist auf eine horizontale Position ohne Wegkippen der Hüfte nach links zu achten. Innerhalb von **30** Sekunden wird die **Stützsicherheit** und die **stabile Rumpfposition** gegenüber der linken Seite als Note (1–6) gewertet.

↓

Test 3: Einbeinstand mit Arm- und Beinbewegung

Auf dem rechten Bein (Standbein) stehend, wird das linke Spielbein im 90-Grad-Winkel (Hüfte und Knie) angehoben. Beide Arme werden seitlich auf Brusthöhe ausgestreckt (Daumen zeigen nach oben). Es werden wechselseitig (gegengleich) beide Arme zusammen und das Spielbein nach außen (und umgekehrt) geführt. Innerhalb von **30** Sekunden werden sowohl die Anzahl der korrekten Wiederholungen und die sichere Ausführung bzgl. **Standsicherheit** und **Koordination** als Note (1–6) gegenüber der anderen Beinseite gewertet.

↓

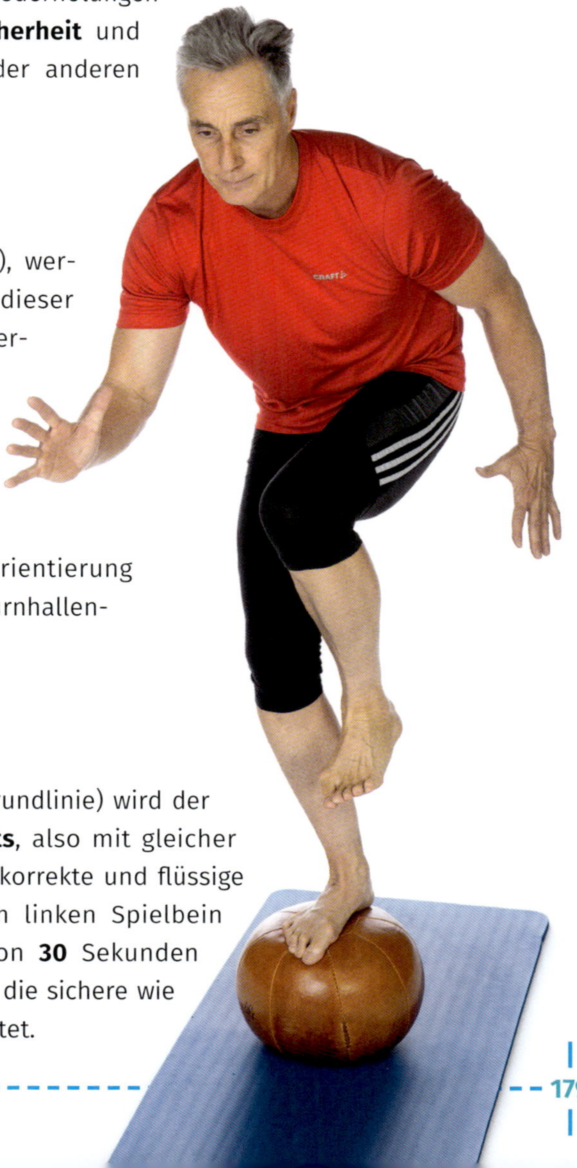

Test 4: Einbeinstand-Waage

Auf dem rechten Bein stehend (Standbein), werden beide Arme nach oben gestreckt. Aus dieser Startposition beginnend, wird nun der Oberkörper nach vorne und das linke Spielbein nach hinten geführt. Innerhalb von **30** Sekunden wird sowohl der sichere **Stand** wie auch die **Gradneigung** (bis 90 Grad) gegenüber der anderen Beinseite über eine Note (1–6) gewertet. Als gute Orientierung bietet sich der Standtest seitlich an der Turnhallen-Wand an.

↓

Test 5: Hopserlauf vorwärts und rückwärts

Entlang der Neun-Meter-Linie (Volleyball-Grundlinie) wird der Hopserlauf sowohl **vorwärts** wie **rückwärts**, also mit gleicher Blickrichtung, ausgeführt. Dabei ist auf die korrekte und flüssige Diagonalbewegung vom rechten Arm zum linken Spielbein (und umgekehrt) zu achten. Innerhalb von **30** Sekunden werden die Anzahl an **Wiederholungen** und die sichere wie zügige **Ausführung** über die Note (1–6) gewertet.

9.5 Test für Kraft (B-A-S-Ko-K)

Die fünf Testverfahren orientieren sich an den alltags- wie sport-relevanten Anforderungen und messen sowohl die statisch-isometrische **Rumpfkraft** wie auch die dynamisch- auxotonische **Arm-/Rücken**- und **Beinmuskelkraft**. Auch hier bietet es sich an, dass **alle Tests** zusammen durchgeführt werden. Dabei können alle Schüler im Fünf-Stationen-Zirkel jeweils in Kleingruppen oder paarweise aufgeteilt werden.

Als Material benötigen wir:

- eine Stopp-Uhr
- eine Bodenmatte oder eine Turnmatte
- einen Kasten oder eine Langbank
- eine Sprossenwand
- zwei Turnkästen
- eine Reckstange
- eine Schreibunterlage und einen Schreibstift

Test 1: Klimmzüge schräg

Da der klassische Klimmzug in seiner senkrechten Form für viele Schüler zu anspruchsvoll ist und folglich als Test eine zu geringe Aussagekraft liefert, wurde die Auswahl auf die (leichtere) **schräge** Klimmzugvariante getroffen. Auf einer Höhe von etwa **120 cm** wird die Reckstange fixiert. Wahlweise kann diese auch auf zwei (parallel) aufgestellte Turnkästen (Abstand ca. 1,5 Meter) mittig aufgelegt werden. Oder es wird an einem Barrenholm getestet. Im sogenannten schulter-breiten **Ristgriff** (Blick auf den Handrücken bzw. Daumen zeigen nach innen) werden bei gestreckten Beinen die Fersen auf dem Boden aufgestellt. Während der fließenden Klimmzugbewegung bleibt der Körper in einer Linie (hohe Rumpfkraft). Innerhalb von **30** Sekunden werden die erfolgreichen Klimmzüge gewertet. Der Test ermittelt insbesondere die Kraft der **Rücken**- und **Oberarmbeuger**-Muskeln (Pull-Muskeln).

↓

Test 2. Seitstütz lang

Wie auch beim schrägen Klimmzug wird eine stabile **Seitstützposition** auf der Turnmatte eingenommen. Dabei liegen die Außenränder der Füße auf. Mit z. B. der rechten Armseite im Stütz zeigt der linke Arm gestreckt nach oben. Innerhalb von **30** Sekunden wird in einer fließenden Bewegung die lange Seitstützposition gewechselt oder alternativ die Stützkraft im Links-rechts-Vergleich ermittelt. Es werden die korrekten Ausführungen (Stützsicherheit ohne Absenken des Beckens) gewertet. Dieser Test ermittelt – neben der **Armstützkraft** – die seitliche **Rumpfstabilität** (seitliche und schräge Bauchmuskeln).

↓

Test 3: Liegestütze lang

Der klassische Liegestütz (Push-up) erfolgt im schulter-breiten Handstütz. Ohne im Rumpfbereich auszuweichen („Durchhängen"), wird in einer fließenden Bewegung nur aus den Ellenbogengelenken im 90-Grad-Winkel gebeugt und gestreckt. Innerhalb von **30** Sekunden werden nur die korrekten wie erfolgreichen Wiederholungen gewertet. Der Test ermittelt vor allem die Kraft der (vorderen) **Schulter**-, **Brust**- und **Oberarmstrecker**-Muskeln (Push-Muskeln).

↓

Test 4: Kniebeuge einbeinig

Die einbeinige Kniebeuge stellt eine komplexe Kraftübung dar. Auf einem Kasten (oder Langbank) stehend, erfolgt eine **mittlere** Beugebewegung in Hüfte und Knie. Das Spielbein zeigt dabei gestreckt schräg nach vorne. Bei Berührung der Ferse am Boden wird wieder fließend gestreckt. Es werden die korrekten Ausführungen je Beinseite innerhalb von **30** Sekunden gewertet. Sollte den jungen Schülern diese Ausführung zu „wackelig" sein, dürfen sie sich mit der Hand seitlich an der Wand sichern (ohne zu ziehen). Der Test ermittelt vor allem die Kraft der **Streckermuskeln** von Hüfte-, Knie- und Sprunggelenk.

↓

Test 5: Beinheben lang

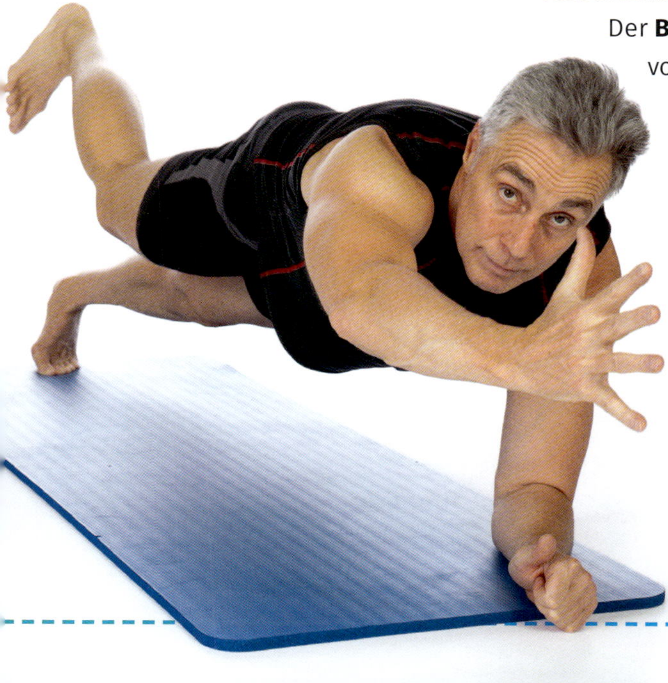

Der **Beinhebe-Test** stellt eine anspruchsvolle **Bauch**- und **Hüftbeuge**-Übung dar. An der obersten Sprosse greifend (inkl. Daumen), werden beide Beine gestreckt bis 90 Grad angehoben und langsam wie kontrolliert abgesenkt. Es werden die korrekten Ausführungen innerhalb von **30** Sekunden gewertet. Da auch diese Übung für jüngere Schüler sehr anspruchsvoll ist, kann die Sportlehrkraft wahlweise den Krafttest mit angewinkelten Beinen durchführen.

9.6 Special: Eignungs-Tests zur Bewerbung

1.) Polizei- bzw. Bereitschaftspolizei-Ausbildung
2.) Sport-Studium

Immer wieder und immer häufiger interessieren sich Schüler (nach der Realschule, Oberstufe Gymnasium oder FOS) für die Ausbildung zum Sportlehrer (Lehramt), zum Sportwissenschaftler oder bei der Polizei. Allzu oft werden die praktischen Prüfungs-Inhalte jedoch nur unzureichend oder gar zu kurzfristig trainiert.
Dieses Special soll bei Bedarf oder Interesse seitens der Schüler die Sport-Lehrkraft unterstützen, sich mit den derzeit aktuellen sport-praktischen Eignungstests vertraut zu machen. Über den Test hinaus lassen sich diese auch hervorragend als Fitness-Einheit im Unterricht verwenden.

Einzelne Tests als geeignete Fitness-Übungen:

- Zehn-Meter-Sprint (von Langbank zu Langbank)
- Sprünge über Langbank
- Rolle vorwärts zur Flugrolle
- Rolle rückwärts zum Handstand
- Felgaufschwung am Reck
- Felgumschwung am Reck (vorwärts vs. rückwärts)
- Radwende von der Langbank hin am Boden
- Rundlauf in der Halle vs. Laufbahn
- Bankdrücken 45 % bis 60 % des Körpergewichts
- Liegestütze klein vs. lang
- Klimmzüge schräg vs. senkrecht
- Sit-up vs. Crunch
- Geschicklichkeits-Parkour

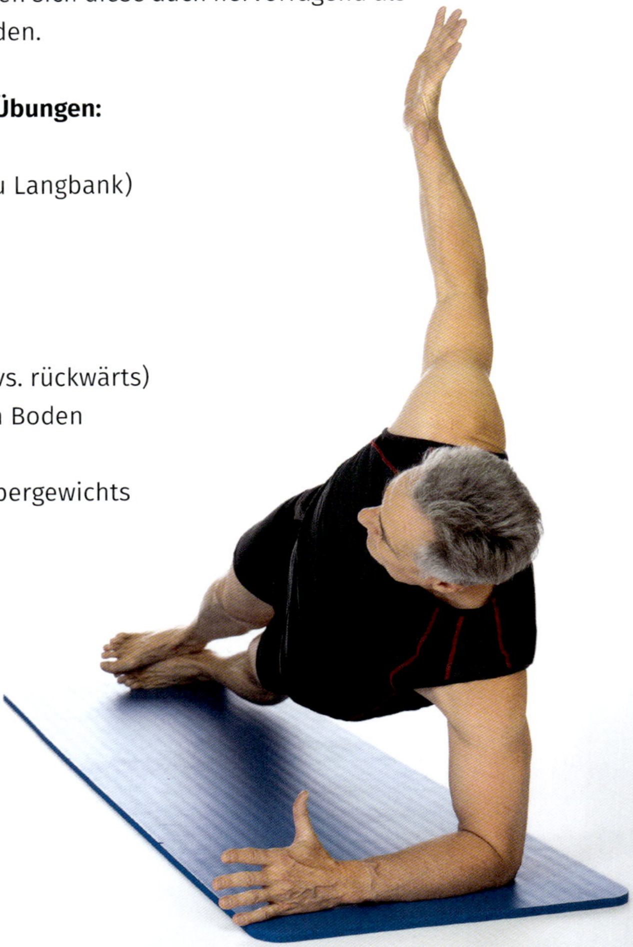

Zu 1.) Sport-praktischer Eignungstest für die Polizei-Ausbildung

Der sport-praktische Eignungstest wird i. d. R. in einer (mind.) Zweifach-Turnhalle durchgeführt.

Die Testbatterie beinhaltet u. a.:

- Runden-Lauf (Ausdauer)
- Pendel-Lauf (Schnelligkeit)
- wechselseitigen Langbank-Sprung (Schnellkraft)
- beidbeinigen Hochsprung (Sprungkraft)
- Bankdrücken (Kraft)
- Parkour (Schnelligkeit/Ausdauer)

- **Der Runden-Lauf**

In der Zwei- bis Dreifach-Turnhalle umfasst der Runden-Lauf **100 Meter** je Runde! Als geeignete Markierungspunkte dienen entweder je **zwei Volleyball-Felder** (= 80 Meter) oder ein **Handball-Feld** (= 120 Meter). Die Pylonen werden so platziert, dass sich genau eine 100-Meter-Runde ergibt.
Innerhalb von **zwölf Minuten** müssen (mind.) **25 Runden** (= 2.500 Meter) absolviert werden. Für jede einzelne **100-Meter-Runde** liegt die Laufzeit demnach bei unter **25 Sekunden.**
Sollte der Cooper-Test nur in einer Einfach-Turnhalle stattfinden, erfolgt der (enge) Rundlauf um je **ein Volleyball-Feld** (= 54 Meter). Hier müssen folglich (mind.) **50** Runden mit einer Rundenzeit von unter **13 Sekunden** gelaufen werden.
Sollte idealerweise der Ausdauer-Test im Freien stattfinden, müssen auf der **400-Meter-Laufbahn** (mind.) **sechs Runden** (= 2.400 Meter) mit einer Rundenzeit von unter **01:40 Minuten** (= 100 Sekunden/R.) absolviert werden.

Tipp:

Als geeignete Vorbereitung beginnen die Bewerber/Anwärter mit einem moderaten Ausdauertraining von **vier** bis **sechs Kilometern** (ca. 30 Minuten) bei **zwei** bis **drei TE** pro Woche. Der Start dieses Grundlagen-Trainings sollte dabei (mind.) **zwei** bis **drei Monate** (= 20–25 TE) vor dem Eignungstest erfolgen. In den letzten **zwei** bis **drei Wochen** wird dann die (angestrebte) Laufdistanz (z. B. sieben Runden à 400 Meter) gezielt bei **drei TE** pro Woche trainiert. Idealerweise kann auch (im Rahmen des Sportunterrichts) der Test noch mal direkt in der Turnhalle durchgeführt werden, um das Gefühl für die Rundenzeit zu schulen bzw. zu festigen.

- **Pendel-Lauf**

In der Turnhalle werden je zwei **Langbänke** in einem Abstand von (genau) **zehn Metern** parallel zueinander aufgestellt. Als Orientierung dienen hierzu wieder die (blaue) **Volleyball-Grundlinie** und die **Mittellinie** (plus/+ 1 Meter) oder die (rote/orange) **Handball-Seitlinie** bis zur Mitte Torraum bzw. Mittelkreis. Zusätzlich werden je **zwei Seile/Leibchen** hinter den Langbänken am Boden platziert. Der Bewerber/Anwärter versucht nun, so schnell wie möglich von einer Langbank zur nächsten Langbank zu sprinten. Dabei startet er mit einem Seil/Leibchen in der Hand hinter der ersten Langbank. Der Wechsel erfolgt durch einen sicheren Sprung über die zweite Langbank inkl. dem Seil-/Leibchen-Tausch. Insgesamt müssen die **acht Bahnen** bzw. die **vier Pendel-Läufe** unter **25 Sekunden** absolviert werden.

↓

- **Langbank-Sprung**

Der Bewerber/Anwärter springt beidbeinig seitlich (ohne Kontakt) über die **Langbank**. Als Vorgabe müssen (mind.) **40** (Einzel-) **Sprünge** innerhalb von **30 Sekunden** erreicht werden. Für diese Schnellkraft-Übung sollten daher nur die Vorderfußballen zum Einsatz kommen. Auch bei dieser Testeinheit bietet es sich an, einige Übungseinheiten im Vorfeld zu trainieren.

↓

- **Beidbeiniger Hochsprung (Jump & Reach)**

An der Turnhallen-Wand wird ab **zwei Meter** Höhe eine Skala (z. B. Meterstab) befestigt (Klebeband). Der Bewerber/Anwärter steht seitlich zur Wand und streckt seinen Arm inkl. der Hand zur Skalierung. Die Höhe bzw. die Länge (z. B. 2,45 Meter) wird notiert. Aus einer kleinen Kniebeuge wird mit leichtem Armschwung explosiv so hoch wie möglich gesprungen und an der Skalierung „angetippt". Die Differenz (2,95 Meter minus 2,45 Meter) ergibt die sehr gute Sprunghöhe bzw. Sprungkraft von **+ 50 cm**.

↓

- **Bankdrücken**

Hierzu benötigt der Tester/Sportlehrer eine Langhantel-Bank inkl. Langhantel-Ablage. Alternativ kann in der Turnhalle ein **Kastenoberteil** (Lederbezug) mit (nur) **zwei Mittelteilen** als Bankersatz hergenommen werden. Für die Langhantel (20 kg) lässt sich ersatzweise eine Reckstange (10 kg) verwenden. Der Bewerber muss dabei **60 %** seines Körpergewichts, die Bewerberin **45 %** ihres Körpergewichts (mind.) **zehnmal** stemmen.

Bei rund **65 kg** bedeutet dies also eine zehnmalige Wiederholung (und mehr) von ca. **30 Kg** (weiblich) bzw. ca. **40 Kg** (männlich) an Langhantel-Gewicht. Gerade für die Anwärterinnen dient die leichtere 10-kg-Reckstange dabei als gute Trainingsmöglichkeit (Ziel: 30 Wh/

Satz). Parallel und als geeignete unterstützende Maßnahme sollten täglich mehrere Sätze an **Liegestütze** absolviert werden. Zur optimalen Vorbereitung wird jedoch das Training an einer (klassischen) Langhantel-Bank im Fitness-Studio empfohlen.

↓

· Parkour

Dieser Geschicklichkeits-Parkour wird insbesondere bei der Bewerbung für die Bereitschafts-Polizei verlangt. Es werden **eine Turnmatte**, je **drei Kasten-Mittelteile** und **ein Medizinball** benötigt. Von der gerade ausgerichteten Turnmatte wird in einem Abstand von **zwei Metern** der Medizinball (wahlweise eine Pylone) platziert. Im gleichen Abstand werden die **drei Kasten-Mittelteile** auf deren Längsseite seitlich bzw. frontal zur Matte aufgestellt (siehe: Skizze u. Video). Der Anwärter startet mit einer **Rolle vorwärts** (beide Hände seitlich/keine Judo-Rolle). Danach sprintet er rechts (gegen den Uhrzeiger-Sinn ↺) um den Medizinball, **springt über** den linksstehenden **ersten Kasten** (= 9 Uhr) und **krabbelt** durch diesen sicher hindurch (keine Berührung). Danach ein zweites Mal wieder rechts um den Medizinball zum **zweiten Kasten** (= 12 Uhr) springen und krabbeln. Es schließt sich die dritte Umrundung zum **dritten Kasten** (= 3 Uhr) an und endet nach der letzten Umrundung um die Pylone hinter der Turnmatte (ohne Rolle).

Dieser Parkour muss dabei unter **20 Sekunden** korrekt und fehlerfrei absolviert werden. Dieser Test lässt sich durch „ähnliche" Trockenübungen nur bedingt trainieren. Daher wird empfohlen, den Testablauf direkt in der Turnhalle früh genug und häufig genug durchzuführen.

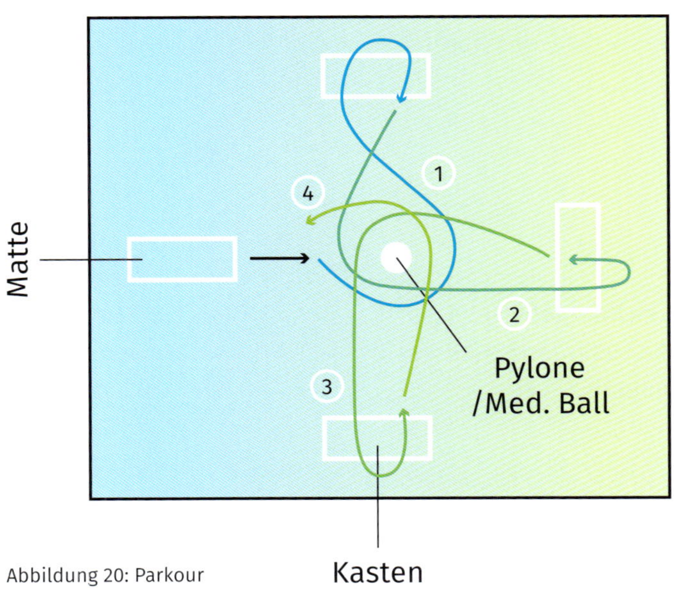

Abbildung 20: Parkour

Zu 2.) Sport-praktischer Eignungstest für das Sportstudium

Auf Grund der zum einen sehr unterschiedlichen Studiengänge (Sport Lehramt vs. Sportwissenschaft) und der zum anderen (je nach Bundesland bzw. Hochschule) unterschiedlichen Anforderungsprofile ist es folglich empfehlenswert, sich direkt bei den Universitäten zu informieren.

- www.sport-eignungspruefung.de
- www.Sport-studieren.de
- www.dshs-koeln.de

Generell beinhalten die sport-praktischen Eignungstests i. d. R. jedoch alle **konditionellen Bereiche**, teils auch über die Einzeldisziplinen **Leichtathletik**, **Schwimmen** und **Turnen** sowie **Team-Sportarten** (Basketball, Handball, Fußball, Volleyball) und **Rückschlagspiele** (Badminton, Tennis).

Für die **Ausdauer**:
- 12-Minuten-Lauf (siehe: Leichtathletik/> 2.800 Meter) oder
- 1.000-Meter-Lauf (< 03:45 Minuten)

Für die **Schnelligkeit**:
- 100-Meter-Sprint (siehe: Leichtathletik/< 13,5 Sekunden)

Für die **Schnellkraft**:
- Sprung-Test (siehe: Jump & Reach)
- Weitsprung-Test (siehe: Leichtathletik & Fast hop)

Für die **Kraft**:
- Liegestütz (> 25 Wh.) oder
- Klimmzug (> 5 Wh.) und
- Sit-up (> 30 Wh.)

Im Einzelnen sind dies für die **Leichtathletik**:
- Cooper-Test (> 7 Runden = 2.800 Meter in 12 Minuten)
- 100-Meter-Sprint (< 13,5 Sekunden)
- Weitsprung (> 5,00 Meter)
- Hochsprung (> 1,45 Meter)
- Kugelstoß (> 7,60 Meter)

Im Einzelnen sind dies für **Schwimmen**:
- 100-Meter-Freistil (< 01:50 Minuten)
- 400-Meter-Freistil (< 08:30 Minuten)
- Rettungsschwimm-Abzeichen in Bronze (u. a. 25-Meter-Strecken-, 3-Meter-Tief-Tauchen, Sprung vom 3-Meter-Turm)

Im Einzelnen sind dies für **Turnen**:
- Boden-Pflicht-Programm (Flugrolle, Handstand mit Rolle vorwärts, Radwende, Strecksprung, Rolle rückwärts in Handstand, Strecksprung halbe Drehung)
- Reck-Pflicht-Programm (Kippaufschwung, Felgumschwung rückwärts, Hocke über Reck, Stand)
- Barren-Pflicht-Programm (Schwingen mit Beine seitlich/mittig, Abgang halbe Drehung)

Im Einzelnen sind dies für **Ballsportarten**:
- Grundlagen der Dribbel- und Prell-Techniken
- Grundlagen der Wurf- und Schuss-Techniken
- Korbleger, Sprung- und Schlagwurf, Aufschlag und Angaben
- Pass-Spiel (Doppel-Pass, Give & Go, Pass-Rückpass)
- Klein-Feld-Spiele

Im Einzelnen sind dies für **Rückschlagspiele**:
- Vorhand, Rückhand
- Aufschläge, Angaben
- Einzel-Spiel

Tipp:

Die einzelnen Prüfungsmodule für das Sport(Lehramt)-Studium wollen ein Gesamtbild der guten (Note 2) allgemeinen Sportlichkeit wiedergeben. Daher kann es durchaus von Vorteil sein, mit seiner Ballsportart (z. B. Handball) sowie den Grundfertigkeiten Schwimmen, Turnen und Leichtathletik sich auf die Prüfung vorzubereiten (statt mit einer Spezialisierung wie z. B. Tennis).

Zusammenfassung:

Alle gezeigten Testverfahren (Items) sind leicht anzuwenden, benötigen nur wenig Zeit bei nur geringem Materialaufwand. Die Testbatterien für Beweglichkeit, Schnelligkeit, Kraft und Koordination lassen sich in einem **Fünf-Stationen-Betrieb** in jeder Turnhalle umsetzen. Hierbei werden Messung und Dokumentation immer paarweise oder in Kleingruppen vorgenommen. Somit kontrollieren sich die Schüler auch untereinander. Die Vorlage zum Kopieren oder als Beispiel finden Sie, liebe Kollegen und Trainer, auf Seite **169**.

Das **Video** zeigt Ihnen noch mal das Handling der Tests und bestätigt die praxisnahe Anwendung, nicht nur für Sie als Betreuer, sondern auch für die Schüler. Es bietet sich an, den jeweiligen Test z. B. am Anfang und gegen Ende eines Schuljahres vorzunehmen. Durch den genügend langen Zeitraum (i. d. R. > sechs Monate) und den „ähnlichen" Übungsinhalten im regulären Sportunterricht zeigen sich enorme Verbesserungen und können auch immer zur Notengebung mitverwendet werden.

B → Beweglichkeit

A → Ausdauer

S → Schnelligkeit

Ko → Koordination

K → Kraft

KAPITEL 10:

SPORTWISSEN-SCHAFTLICHE FAKTEN

10.1 Aufwärmen und Abwärmen – Hintergrund und Effekte

Seit jeher nehmen sowohl das Vorbereiten (Warm-up) sowie das Nachbereiten (Cool-down) im Sport eine besondere Rolle ein. So eingefahren die Bewegungsabläufe bisweilen anmuten (z. B. Einlaufen), so kontrovers werden einzelne Übungen immer noch diskutiert (z. B. Dehnen).

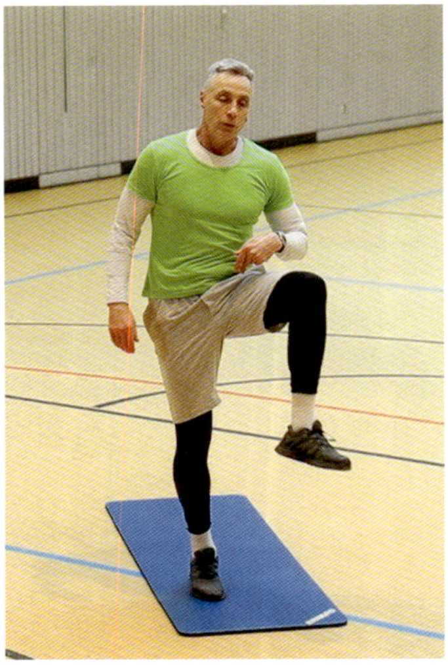

Generell darf gesagt werden, dass sich Auf- und Abwärm-Übungen immer an dem **Hauptteil** der Sportstunde bzw. dem Thema zu orientieren haben, um folglich den Sport-Organismus optimal auf die anstehende Belastung (sowohl physisch wie psychisch) vor- und nachzubereiten.

Dabei startet der Sportler zu Beginn der Trainingseinheit mit einem **allgemeinen** Aufwärm-Programm. Per Definition sind dies Übungen, welche ohne näheren Bezug zu einer bestimmten Sportart angewendet werden. Insbesondere die Übungen aus der Lauf-ABC-Schule sowie das Rumpf- und Armkreisen finden daher sowohl in Einzeldisziplinen (wie z. B. Ringen oder Tennis) als auch in Mannschaftssportarten (wie z. B. Volleyball oder Fußball) stets ihre Anwendung.

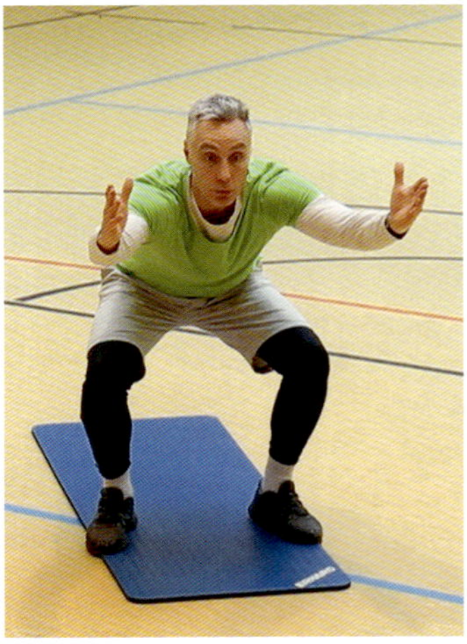

Im Anschluss daran erfolgt das sogenannte **spezielle** bzw. **spezifische** Warm-up. Wie die Umschreibung andeutet, bereitet sich der Athlet mit Hilfe von „ähnlichen" Übungen oder Bewegungsabläufen optimal auf seine anstehende Belastung vor. Dies kann z. B. die Kniebeuge mit der Leerhantel oder das Dribbling inkl. Korbleger im Basketball sein.

1.) Somit gilt die erste Regel:

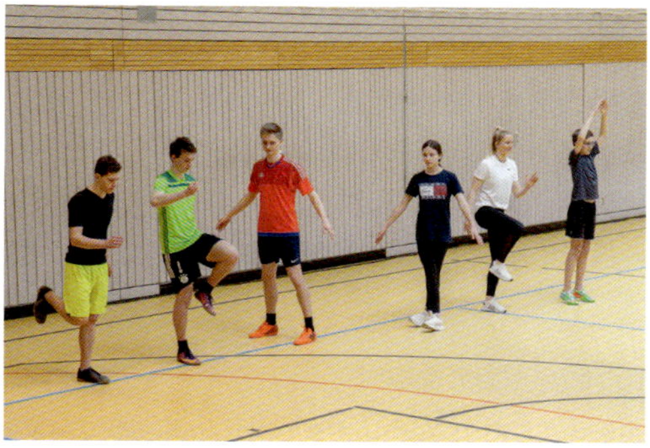

Unabhängig von den meisten Sportarten erfolgen zu Beginn immer **allgemeine, unspezifische** Aufwärm-Übungen, um u. a. die Atem- und die Herzfrequenz zu steigern, wodurch die Durchblutung sowie der erhöhte Sauerstoffbedarf reguliert wird (körperliche Ebene). Erst danach schließen sich die **speziellen, typisch für die Sportart** relevanten Aufwärm-Übungen an, auch um die Konzentration und Koordination (Technikschulung) zu erhöhen (kognitive Ebene).

2.) Die zweite Regel besagt:

Je intensiver der jeweilige Hauptteil ausfällt, desto intensiver müssen auch die Auf- und Abwärm-Übungen ausgeführt werden. Ein Warm-up für das anstehende **Sprint- und Schnelligkeitstraining** hat bedeutend ausgiebiger (vor allem für die Beinmuskulatur) zu erfolgen als ein Aufwärmen vor dem **Nordic-Walking-Kurs**.

3.) Als dritte Regel gilt:

Die Übungen haben sich stets an dem vorrangigen, ja dominanten Anforderungsprofil bzw. dem typischen Ablauf zu orientieren. Ein **Speerwurf-Training** verlangt daher spezifischere Warm-up-Übungen (bzgl. Art und Dynamik der Arm-Bewegungen) als das Warmlaufen vor einem **Marathon-Volkslauf**.

4.) Die letzte Regel gibt vor:

Sowohl das Auf- wie auch das Abwärm-Programm dient nicht nur als eine (notwendig) **kurzfristige** Maßnahme direkt vor bzw. nach dem Training, um sich optimal vorzubereiten und sich schneller zu erholen (siehe 10.2: Dehnen und Stretching).
Im Gegenteil, diese Maßnahmen stellen auch **langfristig** einen enorm wichtigen Ausgleich dar, um einer zu einseitigen (meist muskulären) Belastung vorzubeugen. Der Erhalt der sportart-spezifischen Beweglichkeit gerade im Turnen benötigt somit bedeutend mehr Zeit und Umfang als vergleichsweise das Warm-up und Cool-down beim Radfahren. Jedoch sollte gerade der Rennrad-Sportler seiner monotonen Sitzposition und gekrümmten Haltung durch ein gezieltes Kraft- und Beweglichkeitstraining entgegensteuern.

Zusammenfassung:

Planen Sie als Sportler wie Trainer und Betreuer nicht nur genügend Zeit für das **Warm-up**, sondern ebenso für das **Cool-down** ein. Gerade beim Ausklang der Stunde fällt das Abwärmen oft zu kurz aus oder wird (teilweise) komplett vernachlässigt.
Starten Sie Ihre TE immer mit lockeren Lauf-Einheiten, um dann mit Hilfe der Lauf-ABC-Schule weiter zu steigern. Danach werden vorrangig die Bewegungsabläufe mit Blick auf die jeweilige Sportart (z. B. Basketball-Korbleger vs. Fußball-Zuspiel) intensiviert.

Das lockere Auslaufen mit einer betont niedrigen Herzfrequenz dient dem beschleunigten Abtransport bzw. der Rückführung in den Normalzustand von erhöhten Stoffwechsel-Parametern (hier: Laktat- und pH-Werte). Dafür wurde auch der Begriff regenerative Herz-Kreislauf-Belastung bei unter < 60 % der Hf-Max) gewählt.
Gezielte Stretching-Übungen (z. B. für die Beinmuskulatur) sowie geeignete Yoga-Elemente (z. B. Bauch- vs. Brustatmung) reduzieren sowohl den stark erhöhten Muskeltonus wie auch die Atem- und die Herzfrequenz.

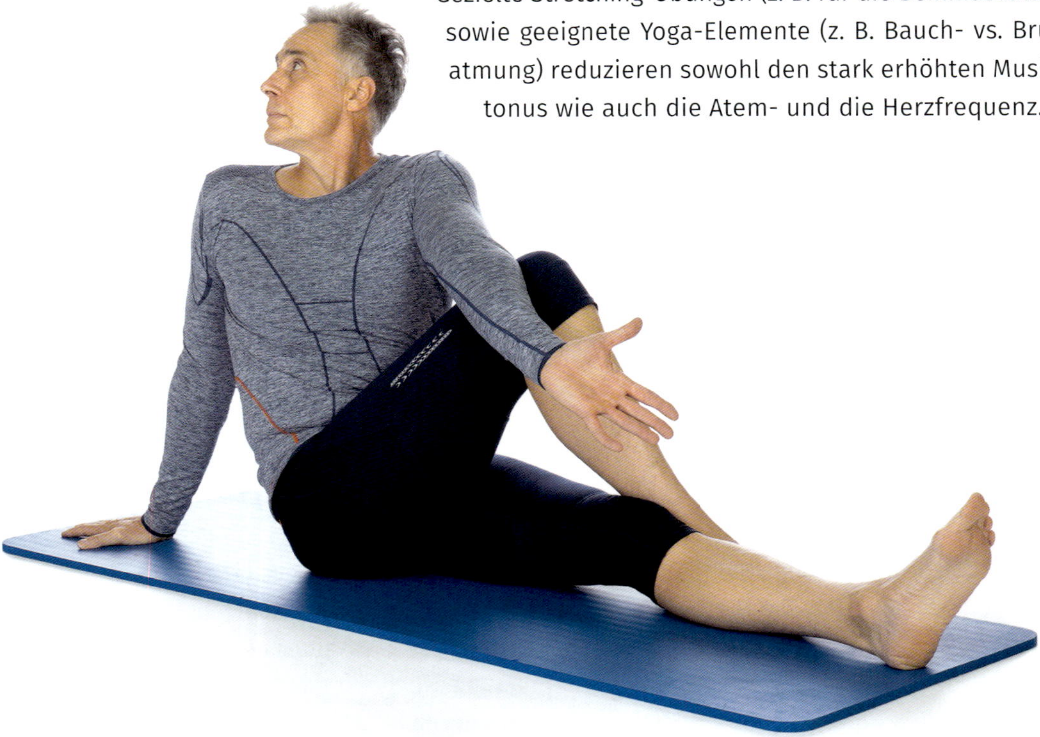

10.2 Dehnen und Stretching – Technik und Zeitpunkt

Bereits im vorherigen Kapitel wurde deutlich, dass eine optimale Vor- und Nachbereitung sich insbesondere an dem Belastungsprofil der jeweiligen Sportart zu orientieren hat. Immer noch strittig ist hingegen die Vorgehensweise, vor allem beim Thema Dehnen und Stretching. Bis in die frühen 1980er-Jahre wurde das ausgiebige und lange Stretching i. S. von **passiven** wie **statischen** Dehnübungen auch **vor** dem Sporttreiben empfohlen. Diese Vorgehensweise wird heute mehr und mehr von einem eher schwungvollen und kurzzeitigen Vorbereiten i. S. von **aktiven** wie **dynamischen** Übungen abgelöst.

- Aber warum eigentlich?
- Und welche Technik stellt nun die richtige Wahl dar?

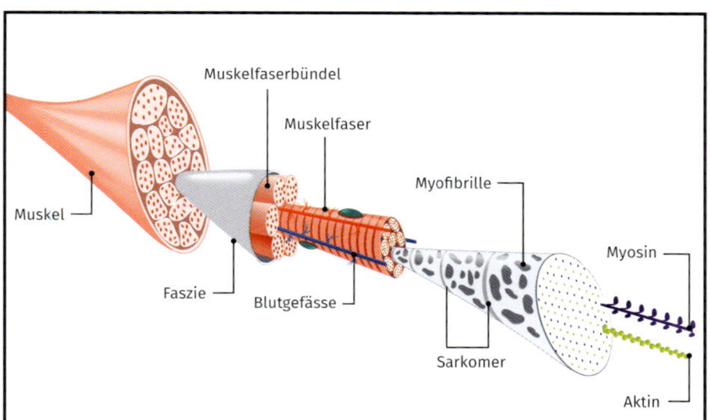

Muskel (von groß nach kleinst)

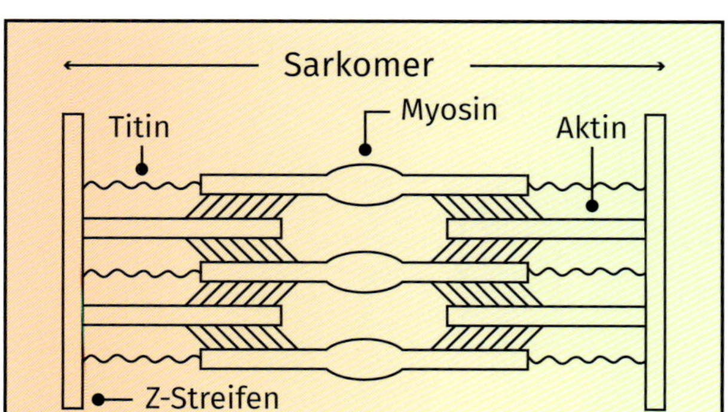

Sarkomer mit Titin

Eine bedeutende, wenn nicht die einschneidende Entdeckung fand Mitte der 1980er-Jahre statt. Hier konnten Wissenschaftler (u. a. WANG u. MARYAMA) bestätigen, dass der Muskel (neben Aktin und Myosin) aus noch weiteren Eiweißbausteinen (Protein-Filamenten) besteht. Insbesondere das Filament **Titin** rückte hier in das Interesse der Muskel-Forschung und folglich auch in den Bereich Dehnen und Stretching. Wie sich zeigen konnte, verbindet dieses Eiweiß-Filament das dickere **Myosin** (nun doch) mit den **Z-Scheiben** des Sarkomers.

Bei einer Dehnung des Muskels bzw. der einzelnen Sarkomere toleriert **Titin** nur eine maximale Längenveränderung von < **3,6 µm** und dient somit auch als ein wichtiger Schutz vor Muskelverletzungen i. S. einer Überdehnung. Nach der Dehnung zieht Titin das Sarkomer sofort wieder in die ursprüngliche Ausgangsposition bzw. Ursprungslänge von ~ **2,5 µm** (± 0,2 µm) zurück. Somit funktioniert das Titin-Filament wie eine „**hoch-elastische Feder**“ und kontrolliert – parallel zu den Muskelspindeln – den Spannungszustand.

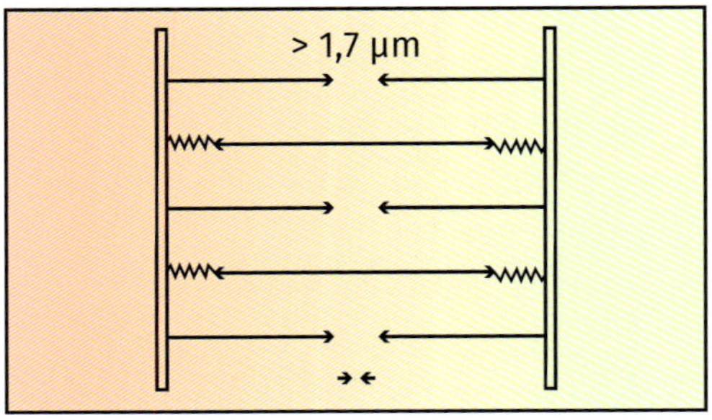

1. Angespannt

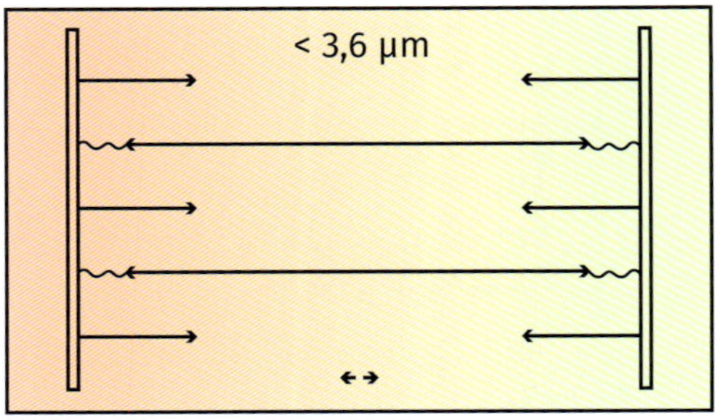

2. Gedehnt

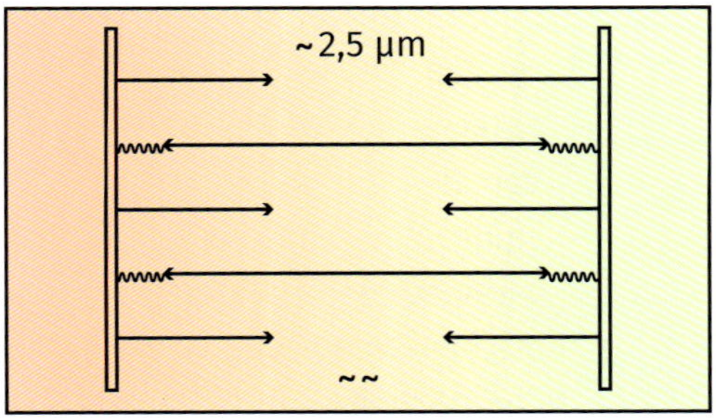

3. Entspannt

Wird nun ein Muskel über einen längeren Zeitraum von über 20–30 Sekunden (und länger) intensiv gedehnt, reduziert sich der Tonus spürbar wie auch messbar.

Zwar bildet sich der Muskel durch Titin wieder in seine Ausgangslänge zurück. Jedoch bleibt der Spannungszustand, auch **Stiffness** genannt, für einige (ca. 1–3) Minuten herabgesetzt. Viele Sportler beschreiben diesen (sehr wohl) angenehmen Zustand auch mit: „... es fühlt sich weicher an oder es zieht weniger ...“!

- Aber warum?
- Und wie lässt sich dieses positive Gefühl erklären?

Zwei entscheidende Gründe sind hierfür zu nennen:

- 1.) die veränderte **Schmerz-Toleranz**
- 2.) die straffe Ausrichtung der **Sehnen-Fibrillen**

Zu 1.) Veränderte Schmerzwahrnehmung

Wenn ein Muskel in die Länge gezogen, sprich gedehnt wird, wirken bestimmte (Schutz-) Mechanismen dagegen. Dies sind u. a. die zähen wie festen Strukturen von **Bindegewebe** (Muskelfaszien) und **Sehnen** sowie **Titin**.
Mit zunehmender Dehnung müssen – ähnlich einem Gummiband – höhere Kräfte aufgebracht werden, um den Muskel noch weiter in die Länge ziehen zu können.
Dies lässt sich an der sogenannten **Dehnungs-Widerstands-Kurve** gut veranschaulichen.

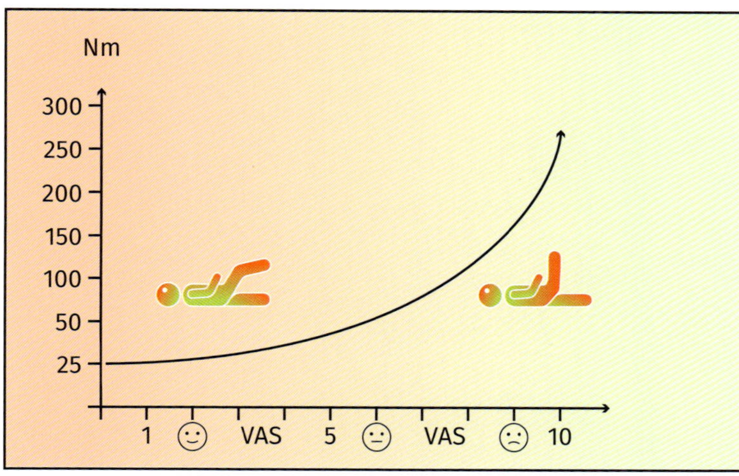

Abbildung 21: Dehnungs-Widerstand

Die spürbare Information, also wie stark die Intensität der Dehnung ausfällt, erfolgt dabei über die **Schmerzrezeptoren** (Mechano-Nozi-Zeptoren) sowie über die **Muskel-Spindeln**, die sogenannten „Messfühlerchen“ bzgl. jeder Längen-Veränderung. So empfindet der Sportler zu Beginn seiner Dehnung (bei geringem Widerstand) nur ein leichtes „Ziehen“ (VAS 3–4). Mit Zunahme der „endgradigen“ Dehnung (bei steigendem Widerstand) verändert sich auch das subjektive „Ziehen“ mehr und mehr in Richtung eines (schutzbedingten) Schmerzes (VAS 8–9). Wiederholt nun der Sportler diese intensivere Dehnung einige Male hintereinander, passt sich u. a. auch seine Schmerzwahrnehmung an. Er hat also das Gefühl, dass es in der gleichen Position weniger zieht oder die Dehnung sogar etwas weiter ausgeführt werden kann. Seine subjektive **Dehn-Schmerz-Wahrnehmung** hat sich somit verändert bzw. angepasst oder anders formuliert: Der Sportler entwickelt eine größere Dehn-Schmerz-Toleranz.

Zu 2.) Veränderte Sehnenstruktur

Nach der Dehnung zieht bekanntermaßen die „molekulare Feder" **Titin** den Muskel wieder in seine Ursprungslänge zurück. Und dies sofort. Damit wird auch deutlich, dass Stretching – wie oft fälschlicherweise angenommen – den Muskel selbst nicht verlängern kann.
Was sich hingegen verändert, ist die **Distanz** von Ursprung zu Ansatz eines Muskels, auch als **kinetische Kette** beschrieben. Hier gilt es vor allem, die **Sehnen** als Verbindung von Knochen zu Muskel genauer zu analysieren.

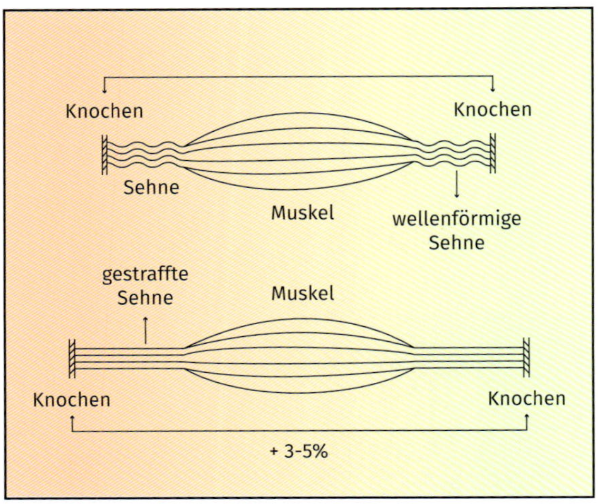

Abbildung 22: Gestraffte Sehnen-Fibrillen

Im Normalzustand zeigen die Sehnenfibrillen ein leicht **wellenförmiges** Muster. Diese Form ist insbesondere für eine explosive Kraftübertragung wie z. B. beim Weitsprung enorm wichtig. Bei nur kurzen, aktiven Dehnübungen oder der Schwunggymnastik bleibt diese Wellenform und damit auch der leicht erhöhte Muskeltonus erhalten.
Erst durch intensive wie lang anhaltende Dehnübungen (z. B. Stretching oder Yoga) werden die Sehnenfibrillen in eine **gestraffte** Position neu ausgerichtet.
Diese Neuausrichtung hat nun zur Folge, dass sich in der Summe die Distanz von Ursprung zu Ansatz um ca. 3–5 % erweitert hat. Zu Recht fühlt sich nun der Sportler etwas beweglicher (ROM ↑). Aber dies nicht nur wegen seiner angepassten **Schmerzwahrnehmung**. Entscheidender ist vielmehr die Tatsache, dass sich zum einen der **Muskeltonus** kurzzeitig reduziert hat (Stiffness ↓). Zum anderen, dass die **Kraftweiterleitung** stark gemindert wurde (Impuls ↓). Diese beiden **nachteilig** veränderten Ausgangpositionen sind jedoch unmittelbar vor explosiven Handlungen (z. B. Tiefstart 100-Meter-Sprint) mehr als „ungünstig" bzw. definitiv zu vermeiden. Man könnte hierzu auch salopp sagen: „Der Sportler hat sich falsch vorbereitet!"

So konnten sportwissenschaftliche Studien eindeutig aufzeigen, dass nicht nur die **Reaktionszeit** im Muskel, gemessen als Bodenkontaktzeit, signifikant verlangsamt wurde. Auch die Vermutung, dass intensives Dehnen direkt vor dem Sprint oder Sprung eher zu (kleineren) **Muskelverletzungen** wie z. B. Zerrungen führen können, als – wie gewünscht – diese zu verhindern, ließ sich wiederholt bestätigen.

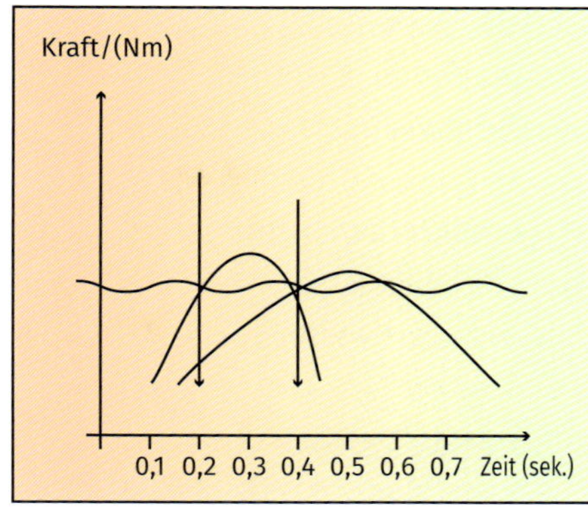

Abbildung 23: Veränderte Kontaktzeit

Die vollständige Rückbildung in das Wellenmuster der Sehnenfibrillen und damit in die optimale Ausgangsfunktion dauert (ohne unterstützende Maßnahmen) einige wenige Minuten an. Man beschreibt dieses verzögerte Zurückwandern auch als **Creeping-Phänomen**. Innerhalb dieser Zeitspanne hat sich sowohl die Dehnungs- wie auch die Schmerz-Kurve signifikant nach rechts verschoben. Diese unvollständige Rückbildung ist auch als Hysterese bekannt und signalisiert dem Sportler eine größere Bewegungsamplitude (ROM ↑).

Zusammenfassung:

Ja, Dehnen wirkt!
Die entscheidende Frage ist aber, welche Technik (aktiv vs. passiv) zu welchem Zeitpunkt (vor vs. nach dem Sport) eingesetzt wird. Das **passiv-statische Dehnen** (Stretching über > 20–30 Sek.) dient als eine wirkungsvolle Maßnahme, um im Anschluss an ein intensives Training, bei dem sich u. a. der Muskeltonus (stark) erhöht hat, diesen wieder zu reduzieren.

Leider wird aber auch heute noch genau diese Stretching-Technik direkt **vor** dem Sporttreiben (z. B. Fußballspiel) eingesetzt.
Folgende Argumente werden dafür immer wieder genannt:

- Der Muskel soll besser **durchblutet** werden.
- Der Muskel soll **beweglicher** gemacht werden.
- Der Muskel soll vor **Verletzungen** geschützt werden.
- Der **Muskelkater** soll verhindert werden.
- Das wurde schon **immer** so gemacht.

Nach der sensationellen Entdeckung von **Titin** folgte in den 1990er-Jahren ein Boom von sportpraktischen Studien.
Hier konnte wiederholt und eindrucksvoll dargelegt werden, dass

- ein **erhöhter** Muskeltonus die Grundvoraussetzung für eine sportliche (Höchst-) Leistung darstellt 👍;
- kurze, aktiv-dynamische Dehn-Übungen (= Schwunggymnastik) den Muskeltonus **nicht** herabsetzen 👍;
- im Gegenteil, gerade Übungen wie z. B. das Lauf-ABC den Muskeltonus leicht **erhöhen** 👍;
- hingegen lange, passiv-statische Dehn-Übungen (= Stretching) den Muskeltonus direkt beeinflussen und kurzzeitig **herabsetzen** 👍;
- somit der zeitlich falsche Einsatz von Stretching direkt **vor** einer explosiven Belastung die Verletzungsgefahr **erhöht** 👍;
- Dehnen alleine **nicht** ausreicht, um langfristig **beweglicher** zu werden 👍.

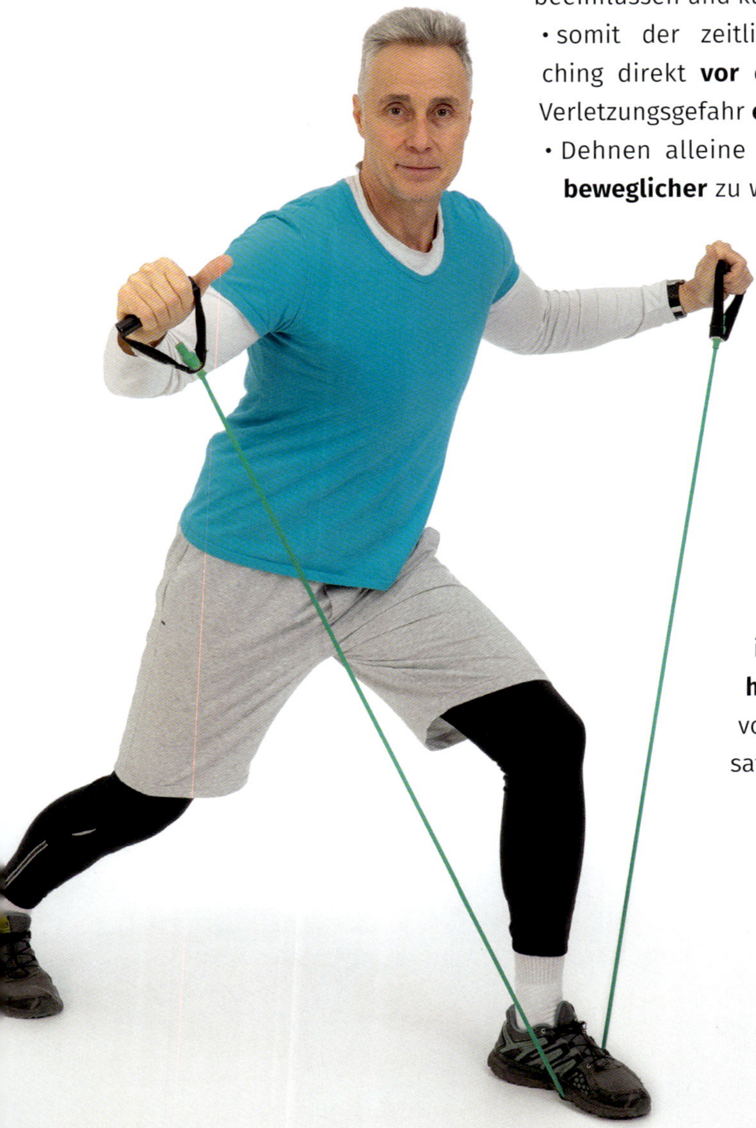

Als Ergebnis der Studienlage und für die sport-praktische Anwendung gilt es heute als (längst) erwiesen, dass für eine optimale Vorbereitung (Warm-up) **vor** der intensiven Trainingseinheit stets das **aktive, ballistisch-intermittierende Dehnen** i. S. einer kontrollierten Schwunggymnastik anzuwenden ist; hingegen das **passive, statisch-haltende Dehnen** i. S. von Stretching vorrangig **nach** dem Sport zum Einsatz kommen soll.

Für eine **langfristige** Trainingsplanung in Bezug auf den Erhalt und die Verbesserung der (sportart-spezifischen) **Beweglichkeit** benötigt der Athlet – ergänzend zum Stretching – immer auch ausgleichende **Kraft**-Übungen. Dabei gilt, je einseitiger die Hauptbelastung ausfällt, desto intensiver haben die Gegenmaßnahmen zu erfolgen. So wählt z. B. der Speer-Werfer (rechter Wurfarm) hierfür gezielte Seilzug-Übungen in die Gegenrichtung, also nach hinten-unten. Oder der Kegel-Sportler (linke Armseite) muss immer auch seinen (raumgreifenden) Ausfallschritt wechselseitig trainieren.

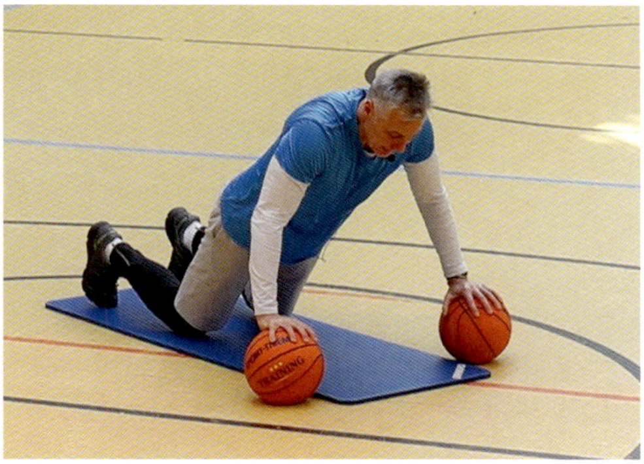

Was für den Sportler also zählt, darf auch direkt auf den Breiten- und Gesundheitssportler übertragen werden. Denn meist ist unsere alltägliche Berufssituation durch ein zu hohes Maß an **Sitzen** oder **Stehen** geprägt. Die Folgen sind i. d. R. zunehmend schwächer werdende Rücken-, Rumpf-und Gesäß-Muskeln. Daher sind gerade Übungen zur **Kräftigung** der queren **Rücken**muskulatur (z. B. Butterfly reverse mit Thera-Band) sowie der **Rumpf**- und **Hüft**muskulatur (z. B. Vierfüßler) enorm wichtig. Erst dadurch kann der Berufstätige wirkungsvoll seiner „schlechten" Haltung entgegenwirken.

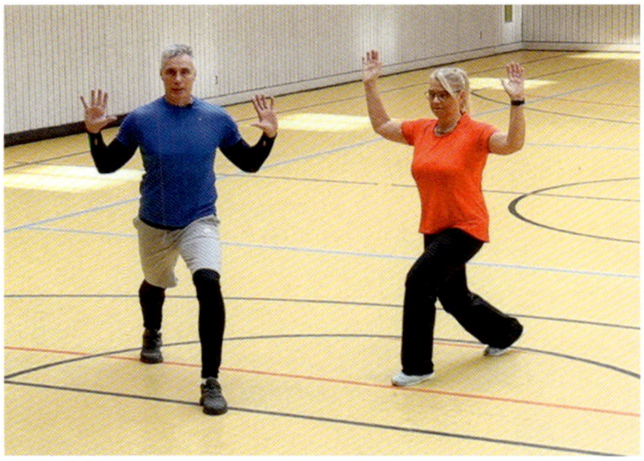

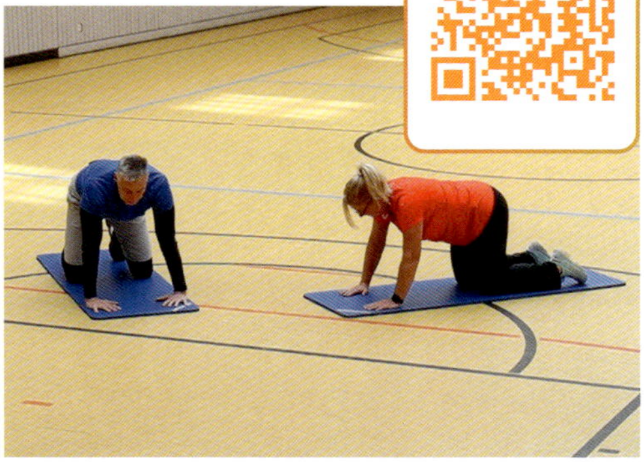

10.3 Yoga und Pilates – Vorteile und Einsatz

Wer die Leistungs-Sportszene aufmerksam beobachtet, kann feststellen, dass immer mehr Athleten u. a. **Yoga** und **Pilates** in ihr (umfangreiches) Trainingsprogramm bewusst mit einbeziehen.
Auch hier stellt sich als Betrachter und Leser die Frage, warum gerade diese (ganzheitlichen) Techniken so in den Fokus treten und gegenüber anderen, eher gängigen Maßnahmen (wie z. B. dem Stretching) bevorzugt werden?

Fakt ist, dass vor allem (Hatha-)Yoga mehrere Vorteile in sich vereint.

- Als eine Meditationskunst werden sowohl **Körper** und **Geist** trainiert.
- Die **Atmung** nimmt die zentrale Funktion im Yoga ein.
- Die meisten Übungen gelingen nur mit der eigenen **Körperkraft**.
- Die Basis aller Übungen ist eine erhöhte **Rumpfstabilität**.
- Die Asanas trainieren **Kraft, Ausdauer, Koordination** und **Beweglichkeit**.
- Dabei werden diese zum einen extrem **raumgreifend** ausgeführt.
- Zum anderen über ein großes Zeitfenster von vielen (> 3 bis 5) **Minuten**.
- Zusätzlich erfolgen mehrere fließende **Wiederholungen**.
- Dies wirkt auch auf das **Bindegewebe** entzerrend und hält elastisch.
- Viele Übungen ähneln dabei den klassischen Rückenübungen.
- Folglich werden diese auch in der Physiotherapie bewusst eingesetzt.

In der Summe liefert Yoga also einen Mix aus **kraft-ausdauernden** Halte-/Stabilisations-Übungen (z. B. der lange Stütz), gepaart mit einem hohen **koordinativen** Anspruch (z. B. der Baum). Mit dem Verweilen in endgradigen Positionen (z. B. der Bogen) über viele Minuten hinweg wird zusätzlich eine (optimale) **lang-einwirkende** Dehnsituation geschaffen.

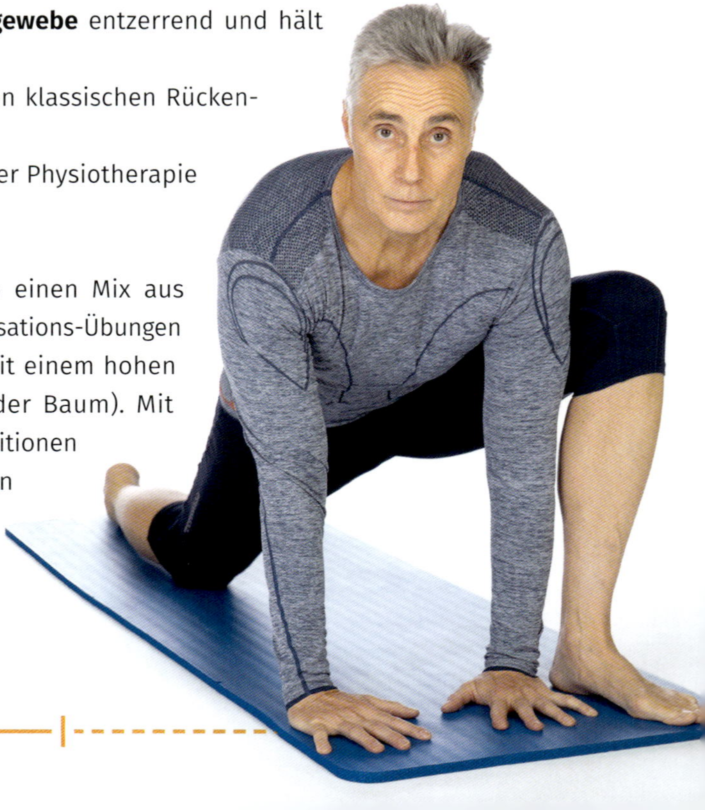

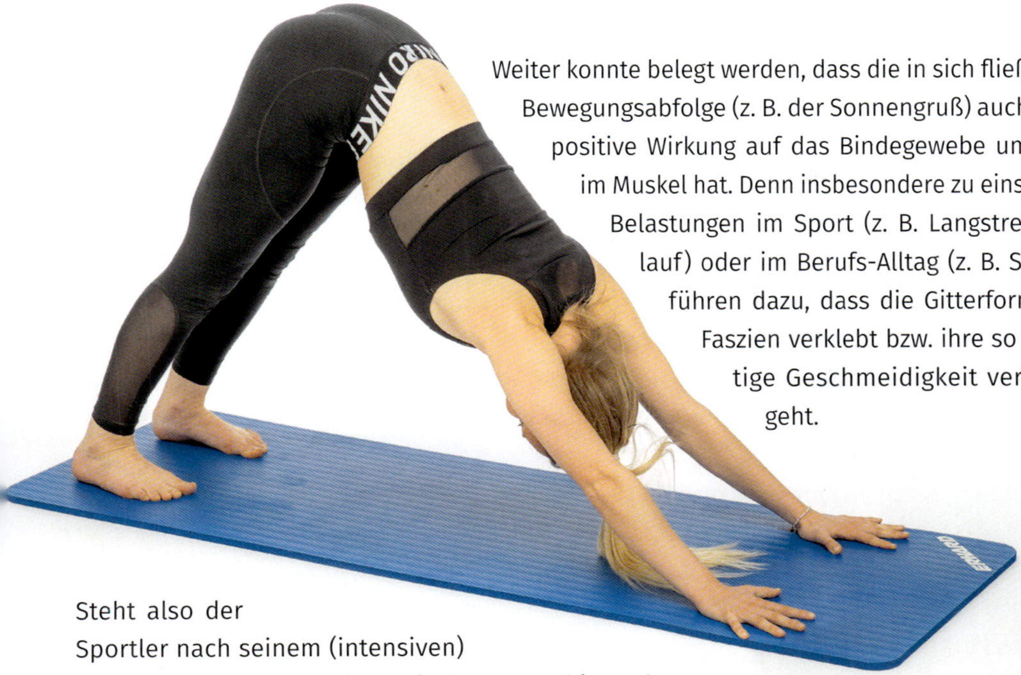

Weiter konnte belegt werden, dass die in sich fließende Bewegungsabfolge (z. B. der Sonnengruß) auch eine positive Wirkung auf das Bindegewebe um und im Muskel hat. Denn insbesondere zu einseitige Belastungen im Sport (z. B. Langstreckenlauf) oder im Berufs-Alltag (z. B. Sitzen) führen dazu, dass die Gitterform der Faszien verklebt bzw. ihre so wichtige Geschmeidigkeit verloren geht.

Steht also der Sportler nach seinem (intensiven) Training vor der Wahl, sich zwischen Stretching oder Yoga als Entspannungs-Technik (nicht nur für seine Muskulatur) zu entscheiden, wird er nach den heutigen, aktuellen sportwissenschaftlichen Erkenntnissen immer das **Yoga** mit den für ihn speziellen wie geeigneten Ausgleichs-Übungen bevorzugen. So sollte der Marathonläufer oder der Radrennfahrer gezielt Übungen wie z. B. den Bogen, das Kamel und die Sphinx verwenden, um u. a. die stark verkürzten Hüftbeuger-Muskeln geschmeidig zu halten.

Und auch langfristig lassen sich eine Vielzahl der (Hatha-)Yoga-Elemente, auch **Asanas** genannt, für ein anspruchsvolles Fitness- und Athletik-Training verwenden (z. B. der Langstütz, das Brett oder der Seitstütz).

Eine ähnliche, aber (teils) dynamischere Variante stellt dabei **Pilates** dar. Viele körpereigene Übungen werden dabei über die sogenannten langen Hebel ausgeführt (z. B. der Langsitz/das Boot) und liefern dem Sportler ein ebenso intensives wie anspruchsvolles Ganzkörper- und Rumpf-Training (**Powerhouse**).

10.4 Bewegung und Gedächtnis – Sport und Lernen

Als eine weitere „neue" Erkenntnis gilt seit einigen Jahren das bewusste Koppeln von **Bewegungen** und **Denkaufgaben**. Früher galt die Maxime, Bewegungsabläufe (z. B. Basketball-Wurf) bis zur Unendlichkeit zu schulen, um folglich eine weitere Verbesserung zu erzielen. Wie sich jedoch zeigte, führt diese Trainingsart (langfristig) eher zu einer Leistungsstagnation mit der Folge einer nur unzureichenden wie ungenügenden Steigerung bzw. Weiterentwicklung. Dies auch daher, weil die (unvermeidbare) Trainings-Monotonie zu wenig kognitive Aufmerksamkeit einfordert.

Dieser unerwünschte Stillstand lässt sich hingegen durch das Kombinieren von „bekannten" Übungen mit „neuen" Situationen gut lösen. Dabei reicht schon der Wechsel von einer **stabilen** zu einer **instabilen** Standposition (z. B. Kniebeuge auf Kreisel oder Barfuß-Laufen) aus. Oder das Reaktionsvermögen für die richtige Beinseite wird mit **indirekten** Kommandos (z. B. statt links/rechts eine gerade/ungerade Zahl) weitergeschult. Auch das Springen in farbige Reifen, verknüpft mit Armbewegungen (z. B. gelber Reifen mit linkem Bein und Arme hinter Rücken), fördert weiter die Konzentration und Aufmerksamkeit.

Aus neuro-wissenschaftlicher Sicht kann mittlerweile bestätigt werden, diese „anders" ausgeführten Übungen führen dazu, dass sich neue Synapsen in unserem Gehirn, insbesondere am Lobus frontalis, entwickeln. Dieses Gehirnareal, welches am vorderen Stirnlappen liegt, gilt auch als senso-motorisches Lern- und Speicherzentrum.

Die Neurogenese i. S. einer Synapsenbildung ist dabei nicht nur für Kinder und Jugendliche, also in der Phase des goldenen Lernzeitalters, von enormer Bedeutung. So gesehen lassen sich z. B. auch im Klassenzimmer kleine Bewegungsübungen parallel zu einer Rechenaufgabe (z. B. Summe gleich gerade Zahl gleich auf linkem Bein zur Tafel hüpfen) spielend leicht anwenden.

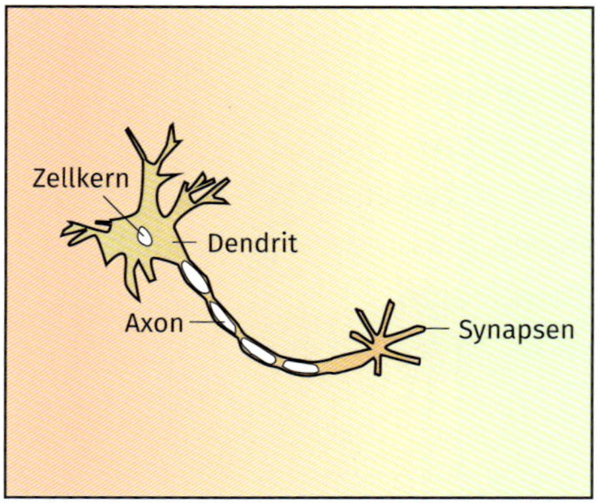

Abbildung 24: Neuron

Auch Erwachsene und Ältere profitieren von diesem „bewegten Lernen". Bestimmte Laufwege (z. B. im Kreis stehend die Position wechseln) können nur durch die Aufgabenlösung (z. B. blauen Ball zum linken Partner reichen) ausgeführt werden.
Wenn dann noch der Positionswechsel mit einer bestimmten Übung (z. B. Hopserlauf) verbunden wird, stellt dies eine sehr anspruchsvolle Merk- bzw. Konzentrations-Übung dar, obgleich im Kern doch nur gelaufen bzw. gewalkt wird.

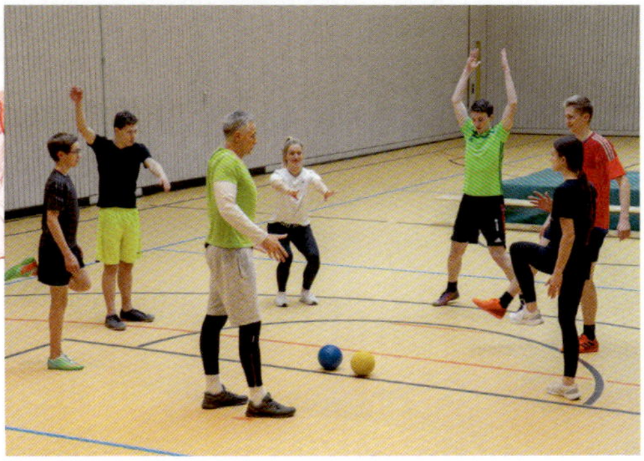

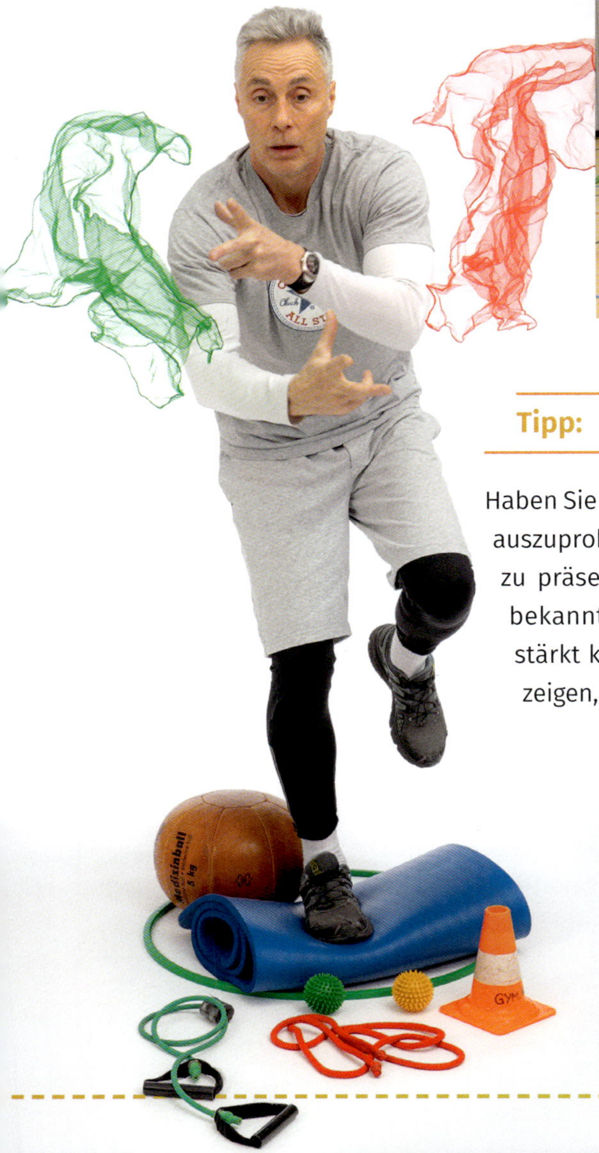

Tipp:

Haben Sie also Mut, immer etwas Neues oder Anderes auszuprobieren und Ihren Schülern und Teilnehmern zu präsentieren. Abseits von den gewohnten und bekannten Pfaden muss sich der Sportler verstärkt konzentrieren, eine erhöhte Aufmerksamkeit zeigen, mit der Konsequenz eines Neulernens.

Nachwort

Ja, es stimmt auch mich nachdenklich, wenn Schüler und Schülerinnen „meckern und nörgeln". Aber weniger, weil ein bestimmtes Thema im Sport mal wieder ansteht (z. B. Ausdauer mit Lauf-Noten). Solche Begeisterungsstürme lassen sich leider nur selten vermeiden. Vielmehr dann, wenn ich feststellen muss, dass – obgleich der Inhalt durchaus uncool ist – es mir selbst nicht gelungen ist, Abwechslung und neue Ideen auch beim Laufen auf der 400-Meter-Bahn anzubieten.
Dass eine Ausdauer-Note durchaus sinnvoll ist, steht außer Zweifel.
Wichtiger für das Endergebnis ist jedoch der Weg dahin.

- von Lauf-ABC-Übungen hin zu Schattenlaufen mit Partner
- von Tempo-Gefühl inkl. Pulsmessung und BORG-Skala
- von Fahrtenspielen bis hin zu Staffelvarianten

Dies sind nur einige Beispiele, wie das Laufen/Joggen interessant und eben nicht langweilig angeboten werden kann. Und dies noch mehr, wenn die Sportlehrkraft aktiv mitmacht (Vorbildfunktion). Jedoch tut es mir teilweise weh, mitansehen zu müssen, wenn im Sommer vor allem die Schülerinnen sich ca. 30 Minuten am Stück dahinschleppen. Und damit es gar nicht allzu fade ist, dürfen sie mit ihrem Handy oder Mp3-Player vor sich hin „grooven".

Liebe Kollegen und Kolleginnen, aber auch Trainer im Verein, wenn wir an unsere Schulzeit zurückdenken, wie eintönig und wenig flexibel wurde hier allzu oft ein Sportunterricht gestaltet.

„Jungs zum Fußball, Mädchen zum Tanzen oder Völkerball!"

Wer kennt diese Szenen, ja Klischees nicht allzu gut?
Aber eben die Weiterentwicklung von Fachwissen aus Sportwissenschaft und Sportpädagogik hilft heute immens, die so wichtigen Maßnahmen zum Sporttreiben, egal, ob jung oder alt, variabel und anspruchsvoll sowie mit einer großen Portion Spaß zu kreieren.

Und für die praktische Umsetzung und Anwendung halten Sie, liebe Leser, daher gerade dieses Buch in den Händen. So ein Nachschlagewerk gelingt aber nur auf der Basis einer langjährigen Erfahrung (als Sportlehrer bzw. Sporttherapeut sowie Dozent), durch kritisches Reflektieren und aufgrund in der Praxis positiv bewährter Übungen.

Hinzu kommt der sportwissenschaftliche Hintergrund, welcher die aktuellen Trends und Trainingsentwicklungen nicht nur berücksichtigt, sondern auch erklärt und begründet.
Ich wünsche Ihnen, ob Sportlehrer oder Vereinstrainer sowie Kursleiter, viel Erfolg bei der Umsetzung der aufgezeigten Ideen. Haben Sie Mut zum „Andersmachen“ und „Ausprobieren“, auch wenn manchmal Übungen oder Spielformen nicht immer „eins zu eins“ gerade bei Ihrer Gruppe und in Ihrer Turnhalle direkt umsetzbar sind. Die Kunst besteht jedoch darin, diese so anzupassen, dass Ihre Teilnehmer nicht unter-, aber auch nicht überfordert werden.

Gerade im Schulsport ist es enorm wichtig, das richtige Maß zu finden, auch bei ergänzenden theoretischen Inputs. So habe ich bewusst einen sehr umfangreichen wie ausführlich dargestellten Anhang verfasst. Hier wurden die für den (regulären) Sportunterricht so wichtigen wie elementaren Informationen zusammengefasst, ohne zu überfrachten.
Egal, ob Feldmaße oder Netz- wie Korbhöhe, Fragen zu Spielregeln oder zur Muskulatur, hier findet jeder Sportlehrer und Trainer alles Wichtige, Notwendige, aber auch Interessante (von A wie aerob bis Z wie zyklisch).

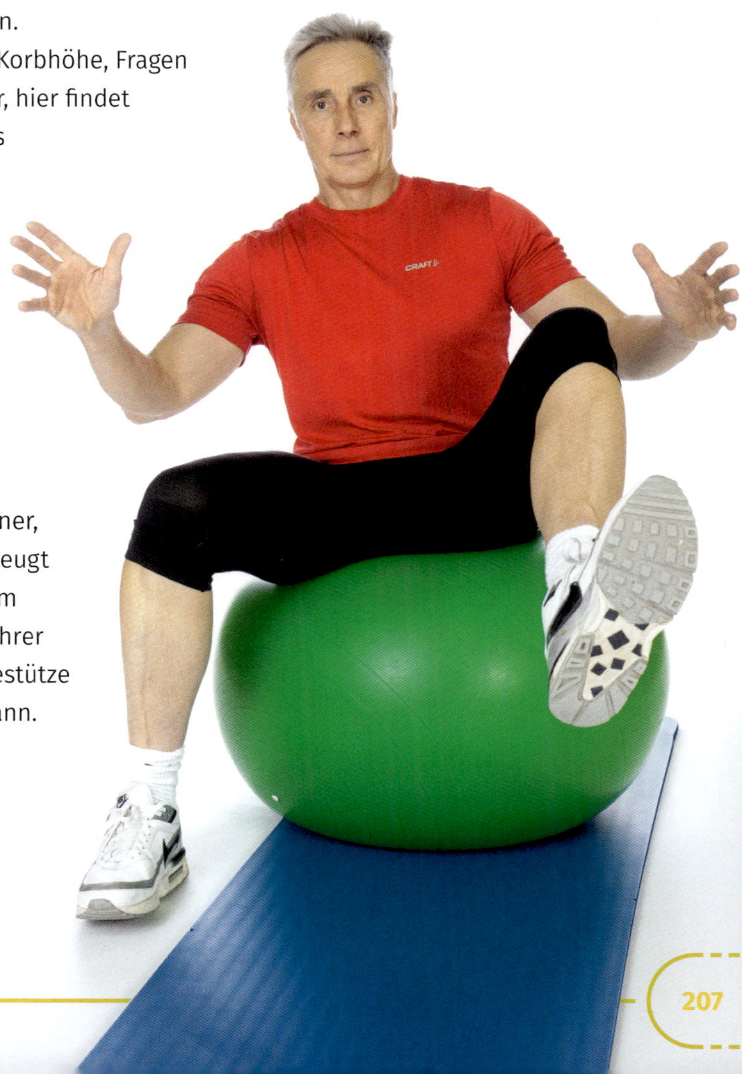

Letztendlich benötigen die Schüler für ein erfolgreiches Bewegungslernen also immer einen Mix aus (ein bisschen) Erklären und (viel) Vormachen.
Daher, liebe Kollegen sowie Trainer, halten Sie sich fit. Denn es überzeugt einen Schüler immer noch am besten, wenn sein („alter“) Sportlehrer den Felgaufschwung, die 25 Liegestütze oder den 5-km-Lauf mitmachen kann.

Ihr Christian Koch

Glossar

• **Adaptation** (Anpassung biologisch)
Der Begriff Adaptation steht im Rahmen der Trainingslehre für die Anpassungsreaktion des Körpers aufgrund von „überschwelligen“ Trainingsreizen. Die einzelnen sportmotorischen Fertigkeiten benötigen dabei nicht nur unterschiedlich **intensive** Reize, sondern auch ebenso unterschiedlich **lange** Phasen der Anpassung.
Zu Beginn bzw. nach bereits nur wenigen Trainingseinheiten verbessert sich die **Koordination**. Im Verlauf von einigen Wochen stellt sich (fließend übergehend) der **Stoffwechsel** (metabolische Anpassung) auf die erhöhte Belastung ein, bevor dann nach vielen Wochen der jeweilige konditionelle Teilbereich objektive Veränderungen an der (Zell-)Struktur entwickelt. So steigt die Muskel-**Kraft** messbar nach bereits vier bis sechs Wochen (bei 3 TE/Woche) an, während für den Bereich **Ausdauer** eher die doppelte Zeit (> zwei bis drei Monate analog 25–30 TE bei 3 TE/Woche) eingeplant werden muss.

• **Agonist** (vs. Antagonist)
Wenn ein Muskel (**Agonist**) eine bestimmte (Haupt-)Funktion ausführt, sind i. d. R. mehrere Muskelbäuche (z. B. vierköpfiger Knie-Strecker) an dieser Bewegung gemeinsam beteiligt. Hier spricht man von den **Synergisten** innerhalb dieser Muskelgruppe. Die Gegenbewegung erfolgt in diesem Beispiel über den (zwei-köpfigen) Knie-Beuger sowie weitere synergistische „Helfer“. Diese Gegenspieler werden dann auch **Antagonisten** genannt.

• **Aktin**
Über das Lichtmikroskop lassen sich innerhalb eines Sarkomers hellere und dunklere Streifen erkennen. Dabei handelt es sich um die Eiweiß-Filamente **Aktin** und **Myosin** sowie im Weiteren **Titin**, **Nebulin** und **Desmin**. Die helleren Zonen gelten vor allem den Aktin-Filamenten, welche an den beiden **Z-Scheiben** verankert sind und wie die Borsten einer Zahnbürste nach innen strahlen. Dabei umschließen jeweils **sechs** (dünnere) Aktin-Fäden das mittig liegende (dickere) **Myosin**. Für eine Kontraktion „docken“ die Myosin-Köpfchen an den Aktin-Filamenten an und ziehen diese über die sogenannte „Köpfchen-Kippbewegung“ zur Mitte hin. In der Summe hat sich der Muskel zusammengezogen. Interessant ist hierbei, dass das Phänomen „**Muskelkater**“ auf klein(st)e Einrisse (Mikro-Läsionen) an den Verankerungspunkten von Aktin und der Z-Scheibe (und nicht auf eine „Übersäuerung“) zurückzuführen ist.

• **Aktives Dehnen**

Das aktive Dehnen erfolgt immer mit Hilfe der Anspannung der gegenspielenden Muskelgruppen (**Antagonisten**). Für die Dehnung der Brustmuskulatur werden beide Arme (dosiert) nach hinten-außen geführt. Dies erfolgt durch die Kontraktion der (queren) Rückenmuskeln. Das aktive Dehnen entspricht einer kontrollierten Schwunggymnastik und wird auch als ballistisches, intermittierendes Dehnen umschrieben. Der Einsatz dieser Dehnmethode wird gezielt **vor** dem Sport bzw. vor dem eigentlichen Hauptteil der TE eingesetzt und stellt die gegenteilige Maßnahme zum **passiven** Dehnen dar.

• **Akzeleration** (vs. Retardierung)

Gerade im Schulsport wird die extrem unterschiedliche Bandbreite der körperlichen Entwicklung auffällig. Bereits in der Unterstufe und (i. d. R.) zuerst bei den Schülerinnen stellt dies stets eine Herausforderung für die Sportlehrkraft dar, homogene Teams (z. B. Basketball) oder gleiche Bedingungen (z. B. Turnen) zu schaffen. Ein Vorauseilen des Wachstums wird als **Akzeleration** (gegenüber der **Retardierung**) beschrieben.

• **Alley Oop** (Basketball)

Im Fußball wird aus einem hohen Zuspiel heraus mit einem Sprung der Ball in das Tor geköpft. Im Handball fängt der Spieler den Ball in der Luft und wirft diesen in das Tor, bevor die Füße den Boden berühren (**Kempa**-Wurf). Gleiches erfolgt im Basketball. Hier springt der Spieler nah am Basketball-Korb hoch, um den Ball in der Luft fangend in den Korb zu **dunken**.

• **Anfersen** (Fersen-Lauf)

Im Rahmen der Geh- oder Lauf-Schule (**Lauf-ABC**) bereitet sich der Athlet mit unterschiedlichen Lauftechniken auf die anstehende TE vor. Neben dem Hopserlauf, dem Seitgalopp oder dem Kniehebelauf werden beim Anfersen die Beugemuskeln im Kniegelenk aktiviert. Dabei werden i. d. R. nur die Vorderfußballen eingesetzt, um eine höhere Lauffrequenz zu gewährleisten.

• **Anpassung** (Adaptation biologisch)

Nach einem „überschwelligen" Trainingsreiz (z. B. 5-Km-Lauf) reagiert der Körper mit einem (kurzzeitigen) Leistungstief (Regenerations-Phase). Über den Effekt der **„Super-Kompensation"** passt sich der Organismus bzw. das Herz-Kreislauf-System stetig den folgenden Lauf-Einheiten an. Neben einer ökonomischeren Atem- und Lauftechnik (koordinative Ebene) verändert sich auch der Stoffwechsel (metabolische Ebene). Danach entwickelt sich eine Reduktion der Herzfrequenz (in Ruhe wie unter Belastung) und des Blutdrucks (RR) sowie eine Zunahme der Sauerstoff-Verwertung (VO_2Max) (strukturelle/morphologische Ebene).

• **Anstellschritt** (Volleyball)
Während im Basketball und Handball nach der Ballannahme über eine raumgreifende Zweier- bzw. Dreier-Schrittfolge der Ballwurf erfolgt, wird im Volleyball mit einem Anstellschritt agiert. Dabei werden beide Füße hüft-breit kurz hintereinander aufgesetzt, um über die Beuge-Streck-Bewegung der Beine am Netz hochspringen zu können (zum Block oder Schmetterschlag). Auch im Fußball wählt der Sportler für seinen Kopfball ins Tor (bei wenig Freiraum) die Anstellschrittvariante. Daher wird diese Absprungform (eher) dann vorgenommen, wenn der Athlet senkrecht hochspringen und ebenso punktgenau wieder landen muss, ohne das Netz oder den Gegner zu berühren (z. B. Sprung-Wurf im Basketball).

• **Antagonist** (Gegenspieler)
Jedem Muskel (**Agonist**) „liegt" ein Gegenmuskel (**Antagonist**) gegenüber. Bezogen auf die Funktion(en) erfolgt z. B. beim Fitnesstraining mit der „Butterfly invers-Übung" das Heranziehen und Nach-innen-Ziehen der (angewinkelten) Arme über den großen Brustmuskel. Um die Arme in die Gegenrichtung nach seitlich-außen („Butterfly revers") zu ziehen, werden (u. a.) die queren Rücken-Muskeln (Schulterblattfixatoren) benötigt. Weitere, gerade für den Sportunterricht anschauliche Beispiele sind der Liegestütz (Push-up) für ein Training der Brust- und der Armstrecker-Muskeln. Ihnen gegenüber werden beim Klimmzug (Pull-up) die Rücken- und die Armbeuger-Muskeln benötigt. Da i. d. R. mehrere Muskeln an einer Hauptfunktion beteiligt sind bzw. diese gemeinsam ausführen (z. B. vier-köpfiger Knie-Strecker), spricht man hier von den **Synergisten**.

• **Antizipation**
Nicht nur im Sport, sondern auch im Alltag begegnen wir regelmäßig Situationen, in denen wir **vorausschauend** handeln müssen. Dieses Vorhersehen oder Erahnen gelingt nur, wenn man das Umfeld sehr gut kennt oder die Situation einem vertraut ist. Ein schönes Beispiel ist dabei die Ampelschaltung. Als Autofahrer kennt man „seine" Ampel auf dem Weg zur Arbeit bestens und weiß genau, wann diese mit dem Grün der Fußgängerampel umspringt. Bei einer neuen Ampel fehlt dieses Vorausschauen um nur wenige Zehntel-Sekunden. Im Sport gelingt diese Antizipation nur dann sehr gut, wenn der Sportler durch sein jahrelanges Training (nahezu) automatisierte Bewegungen erlangt hat. So kann er über den Erfahrungsschatz erahnen, wie der Gegner den Ball (z. B. beim Tischtennis) spielt. Anhand der Körper-Haltung, der Ausholbewegung und der Neigung des Schlägers lässt sich gut erkennen, wo und wie der Ball vom Gegner gespielt wird. Hierbei spricht man von einer **Fremd-Antizipation**. Eine **Eigen-Antizipation** findet dann statt, wenn der Sportler bereits während der Schlagausführung (z. B. Tennis-Vorhand) spürt, dass der Ball sein Ziel nicht erreicht. Diese Gabe des Vorhersehens entwickelt sich ebenso nur über ein langjähriges Training, also in der Phase der Feinst-Form.

• **Assist** (Pass mit Abschluss/Tor-Vorlage)
Der Begriff Assist steht für den gezielten Pass zu einem Mitspieler und dem erfolgreichen (Tor- oder Korb-)Treffer. Meist „übersehen" die Spieler ihren „frei-stehenden" Mitspieler und „erzwingen" einen Torschuss oder Basketballwurf. Der intelligente Spieler nimmt sich hingegen zurück und „füttert" eher seinen besser postierten Mitspieler mit dem Ball für einen sicheren Abschluss. In vielen Spielstatistiken werden daher diese Assists (zusätzlich zu den Punkten/Toren) auch mitgewertet.

• **Athletik-Training** (athletic training)
Das Athletik-Training unterscheidet sich in puncto Intensität maßgeblich von dem Funktions-Training (functional training), obgleich sich viele Übungen sehr stark ähneln. Mittels einer kontrollierten Ausführung bei niedrigen Zusatzlasten (z. B. eigenes Körpergewicht) steht die optimale wie individuell mögliche Rückführung der Gelenk-Funktionen stark im Vordergrund. So können „Außen-Rotations-Übungen" (mit Thera-Band) für eine Linderung bei „Impingment" in der Schulter sehr gut helfen. Aber auch gezielte Dehn- und Mobilisations-Übungen tragen dazu bei, dass z. B. bei chronischen Rücken-Schmerzen die eingeschränkte Funktion (im LWS-Bereich) wiedererlangt wird.

• **Aufforderung** (Aufforderungs-Charakter)
Im Sport spricht man häufig vom **Aufforderungs-Charakter** eines Spiels oder eines Spielgeräts. Gemeint ist damit der Erkennungsgrad in puncto Motivation und Begeisterung, ausgelöst durch das Gerät selbst. Ein Fußball „signalisiert" (auch einem Kleinkind), dass dieser Ball mit dem Fuß geschossen wird. Ein Trampolin animiert automatisch zum Hüpfen und Springen, ebenso ein Seil. Allen Geräten gemeinsam ist ein sehr hoher Aufforderungs-Charakter und sie benötigen keine weiteren Erklärungen für die (elementare) Handhabung. Ein loses Thera-Band am Boden liegend verfügt hingegen über einen sehr niedrigen Charakter bzw. die Begeisterung, damit zu spielen, hält sich stark in Grenzen.

• **Ausdauer**
Die Ausdauer, als eine der fünf sport-motorischen Fertigkeiten, ist definiert als die „**Ermüdungs-Widerstandsfähigkeit inkl. einer schnelleren Regeneration**". Dabei unterscheidet die Trainingslehre u. a. zwischen der Kurz-, der Mittel- und der Langzeit-Ausdauer. Demnach gilt ein 400-Meter-Sprint (< 60 Sek.) als eine (an-aerobe) Kurzzeit-Ausdauer-Belastung, hingegen ein Marathon (> 3 Std.) als die (aerobe) Langzeit-Ausdauer-Form schlechthin. Weitere Unterteilungen erfolgen nach der Menge der eingesetzten Muskelgruppen (lokal vs. global) und der Arbeitsform (statisch vs. dynamisch). Ein klassisches allgemeines aerobes Herz-Kreislauf-Training ist z. B. das Laufen oder das Rudern, mit einem hohen Anteil (> 75 % bzw. 4/6-tel) an dynamisch arbeitenden Muskeln.
Als gute Faustformel für solch ein Ausdauertraining gilt die Orientierung nach **BAUM, HOLLMANN, ROST: THF = 180 S/m minus Lebensalter** (± 5 S).

• **Ausfallschritte** (Lunges)
Der Ausfallschritt ist für sich eine frontale Bein-Grätsche. Während das vordere Bein stark gebeugt wird, bleibt das hintere Bein (fast) gestreckt. Dabei löst sich die Ferse vom Boden. Hierbei spricht man vom großen (langen) Ausfallschritt. Dieser wird gezielt als eine Kraft- und Koordinations-Übung (und nicht als eine Dehn-Übung) eingesetzt.
Um jedoch wirkungsvoll die hüft-beugenden Muskeln zu dehnen, muss der kleine Schritt gewählt werden. Dabei ist das hintere Knie (und Fuß) am Boden zwingend abzulegen.

• **Außen-Drehung** (Außen-Rotation)
Insbesondere die großen Kugel-Gelenke (Hüfte und Schulter) ermöglichen alle Freiheitsgrade im Raum. Neben der Vor- und Rückbewegung (Flexion vs. Extension bzw. Ante- vs. Retroversion) können die Arme wie die Beine nach innen und nach außen gedreht (Innen- vs. Außen-Rotation) werden. Gerade die Hüft-Drehung nach außen mit angewinkelten Beinen ist – nicht nur im Fußball – eine geeignete aktiv-dynamische Beweglichkeitsübung (u. a.) für die Bein-Innenseite (Adduktoren).

• **Auxotonisch** (Muskelarbeitsweise)
Der Muskel kann sich auf verschiedene Weise zusammenziehen bzw. kontrahieren. Dadurch nähern sich der Ursprungs- und der Ansatzpunkt (z. B. Ellenbogen mit Unterarm und Oberarm) des Beugemuskels (hier: M. bizeps brachii) an. Wird nun in einer fließenden Bewegung ein Gewicht (z. B. 5-kg-Kurzhantel-Curl) abwechselnd gebeugt und (wieder) gestreckt, spricht man von einer **auxo-tonischen** Arbeitsweise. Der Muskel entwickelt dabei sowohl verschiedene Längen- wie auch verschiedene Spannungskurven. Bleibt jedoch die angewinkelte Position bestehen (z. B. Klimmzug in 90 Grad haltend), spricht man von einer **iso-metrischen** Kontraktion (iso: gleich; Metrik: Länge).

• **A-zyklische Bewegung** (vs. zyklische Bewegung)
Nicht-zyklische Bewegungen stehen in ihrem Ablauf für sich alleine bzw. stellen eine geschlossene Handlung mit drei Phasen dar. Nach der sogenannten Vorbereitungsphase (z. B. Anlauf mit Stemmschritt im Hochsprung) folgt die eigentliche Hauptphase mit dem Absprung inkl. Armschwung und Hüftstreckung. Die sichere Landung gilt dann als die Endphase dieser **a-zyklischen** Bewegung. Somit gelten Wurf- und Sprungbewegungen (z. B. Speer-Wurf oder Basketball-Jump) als nicht-zyklische Bewegungen (im Vergleich zum Laufen oder Schwimmen).

• **Badminton** (Federball)
Gerade im Schulsport erfährt Badminton eine große Akzeptanz.
Mit wenig Aufwand kann die Lehrkraft gleichzeitig viele Schüler mit der Rückschlag-Sportart (Wahlfach Sport) betreuen. Dabei lassen sich auch mit einer Zauberschnur längs zur Turnhalle

eine Vielzahl an Schlag- und Laufübungen umsetzen. Die Netzhöhe liegt bei 1,53 Meter (= 5 Feet). Die Spielfeldgröße mit den (i. d. R.) grünen Linien beträgt 13,40 Meter (= 44 Feet) × 6,10 Meter (= 20 Feet) für das Doppel-Feld. In einer Einfach-Turnhalle lassen sich vier Felder nebeneinander „abstecken".

• **Bänder** (Gelenk)
Die Bänder bestehen – ähnlich den Sehnen – aus eng aneinanderliegenden zähen Fasern. Viele Tausende dieser Fibrillen bilden ein festes Band und sichern bzw. führen ein Gelenk in seiner Bewegung. Dabei zieht sich das Band von Knochen zu Knochen über das Gelenk (z. B. Seit- u. Kreuzbänder am/im Knie). Ihre wichtigste Funktion ist also vorrangig die (unterstützende) Stabilität. Wiederholte Bandverletzungen (z. B. Supinations-Trauma am Sprunggelenk) führen dazu, dass diese Festigkeit verloren geht. Am häufigsten ist der vordere Kreuzband-Riss (VKB-Ruptur). Auch bei jungen Sportlern wird – obgleich eine gute Beinmuskulatur noch das Kniegelenk sichert – immer eine Rekonstruktion (z. B. Semitendinosus-Sehnen-Implantat) empfohlen.

• **Baggern** (unteres Zuspiel)
Das untere Zuspiel im Volleyball nennt man (auch) Baggern.
Damit wird deutlich, dass die ordentliche Ballannahme aus einer tiefen Bein- und Hüft-Beugung inkl. der vorgestreckten (innenseitigen) Unterarme zu erfolgen hat. Eine geeignete Lernhilfe ist dabei das Aufstehen von der Langbank nach (sanftem) Zuwurf des Mitschülers.

• **Ballistisches Dehnen**
Ballistische Ausführungen stehen für wiederholt kontrollierte, dosierte Bewegungen, mit dem Ziel, die Bewegungsreichweite (ROM) zu erhöhen. Im Rahmen der **aktiven** Dehntechnik werden diese ballistischen (intermittierenden) Bewegungen (z. B. Beinpendeln im Stehen) zum Warm-up eingesetzt.

• **B-A-S-Ko-K©** (Konditions-Tests)
Gerade für Schulklassen und große Mannschaften hat sich die leicht anwendbare Testbatterie **B-A-S-Ko-K** (= **B**eweglichkeit-**A**usdauer-**S**chnelligkeit-**Ko**ordination-**K**raft; siehe Kapitel 9 ff.) sehr gut bewährt.
Die Grundlage für jedes Testverfahren ist eine **objektive** Bewertung und Vergleichbarkeit sowie eine Wiederholbarkeit, sprich, der Test muss **valide** und **reliabel** sein. Dabei ist das Messen der Kraft, der Schnelligkeit oder der Ausdauer mit Testverfahren wie z. B. Anzahl an Klimmzügen oder Liegestütze sowie Sprint- und Laufzeit auf 100 Meter bzw. 1.000 Meter bekannt und ebenso einfach in der Anwendung. Hingegen erfordert das Messen der Beweglichkeit und der Koordination stets mehrere Tests, auch weil sogenannte Störfaktoren das Ergebnis stark verzerren können.

- **Beweglichkeit** (aktiv)

Die Beweglichkeit bezieht sich auf die Weichteilstrukturen wie Muskel, Bänder und Sehnen, welche das Gelenk sichern und führen. Folglich wird die (aktive) Beweglichkeit immer durch den Anteil der Muskulatur (und weitere Elemente) limitiert und fällt gegenüber der **passiven** Beweglichkeit (knöcherne Struktur der Gelenkpartner) weit geringer aus.

- **Beweglichkeit** (passiv)

Die passive Beweglichkeit (Gelenkigkeit) betrifft das jeweilige Gelenk. Hier treffen i. d. R. zwei Gelenkpartner aufeinander (z. B. Kugelgelenk der Hüfte) und gewährleisten unterschiedliche Bewegungsrichtungen. Dabei wird die Bewegungsamplitude von den knöchernen Strukturen begrenzt. Während im Schulter-Gelenk eine extreme Reichweite über alle drei Freiheitsgrade möglich ist, lässt ein Facetten-Gelenk zweier Wirbelkörper nur minimale Bewegungen zu.

- **Bewegungslernen**

Mit der Geburt erlernt das Kleinkind neue Bewegungen (Motorik).
Von kleinsten Fingerbewegungen (Greifen) über Roll- und Stütz-Aktionen bis hin zum Krabbeln ist der Weg zum Stehen und Loslaufen quasi vorgezeichnet. Im Sport spricht man daher auch von einem **sport-motorischen** Lern-Prozess. Je früher dabei Kinder (spielerisch) neue Bewegungen erleben dürfen (z. B. Klettern und Balancieren), desto selbstsicherer agieren diese in den folgenden Jahren.
Dabei unterstützt diese verbesserte Motorik maßgeblich auch die Weiterentwicklung im Sport. Man nennt dies auch positiven Transfer. Daher ist es mehr als überfällig, dass gerade in der Grundschule qualifizierte Sportlehrer den Sport-Unterricht mitgestalten.

- **Bewegungsvorausnahme** (Antizipation)

Die Bewegungslehre unterteilt das sport-motorische Lernen (z. B. Salto im Turnen) in drei Phasen. Zu Beginn steht die **Grob**-Form.
Hier ist die (neue) Bewegung sehr „kopflastig". Der Sportler denkt über jeden Schritt nach (vom Anlauf über den Absprung) und vollzieht eine meist sehr „kantige" wie „unrunde" Bewegung inkl. einer „unsicheren" Landung. Mit einem speziellen Training inkl. der Fehlerkorrekturen entwickelt sich die Salto-Bewegung zunehmend routinierter, ja feiner. Von außen betrachtet, erfolgt ein beherzter Absprung mit Höhe (statt Weite) und einem sicheren „Kleinmachen" in der Luft und dem richtig getimten Öffnen für die Landung (**Fein**-Form). Der Turner denkt immer weniger über die einzelnen Schritte nach. Er beginnt, die Ausführung mehr und mehr zu „verinnerlichen". In diesem letzten Stadium der **Feinst**-Form entwickelt sich auch die Fähigkeit der **Vorausnahme** von Bewegungen.
Er spürt quasi schon beim Absprung, ob sein Salto in der Luft gelingen wird. Diese innere Wahrnehmung nennt man auch **Eigen-Antizipation** (gegenüber der Fremd-Antizipation).

• **Bindegewebe** (Faszien)
Der Begriff Bindegewebe stellt einen Dachbegriff dar und umfasst eine Vielzahl an Fasertypen. Für den Sport interessant ist vor allem das Bindegewebe der Sehnen und Bänder sowie der Faszien. Ihre straffe Struktur (parallel wie gekreuzt) hat viele Aufgaben. Neben der Schutz- und Stütz-Funktion (um und über den Muskel) wird auch die Muskelkraft über die Sehnen an den Knochen weitergeleitet.
Durch ihre sehr zähe wie feste Beschaffenheit (z. B. Seit- u. Kreuzbänder am/im Kniegelenk) haben diese eine sichernde, stabilisierende Funktion. Daher ist es grundlegend „falsch", vor allem Bänder intensiv dehnen zu wollen.

• **Bogen-Spannung** (Vor-Dehnung)
Durch die (möglichst) weite Ausholbewegung bei Wurf- oder Schuss-Bewegungen (z. B. Speerwurf oder Torabstoß) kann mehr kinetische Energie „freigesetzt" werden. Dabei wird die Muskelgruppe kurzzeitig weit auseinandergezogen. Ursprung und Ansatz (z. B. Brust-/Arm-Muskeln) haben sich maximal von einander entfernt.
Aus dieser „vor-gedehnten" Position heraus ergibt sich eine größere „Überlappungsfläche" von Aktin und Myosin (Sarkomer) bzw. ein längerer Kontraktionsweg. Durch die meist schwungvolle Vor-Dehnung werden die **Muskelspindeln** gereizt. Ihre (reflektorische) Antwort ist eine analog schnellstmögliche Kontraktion mit dem Ergebnis eines bedeutend weiteren Wurfs.

• **Borg** (RPE-Skala)
Objektive Messparameter (wie z. B. Herzfrequenz gegenüber Laufzeit/km) ermöglichen eine valide wie reliable Vergleichbarkeit.
Ergänzend hat sich das **subjektive** Anstrengungsempfinden vor, **während** und nach der sportlichen Belastung bewährt (RPE: Received Perception Exertion). Bereits in den 1970er Jahren entwickelte Gunnar **BORG** eine numerische Skala von 6 bis 20. Dabei werden die einzelnen Werte jeweils mit 10 multipliziert und spiegeln (etwa) die momentane Herzfrequenz wider. Zu Beginn einer Laufeinheit steht somit 6 bis 7 für 60–70 S/m.
Während der (aeroben) Laufbelastung entspricht das subjektive Anstrengungs-Gefühl von 14 bis 16 einer Trainingsherzfrequenz (THF) von 140–160 S/m.
Gerade mit großen Schulklassen bietet sich alternativ die „einfachere" Benotung von 1 bis 6 an. Dabei gilt 1–2 als leicht, 3–4 als angenehm anstrengend und 5–6 als schwer bis sehr schwer.

• **Brain-Fitness** (Life-Kinetik®)
Der Sportwissenschaftler Horst **LUTZ** hat bereits Anfang der 2000er-Jahre das bewusste Training von Bewegung und Gedächtnis unter dem (geschützten) Markenamen **Life-Kinetik®** entwickelt. Damit leitete er sehr erfolgreich eine Neuerung im Leistungsport-Training ein. Gerade im Profibereich besteht die Gefahr, dass sich eine Trainings-Monotonie (ungewollt) einschleicht. Das Gehirn braucht für eine Weiterentwicklung neue, bisweilen ganz andere Trainingsreize, damit ein automatisierter Bewegungsablauf (z. B. Tennisaufschlag oder Slalomschwung) sich noch weiter verbessern lässt oder Fehler korrigiert werden können. Heute hat sich das Lernen von Bewegungen über Denk- und Merk-Aufgaben bzw. Zusatzaufgaben (z. B. Bälle auf der Slackline fangen) nicht nur im Breitensport, sondern auch im Schulbereich etabliert. Ähnliche Umschreibungen sind **Brain-Fitness** oder **Gedächtnis-Training.**

• **Cooper-Test** (zwölf Minuten Cooper-Lauf)
Der amerikanische Arzt K. **COOPER** (*1931) entwickelte bereits in den 1970er-Jahren diesen Test zur Bestimmung der Ausdauerleistung, insbesondere für die Eignung der Soldatenanwärter. Dabei hat der Sportler die Aufgabe, innerhalb der vorgegebenen Zeit von genau zwölf Minuten eine möglichst weite Strecke zurückzulegen. Gute bis sehr gute Distanzen sind i. d. R. acht Runden à 400 Meter bzw. 3.200 Meter und mehr. Als Eignungstests für das Sportstudium oder für die Polizei werden (mind.) sieben Runden (2.800 Meter) benötigt.

• **Cross-Fit** (vs. Hyrox)
Seit vielen Jahren hat sich (nicht nur in den Fitness-Studios) eine „neue" Trainingsvariante etabliert. Dabei werden meist mehrere **körpereigene** Übungen mit jeweils einer bestimmten Wiederholungszahl je Zeit hintereinander und ohne Pausen absolviert. Nach z. B. 30 Kniebeugen folgen (ohne Pause) 20 Liegestütze mit anschließend zehn Klimmzügen bei insgesamt drei Durchgängen (Serien). Metabolisch betrachtet bewegt sich der Cross-Fit-Athlet dabei in einem (intensiven) Kurzzeit-Ausdauer-Bereich mit **anaerober** Belastung bei hohen Laktat- und pH-Werten. Gerade Turner und/oder Gewichtheber profitieren von den erlernten Bewegungs-Mustern wie dem Handstand-Lauf, dem Seilklettern, der Langhantel-Kniebeuge oder dem Langhantel-Kreuzheben. Die Cross-Fit-Athleten greifen dabei oft auf (unterschiedlich starke) Gummibänder (**DEUSER**-Band) zurück. Damit können über den „Aufzug-Effekt" z. B. bedeutend mehr Klimmzüge oder Dips absolviert werden.

• **Crunch** (vs. Sit-up)
Sobald die Fußspitzen **nicht** unter einer Sprossenleiter oder von einem Mitschüler fixiert werden, erfolgt die Oberkörperaufrichtung (fast) ausschließlich über die Bauchmuskeln. Meistens werden dabei die Beine angewinkelt, sodass diese Form des Rumpftrainings auch im Gesundheitssport als „rückenschonende" Übung gegenüber der Sit-up-Übung (mit Fuß-Fixierung) bevorzugt wird.

• **Dandln**
Den Fußball mit den Füßen (oder Oberschenkel, Brust, Kopf) „in der Lufthalten", ohne dass der Ball auf den Boden fällt, nennt man (nicht nur in Bayern) auch dandln.

• **Deduktives Lernen** (vs. induktives Lernen)
Die deduktive Lernmethode kann – vereinfacht gesagt – mit „viel Vorgabe der Sportlehrkraft und wenig Handlungsspielraum des Schülers" umschrieben werden. Im Sport helfen bisweilen (notwendige) Regeln und Hinweise, wie der Schüler erfolgreicher eine Bewegung umsetzen kann (z. B. Anlauf für den Ballweitwurf). Das **induktive** Lernen hingegen lässt dem Schüler mehr Eigendynamik zukommen. Er soll und darf dabei selbst „tüfteln", welche Ballwurf- Technik für ihn persönlich am besten funktioniert (problemorientiertes Lernen). Beide didaktischen Lernmodelle sollten – je nach Situation – zur Anwendung kommen und werden i. d. R. miteinander kombiniert bzw. ergänzen und begünstigen sich gegenseitig.

• **Dehnen** (aktiv/passiv)
Dehnen steht im Sport für das „in die Länge ziehen der Muskulatur". Dabei werden Ursprung und Ansatz voneinander entfernt. Diese Ausrichtung in eine **longitudinale** Richtung erfolgt über verschiedene Techniken. Werden z. B. die Arme mit Hilfe der Anspannung der queren Rückenmuskeln (Antagonisten) nach seitlich-außen geführt, spricht man vom **aktiven** Dehnen der (vorderen) Brustmuskulatur. Um diese jedoch **passiv** zu dehnen, werden die Arme (ohne Eigen-Aktivität) z. B. von einem Partner oder einem Therapeuten nach seitlich-außen geführt. Eine weitere Unterteilung ist die Vorgehensweise. So können beide Techniken (aktiv wie passiv) in sich haltend (**statisch**) oder mit dosierten Zusatzbewegungen (**dynamisch**) ausgeführt werden.

• **Deuser** (Gummiband)
Das Deuser-Band wurde von E. **DEUSER** (1910–1993) bereits in den 1960er Jahren entwickelt. Als Physiotherapeut und Masseur der Fußball-National-Mannschaft erkannte er bereits damals, wie sich mit einem straffen Gummiband Schnelligkeits-, Reaktions- und Kraft-Übungen effektiv(er) ausführen lassen. Mit dem **Cross-Fit**-Boom kommen die Gummibänder wieder verstärkt zum Einsatz, um vor allem schwere Zug- und Stützübungen (z. B. Klimmzug oder Dip) zu „erleichtern".

• **Dips** (Arm-Stütz)
Ähnlich dem Liegestütz erfolgt bei der Dip-Übung (z. B. am Barren) für das Hochdrücken eine Beuge-Streck-Bewegung im Ellenbogen-Gelenk. Da bei dieser Vertikalbewegung das komplette Körpergewicht bewegt werden muss, bieten sich kleine Hilfen (z. B. Gummiband) an. Als Training für die (vorderen) Schulter-, die Brust- und die (hinteren) Arm-Muskeln kommt der Athlet an der Dip-Übung nicht vorbei.

- **Doppel-Pass** (Pass vs. Rückpass/Give & Go)

Der Begriff Passen nimmt in allen Ballsportarten mit einem und mehreren Mitspielern eine zentrale Bedeutung ein. Sowohl beim Fußball, dem Handball, dem Basketball oder dem Feldhockey wird der Ball gezielt (direkt oder indirekt, über Boden) dem Partner zugespielt. Dabei bietet es sich an, direkt nach dem Pass in Richtung Tor oder Korb weiterzulaufen, um den eben abgespielten Ball wieder zu erhalten. Dieses schnelle Hin- und Herspielen des Balles mit einem Raumgewinn und dem (erfolgreichen) Treffer (Assist) wird als Doppel-Pass oder Pass und Rückpass beschrieben. Gleiches gilt im Basketball und ist als „Give & Go" bekannt.

- **DOSB** (Präventions-Sport)

Der Deutsche Olympische Sportbund wurde 2006 gegründet und stellt einen Zusammenschluss von **DSB** und **NOK** dar. Als Dachorgan vertritt der eingetragene Verein (Sitz in Frankfurt) alle nicht-olympischen und olympischen Spitzenverbände sowie an die 90.000 Vereine innerhalb der 16 Landesverbände (z. B. BLSV). Damit legt der DOSB auch im Breiten- und Gesundheitssport (Sport Pro Gesundheit/SPG) der Vereine die Richtlinien für ein hohes Qualitätsniveau fest (siehe **ZPP**).

- **Dribbeln** (Basketball)

Während im Handball vom Ball-**Prellen** gesprochen wird, gilt im Basketball der Begriff Ball-**Dribbling** (mit jeweils nur einer Hand). Auch das Ball-**Führen** mit dem Fuß wird mit Ball-Dribbling umschrieben.

- **Drop Jump** (Niedersprung)

Im Rahmen von Schnelligkeits- und Reaktionstraining werden gerne die Niedersprünge (Drop Jumps), kombiniert mit einem schnellen Folge- oder Zweitsprung, eingesetzt. Dabei findet während der sehr kurzen Flugphase (< 0,5 Sek.) bei einer Sprung-Tiefe von 30–60 cm (z. B. Kasten) eine Dehnung der Strecker-Muskeln im Hüft- und im Beinbereich statt. Als Reaktion erfolgt eine reflexartige wie explosive Kontraktion der vor-gedehnten Muskelfasern. Durch die größere Überlappungsfläche von Aktin zu Myosin in den „gedehnten" Sarkomeren entstehen höhere Kräfte. Ausgelöst wird dieses Ergebnis einer reaktiven Anspannung durch die **Muskelspindeln**. Je schneller und stärker die Fasern dabei vorgedehnt werden, desto höher fällt die Gegen-Kontraktion aus. Unter dem Begriff **Plyometrie** werden daher (neben Drop Jumps) alle Bewegungsmuster zusammengefasst, die über eine Vor-Dehnung (z. B. Ausholbewegung beim Speerwurf oder beim Tennisaufschlag) diese verbesserte Kraftentfaltung auslösen bzw. ausnützen (muskuläre Bogen-Spannung).

• **Dunking**

Der sicherste wie spektakulärste Korberfolg ist das „Hinein-Stopfen" des Basketballs in den (3,05 Meter hohen) Korb, genannt Dunking. Wer sich auch als Nicht-Basketballer begeistern lassen möchte, findet z. B. bei **YouTube** unter „**Dunking-Contest/NBA**" schier unglaubliche Varianten, welche dem Athleten eine enorme Sprungkraft, aber ebenso viel Körper- und Ballgefühl abverlangen. So gab es bis dato nur drei Spieler der NBA (Dr. J. **ERWIN**, M. **JORDAN** und Z. **LAVINE**), die an/vor der (13 Feet/4,22 Meter entfernten) Freiwurflinie absprangen und erfolgreich den Ball in den Korb dunkten. Amazing!

• **Fairness**

Gerade wir als Sportlehrer/Trainer können – in spielerische Weise – den Grundgedanken der Fairness immer wieder trainieren. Es sollte daher selbstverständlich sein, dass nach einem Foul sich der Schüler entschuldigt oder seinen „Fehler" (Ball im Aus) zugibt. Dieses „Sich Zurücknehmen" oder „Schwächere" zu unterstützen sind die Eckpfeiler von Fairness gerade im Sportunterricht, der somit auch eine wichtige Lern- und Lehrplattform (Sport-Pädagogik) für den Alltag darstellt. Dieser Fairplay-Gedanke wird (bisweilen) im Amateur- wie Profifußball leider zu wenig „vorgelebt", teils mit „den Füßen getreten".

• **Fast Hop** (Weitsprung)

Schneller Sprung nach vorne-oben, und dies aus einer mittleren bis tiefen Kniebeuge heraus mit unterstützendem Armschwingen. Durch diese Ausführung lassen sich bedeutend höhere (Explosiv-)Kräfte in den hüft- und beinstreckenden Muskelketten entfalten. Diese Reaktion wird durch das „Vor-Dehnungs-Prinzip" ausgelöst. Dabei reagieren die sehr empfindlichen **Muskelspindeln** mit einer reflektorischen Kontraktion.

• **Faszien** (Bindegewebe)

Bereits wenige **Myofibrillen** werden durch ein straffes Bindegewebe zu einer **Muskelfaser** zusammengehalten. Ebenso wiederum mehrere Muskelfasern zu einem **Muskelbündel** bis hin zu einem **Muskelbauch**. Damit schützen die **Bindegewebshäute** die Fasern und lassen diese gegeneinander besser gleiten. Neben dieser Schutzfunktion liegen auch große Faser-Platten auf bzw. über den Muskeln. Die große Faszien-Platte im Lumbalbereich überspannt die (unteren) Rücken-Muskeln und kann bei einer „Verklebung" auch für Rückenschmerzen mit verantwortlich sein. Daher gelten vor allem runde, kontrollierte Schwungbewegungen (z. B. Oberkörper-Rumpf-Rotation) als gutes Mittel, diese „Verspannungen" wieder aufzulösen.

• **Filament** (Muskel)

Bis Anfang der 1980er-Jahre ließen sich durch das Lichtmikroskop nur **zwei** Filamente, nämlich das (dünnere) **Aktin** und das (dickere) **Myosin** erkennen. Diese Eiweiß-Stränge werden auch Protein-Filamente genannt und sind die beiden Hauptakteure bei einer Kontraktion. Erst mit einer verbesserten/verfeinerten Technik der elektronischen Lichtmikroskopie (und der Gel-Elektrophorese) konnte noch detaillierter das **Sarkomer** analysiert werden. Hier fand man Mitte der 1980er Jahre die Eiweiß-Filamente **Desmin**, **Nebulin** und **Titin**. Letzteres ist maßgeblich für die Ursprungslänge des Muskels verantwortlich (Feder-Funktion) und kann nur (indirekt) durch Krafttraining (und nicht durch Dehnung) in seiner Funktion nachhaltig beeinflusst werden.

• **Fitness** (and Health)
Neben einem (ausgeglichen) Trainingszustand der fünf konditionellen Fertigkeiten beinhaltet Fitness auch den geistigen Bereich. Will sagen, Fitness ist mehr als nur Training, sondern immer auch Ausgleich zum Berufs-Alltag (Thema: Stressabbau) und Pflege sozialer Kontakte sowie (rundum) ein gesunder Lebensstil (inkl. Ernährung u. Schlaf).

• **Flop** (Fosbury-Flop)
Bei den olympischen Spielen 1968 „überraschte" Dick **FOSBURY** sowohl Gegner wie Zuschauer mit einer bis dato unbekannten Variante des Hochsprungs. Statt im Scher-Sprung oder bäuchlings (**Straddle**) über die (vier Meter lange) Latte zu springen/zu rollen, überquerte der Athlet diese rücklings. Auf Anhieb gewann er mit beachtlichem Vorsprung den Wettbewerb (2,27 Meter). Wie die Bewegungslehre und die Biomechanik zeigen konnte, lässt sich über diese Flop-Technik mit einer extremen Hüftstreckung das Optimum an Höhe erzielen.

• **Foot** (12 Inches)
Eine Fußlänge, also **1 Foot**, beträgt (nach englischem Maß) **12 Inches**. Da die Länge je Inch genau **2,54 cm** entspricht, ergibt sich somit eine Fußlänge von rund **30,5 cm**. Viele Sportarten, gerade in USA, haben Feldmaße oder Korb- und Netzhöhen in **Feet** angegeben. So hängt z. B.der Basketball-Korb **10 Feet** (= 3,05 Meter) und das Volleyball-Netz **8 Feet** (= 2,44 Meter) hoch. Im Badminton (Netzhöhe = 5 Feet) oder im Tennis (Netzhöhe = 1 Yard) gelten die gleichen (englischen) Maße.

• **Freeletics** (Free-Athletik)
Mit dem eigenen Körper anspruchsvoll trainieren. Ähnlich dem Parkour „reduziert" der Sportler sein Training auf körpereigene Übungen ohne Einsatz von Zusatzlasten (z. B. Langhantel-Training) oder Zusatzgeräten. Liegestütze (Push-ups), Klimmzüge (Pull-ups), Klappmesser (Jack Knife) oder Hampelmann (Jumping Jack) sind nur einige der vielen Freeletics-Übungen (www.**freeletics**.com). Dabei werden diese ohne Pausen hintereinander absolviert (z. B. 15 Burpees + 15 Climber + 15 Squats).

• **Freiwurf** (Basketball)
Nach einem Foul darf der (gefoulte) Spieler an die **Freiwurflinie** (13 Feet = 4, 22 Meter) gehen. Binnen fünf Sekunden muss er einen von ein, zwei oder drei Freiwürfen ausführen, welche (nur) einen Korbpunkt liefern. Auch im Handball gibt es einen (7-Meter-)Strafwurf sowie im Fußball einen (11-Meter)Strafstoß.

• **Frisbee** (Ultimate-Scheibe)
Die Wurfscheibe aus Kunststoff wurde bereits in den 1950er Jahren in den USA entwickelt und 1980 von der Firma **Wham-O** unter dem Marken-Namen Frisbee® patentiert. Als Grundidee diente dabei das Werfen der (gebrauchten/nutzlosen) Tortenböden. Sowohl im Schulsport wie in der Sportlehrer-Ausbildung hat sich der Einsatz dieser Flugscheibe etabliert und bietet viele Spielmöglichkeiten (z. B. Brenn-Ball oder Golf-Disc).

• **Funktions-Training** (functional training)
Functional training zeigt vorab viele Gemeinsamkeiten zum Fitness- und/oder Athletik-Training, setzt dabei aber den Schwerpunkt auf **mehr-gelenkige** Übungen mit Blick auf alltägliche Bewegungsabläufe (z. B. rückenstabile Kniebeuge). Funktions-Training findet in der Sporttherapie auch unter dem Begriff **ADL**-Training (activity daily livings) statt (z. B. rücken-stabiles Anheben von Lasten).

• **Gassenaufstellung** (Organisationsformen)
Gerade für Ball-Übungen (Passen-Werfen vs. Fangen-Stoppen) bietet sich die sogenannte **Gassenaufstellung** an. Hierbei stellen sich i. d. R. zwei Spieler mit ca. 5–10 Meter Abstand zueinander/gegenüber auf und passen sich z. B. den Handball indirekt und direkt zu. Wenn die weiteren Paare sich ebenso nebeneinander bzw. zueinander postieren, ergibt dies eine Gasse (Baum-Allee), bei der auch die Beobachtung seitens des Trainers sehr gut funktioniert.

• **Gedächtnis** (Brain-Training)
Brain-Fitness oder **Life Kinetik®** sind analoge Begriffe, wenn es darum geht, unser Gehirn mit neuen wie ungewohnten Aufgaben herauszufordern. Dabei werden sport-motorische Handlungen mit Denk- und Merkaufgaben bewusst kombiniert. Z. B. müssen bei allen ungeraden Zahlen nur der rechte Arm und das rechte Bein nach vorne bzw. hinten geführt werden (1 = rechter Arm vor, 3 = rechter Arm zurück, 5 = rechtes Bein vor, 7 = rechtes Bein zurück). Viele dieser Übungen lassen zu Beginn den Sportler oft „verzweifeln", zeigen aber bereits nach einigen TE eine signifikante Verbesserung. Hier haben sich (aus neurologischer Sicht) sogenannte **Synapsen** neu gebildet. Es findet also eine Zunahme der feinsten Verästelungen im Gehirn statt und dies nicht nur bei Kindern, sondern auch im höheren Alter (adulte Neurogenese). Wie sagte bereits hierzu treffend die Schauspielerin I. **MEISEL**: „... ich lerne jeden Tag einen Vers auswendig ...!"

• **Give & Go** (Doppelpass/Pass vs. Rückpass)
Im Basketball erfolgt nach dem Zuspiel an den Mitspieler und einer Bewegunsfinte inkl. Raumgewinn und Freilaufen (vom Gegner weg) ein Rückpass, meist mit dem erfolgreichen Korbtreffer. Diese Grundlage wird auch „Give & Go" genannt und findet im Handball oder Fußball auch als Doppelpass-Spiel oder Pass und Rückpass-Spiel seine Anwendung.

• **HIT** (high intensity training)
Das High-Intensity-Training setzt bewusst die **Intervall**-Methode ein und wechselt zwischen intensiven Kraft- und Ausdauerübungen bei nur „lohnenden" (unvollständigen) Pausen.

• **Hopsern** (Hopser-Lauf)
Das Hopsern bzw. der Hopser-Lauf ist eine dynamische Lauf-Sprung-Bewegung mit kräftigem Armeinsatz. Dabei erfolgt eine Beugung auf der rechten Hüft-Beinseite mit diagonalem Anheben der linken Armseite (und umgekehrt). Obwohl das Gehen und das Laufen stets über eine (natürliche) gegengleiche Arm- zu Beinbewegung erfolgen, „stolpern" nicht nur Schüler über diese Ausführung und verfallen in den Pass-Gang (linker Arm und linkes Bein nach vorne).

• **Hula-Hoop®** (Reifen)
In jeder Schulturnhalle hängen meistens bunte Reifen an der Wand. Neben den Holzreifen gibt es die farbigen Kunststoffreifen, besser bekannt als **Hula-Hoop**-Reifen. Der **Aufforderungscharakter** zeigt den Schülern eindeutig an, diesen Reifen schwingt man um die Hüfte. Neben dieser Koordinationsübung lassen sich weitere Sprung- und Schnelligkeits-Einheiten (In & Out) gestalten. Gegenüber der Koordinations-Leiter können über die Farben dabei weit mehr ideenreiche Brain-Fitness- und Reaktions-Übungen kreiert werden. Interessant ist, dass die Firma **Wham-O** (USA) neben der **Frisbee**-Scheibe auch für den **Hula-Hoop**-Reifen (seit 1958) das Patent besitzt.

• **Hyrox** (vs. Cross-Fit)
Seit 2017 wird die neue Eventsportart **Hyrox** in Fitness-Studios als Indoor-Wettkampf angeboten. Im Kern ähnelt diese sehr stark dem **Cross-Fit** und variiert zwischen Ausdauer- und Kraftübungen. Nach jeweils 1.000 Meter Laufen wechselt der Athlet zu einer (teils) sehr intensiven (HIT) Krafteinheit (z. B. Kniebeuge/Squat mit Medizinball, Ausfallschritt/Lunge mit Sandsack, Liegestütz/Push-up mit Hocksprung) bei festgelegten Wiederholungszahlen. Am Ende wird die Gesamtzeit für alle **acht** 1.000-Meter-Läufe und alle **acht** Übungen gewertet.

• **Inch** (Zoll)
Im anglo-amerikanischen Sprachgebrauch gelten i. d. R. andere Maßeinheiten. Neben den **Yards** (= 3 Feet bzw. 92 cm) und der **Meile** (= 1,6 km) sind vor allem die Einheiten **Inch** und **Foot** interessant. So hatte 1891 der Pädagoge J. **NAISMITH** am Campus von Springfield (Massachusetts) die Idee, die beiden (Weiden-) Körbe (= Baskets) auf einer Höhe von genau **10 Feet** (an der Wand) zu befestigen. Wenn ein **Inch 2,54 cm** beträgt, ergibt sich bei **12 Inches** (= 1 Dutzend) somit eine Fußlänge von **30,5 cm** mit einer Korbhöhe von **3,05 Meter**, also 10 Feet.

• **Induktives Lernen** (vs. deduktives Lernen)
„Finde selbst deine für dich beste Technik heraus", damit z. B. ein flacher Stein mehrmals über das Wasser „hüpfen" kann. Durch Ausprobieren, Spüren und Beobachten kann auch der Sportler seine persönliche Wurf- oder Schusstechnik entwickeln, solange diese regelkonform abläuft. Darum helfen die (**deduktiven**) Vorgaben und Informationen, warum z. B. die Wurftechnik im Basketball möglichst vor/oberhalb (und nicht seitlich) vom Kopf zu erfolgen hat. So gesehen ist ein Wechseln beider Lernmethoden immer ein Garant für erfolgreiches Bewegungslernen.

• **Iso-metrisch** (vs. iso-tonisch)
Bei einer Muskelkontraktion verändert sich (auch ohne Zusatzgewicht) die **Muskel-Spannung**. So kann man z. B. im Sitzen oder Liegen den Oberschenkel-Muskel (hier: M. Quadrizeps femoris) bewusst anspannen. Hierbei nimmt die **Muskel-Spannung** (Tonus) spürbar wie messbar zu, die **Muskel-Länge** (Metrik) bleibt hingegen gleich (iso). Beugt und streckt man jedoch das Kniegelenk (z. B. im Liegen in der Rückenlage), verändert sich die **Muskel-Länge**, aber die **Muskel-Spannung** bleibt jedoch gleich (iso-tonisch). Erfolgt die Beuge- und Streckbewegung mit einer Zusatzlast (z. B. Beinpresse im Sitzen), verändern sich sowohl die Muskel-Länge wie auch die Muskel-Spannung. Diese i. d. R. natürliche Arbeitsweise (nicht nur im Sport) wird **auxo-tonisch** genannt.

• **Iso-tonisch** (vs. iso-metrisch)
Der Begriff „iso" steht für gleich und „Tonus" für Spannung.
Somit gilt eine **iso-tonische** Muskelarbeitsweise dann, wenn sich der Muskel (z. B. M. bizeps brachii) zwar verkürzt und (wieder) verlängert, also beugt und streckt, jedoch die Muskel-Spannung gleich bleibt. Diese rein iso-tonische Form findet dann statt, wenn keine Zusatzlasten zum Einsatz kommen (freies Pendeln oder Bewegen eines Gelenks). Hält man hingegen das Ellenbogengelenk z. B. in einer 90-Grad-Position und spannt den Bizeps-Muskel fest an, gilt dies als eine **iso-metrische** Kontraktion. Mit einer Zusatzlast (Langhantel-Bizeps-Curl) verändert sich die Muskellänge und auch die Muskel-Spannung (**auxo-tonisch**).

• **Kamm-Griff** (vs. Rist-Griff)
Der **Kamm-Griff** beschreibt (nicht nur im Turnen) das Greifen einer Reckstange oder Langhantel mit nach **außen** gedrehten Daumen (= Supination). Als „Eselsbrücke" hilft dem Schüler der Hinweis, mit dieser Handhaltung „kämmt" er sich durch die Haare. Aus physiologischer Sicht arbeiten neben den breiten Rückenmuskeln (= M. latissmus dorsi) auch die Oberarmbeuger (= M. bizeps brachii) sowie (bei engem Griff) die Brustmuskeln (= M. pectoralis major) anteilig mit. Welcher Griff nun signifikant besser ist, kann in dem Buch **Fitness-/Krafttraining** von **BOECKH-BEHRENS** und **BUSKIES** (Rowohlt-Verlag) detailliert nachgelesen werden. Ein Muss, nicht nur für Fitness-Sportler! Durch das (oberflächliche) EMG-Messverfahren wurden u. a. alle gängigen Grifftechniken (Hammer-, Kamm- und Rist-Griff/breit vs. eng) bei unterschiedlichen Fitnessübungen (z. B. Klimmzug) gegeneinander verglichen. Dabei zeigt sich ein leichter Vorteil von ca. 5 % bei engem Kamm-Griff gegenüber dem weiten Ristgriff. Interessant ist die Tatsache, dass die Schüler beim „Ausprobieren" den gleichen Vorteil spüren.

• **Kempa** (Handball)
Der deutsche Handballspieler B. **KEMPA** (1920–2017) glänzte während seiner Karriere als Bundesliga- und Nationalmannschaftsspieler mit einer besonderen Torwurf-Variante. Dabei sprang er vor der (6-Meter-)Torlinie ab, fing den punktgenau gepassten Ball in der Luft, um diesen vor der Landung im Torraum ins Tor zu werfen. Heute gehört dieser „Kempa-Trick" zum Basis-Repertoire jedes Handballers und ist auch ein Markenname für (Handball-) Sportartikel.

• **Kettenfangen**
Ein beliebtes Fangspiel ist das Kettenfangen, quer durch die Halle oder auch von einer zur anderen Turnhallen-Seite. Dabei nehmen sich zwei, drei oder (wahlweise) viele Schüler an die Hand, um gemeinsam zu fangen. Statt des direkten Handkontakts wählt man hierzu auch Leibchen oder Seile.

• **Klappmesser** (Bauch-Übung)
Das Klappmesser (Jack Knife) gilt als eine gern „kritisierte" Bauch-Übung. Dabei erfolgt die dynamische Klappbewegung mit gestreckten Armen und Beinen (langer Hebel) gleichzeitig zueinander. Folglich werden die **ventralen** Muskel-Ketten (von Arm-Schulter-Brust hin zu Bauch-Hüfte-Bein) benötigt. Vom Bewegungsablauf her „ähnelt" das Klappmesser z. B. dem Felgaufschwung am Reck, dem Hochziehen am Stab oder dem Überqueren der Hürde. Es darf also vermutet werden, dass sich auch über diese speziellen Bewegungsmuster solch eine „Trockenübung" (i. S. einer begleitenden Fitness-Kraft-Übung) entwickelt hat. Im Rahmen eines „rücken-freundlichen" Bauchmuskeltrainings sollte jedoch das „halbe Klappmesser" (siehe: **Pilates**) bevorzugt werden.

• **Kniebeuge** (Squat)
Die (hüftbreite) Kniebeuge stellt eine der „Königs-Übungen" im Bereich Krafttraining (Gewichtheben) dar. Aber auch ohne Langhantel lässt sich über die mittlere und tiefe Kniebeuge alltagsnah trainieren (ADL). Als mehr-gelenkige Übung werden hierzu alle Bein- und Hüftmuskeln sowie (stabilisierend) die Rumpf- und (oberen) Rückenmuskeln benötigt. Erfolgt dann noch die Kniebeuge (barfuß) auf einem **Pezzi®-Ball** stehend, stellt dies sicherlich das Maximum einer Kraft- und Koordinations-Übung dar.

• **Knieheben** (Kniehebe-Lauf)
Beim Kniehebe-Lauf, auch Skipping genannt, werden die Beine in angewinkelter Form über die Hüftbeugung angehoben. Für eine schnelle (hoch-frequentierte) Ausführung berühren wiederum nur die Vorderfußballen den Boden. Wahlweise können auch die Hände oder Unterarme (links-rechts) diagonal den Oberschenkel antippen.

• **Köpfchen-Ball**
In diesem hinführenden Schrittregel-Spiel wird der weiche Ball (z. B. ein Volley-Ball) mit dem Kopf direkt an die Turnhallenwand oder in das Tor geköpft. Hierbei darf mit dem Ball nicht gelaufen werden, sondern es sind (je nach Ziel) nur **zwei** (Basketball) oder **drei** (Handball) Schritte erlaubt. Für einen guten Raumgewinn wird der Ball punktgenau zum Mitspieler gepasst. Nah an der Wand kann dieser den Ball direkt aus dem Pass oder mit Fangen und Vorlegen an die Wand köpfen. Ein schnelles Pass- und Fangspiel (Freilaufen, Fintenschlagen), das gerade für kleine Teams (3 bis 5 Spieler) sehr gut geeignet ist.

• **Kondition**
Allzu oft heißt es: „... ich gehe joggen und trainiere meine Kondition ...!" Genau genommen wurde hier vorrangig nur die Ausdauer trainiert. Kondition dient als Dachbegriff für die einzelnen fünf sport-motorischen Fertigkeiten **B**eweglichkeit, **A**usdauer, **S**chnelligkeit, **Ko**ordination und **K**raft (siehe: Kapitel 9: **B-A-S-Ko-K**-Test). Dabei unterliegt jede Fertigkeit ihren eigenen Anpassungszeiträumen (Adaptation). Während für eine signifikante Verbesserung der Sprint-Schnelligkeit (z. B. 100-Meter-Zeit) ein hochkomplexes wie langwieriges Training über (mindestens **sechs Monate** notwendig ist, lässt sich bereits durch nur **wenige TE** die (intra-und inter-muskuläre) Koordination positiv verändern.

• **Kontraktion** (Muskelarbeitsweise)
Der Skelett-Muskel ist das „faulste Organ"! Erst auf einen Befehl (ZNS) hin spannt sich der Muskel an. Dabei unterteilt man die Arbeitsweise in eine **überwindende** (= konzentrische/positive) Phase und eine **nachgebende** (= exzentrische/negative) Phase. Das Hochziehen zum Klimmzug gilt als Konzentrik, das Herabsenken als Exzentrik. Hierbei verändert sich sowohl die Muskel-**Länge** wie auch die Muskel-**Spannung**. Diese (natürliche) dynamische

Muskel-Arbeitsweise wird als **auxo-tonisch** beschrieben. Verweilt jedoch der Muskel in seiner Position (z. B. statische Knie-Beuge), gilt dies als eine **iso-metrische** Arbeitsweise (= iso: gleich; Metrik: Länge). Dem gegenüber stellt das Beugen und Strecken ohne Kraftaufwand eine **iso-tonische** Funktion dar (= iso: gleich; Tonus: Spannung).

• **Kopplung** (Bewegungs-Koordination)
Eine von mehreren Unterteilungen der Koordination ist die Bewegungs-**Kopplung**. Die synchrone oder asynchrone Arm-zu-Bein-Koordination bei der Brust- oder Kraul-Technik ist ein gutes Beispiel. Je routinierter die Beuge-Streck-Bewegung inkl. der Atmung koordiniert wird, desto kraftsparender (ökonomischer) gelingt das Brustschwimmen. Bei der Kraul-Technik müssen hingegen die Arme in Abstimmung zur (Dreier-, Vierer-)Atemrhythmik eher langsam, die Beine jedoch schnell bewegt werden. Auch die Ballaufnahme nach dem Dribbling mit einem erfolgreichen Korbleger stellt eine fein justierte Bewegungs-Kopplung dar. Und auch im Tennis überträgt der Sportler den Armschwung aus dem kraftvollen Aufschlag an seine (anstehende) Vor- oder Rückhand optimal weiter.

• **Korbleger** (Basketball)
Die Basics sind im Basketball (neben Dribbeln und Passen) der Korbleger. Von rechts startend, wird ca. zwei Meter vor dem Basketball-Brett der Ball aus dem Dribbling aufgenommen. Danach sind nur noch (maximal) zwei Schritte erlaubt, sodass der erste Schritt mit dem **rechten** Fuß und der zweite Schritt mit dem **linken** Fuß (= Absprungbein) erfolgt. Aus dieser fließenden Bewegung heraus spielt der Schüler (sanft) den Ball mit beiden Händen oder nur mit der rechten Hand an das kleine obere Eck am Basketball-Brett. Genau dieser Bewegungsablauf dient auch als sehr gute Vorbereitung zum Hochsprung (siehe: Kapitel 4.2.).

• **Koordination**
Eine der fünf sport-motorischen Fertigkeiten ist die Koordination im Kontext mit Bewegungshandlungen. Per Definition stellt die Koordination also das „**optimale Zusammenspiel von ZNS und Muskulatur**" dar. Unter dem Begriff der Koordination gibt es noch eine Vielzahl von Unterformen wie Orientierungs-, Gleichgewichts-, Rhythmisierungs- oder Antizipations-Fähigkeit. Bereits durch nur wenige TE lässt sich die Koordination (z. B. Gangbild nach Hüft-OP) erfolgreich verbessern. Ein Grund mehr, warum z. B. Gleichgewichts-Übungen und Geh-Schule in der Rehabilitation (bei niedriger Belastbarkeit) so wichtig sind. Eine weitere Unterteilung ist die **inter-** und **intra-muskuläre** Koordination. Arbeiten Muskel (**Agonist**) und Gegenmuskel (**Antagonist**) harmonisch zueinander, so spricht man von einer inter-muskulären Koordination. Je mehr Muskelfasern für eine bestimmte Bewegung (z. B. Kniebeuge) „rekrutiert" werden können, umso höher fällt die intra-muskuläre Koordination aus. Oder vereinfacht gesagt: Statt mit der Faust grob auf die Tasten zu schlagen, wird mit viel Feingefühl nur mit den Fingern Klavier gespielt!

• **Kraft**
Wie auch die Koordination stellt die Kraft eine der fünf konditionellen Fertigkeiten dar und bedeutet mehr als nur Muskel-Kraft. Nach dem (theoretischen) Pyramidenmodell stellt eine (einmal) willentlich mögliche Wiederholung mit z. B. 100 kg die **Maximal-Kraft** dar. Das **sub-maximale** Kraftmoment entspricht dann ca. drei bis sechs Wiederholungen bei nur 90–95 kg (bzw. 90–95 %), auch als Hypertrophie-Training bezeichnet. Je geringer das Gewicht weiter ausfällt, desto mehr Wiederholungen lassen sich absolvieren (z. B. 75 % mit 12–15 Wh.) i. S. einer intensiven Kraft-Ausdauer-Belastung. Somit gilt der Leitsatz: **„Nicht hundertmal 1 kg, aber auch nicht einmal 100 kg ...!“** Im Reha-Bereich (geräte-gestützte Krankengymnastik/MTT) werden bewusst hohe Wiederholungszahlen (> 20–30 Wh.) bei sehr geringem Gewicht (< 60 %) zur Funktionsverbesserung gewählt. Weitere Differenzierungen sind die **Schnell**-, die **Reaktiv**- und die **Explosiv**-Kraft. Beim Anheben einer Last (z. B. Klimmzug) ziehen sich (u. a.) die Armbeuger-Muskeln zusammen, auch **konzentrische** (überwindende/positive) Phase genannt. Das Herablassen des Körpers stellt die **exzentrische** (nachgebende/negative) Phase dar und hat mit ca. 55 % (gegenüber 45 % der Konzentrik) einen größeren Trainingseffekt. Folglich sollte die negative Bewegung mit Gewichten stets langsam(er) erfolgen, statt (wie oft zu sehen) diese nur „fallen zu lassen“.

• **Kür** (vs. Pflicht)
Die Kür stellt in vielen Disziplinen wie dem Turnen, dem Turmspringen, dem Eiskunstlauf oder dem Tanzen eine sogenannte „Eigenkreation“dar. Gegenüber dem **Pflicht**programm kann der Sportler seine „beste“ Performance zeigen. Statt wochenlang nur z. B. am Barren turnen zu müssen, bietet es sich daher an, den Schülern gleich mehrere Stationen (Barren, Boden, Kasten, Reck, Ringe, Trampolin) „anzubieten“. Während der (z. B. vierwöchigen Zeitspanne) „Turnen im Sportunterricht“ wählt der Schüler (nur) seine drei (von sechs) Stationen aus, die er persönlich gut meistert und als Kür dann zur Note sicher vorstellt. Ein sehr gut bewährtes Turnprogramm für große (hetergone) Schulklassen, in denen sich jeder Schüler seine Kür zusammenstellen kann, wird unter Kapitel 4.7 (Seite 90 ff.) inkl. Video vorgestellt.

• **Kugel** (Kugel-Stoß)
Im Sportunterricht (günstigerweise ab der zehnten Klasse) wird vor allem die **Nach**- oder **Anstell**-Technik nach P. **O'BRIEN** (gegenüber der Rotations-Technik nach A. BARYSCHNIKOW) vermittelt. Über eine tiefe Beuge-Position im Kreis (Durchmesser 2,13 Meter = 7 Feet) stehend, erfolgt ein schneller (Zweier-)Anstellschritt. Die Kugel wird mit der Hand bzw. den Fingern fest am Hals fixiert und liegt somit möglichst nah am Drehpunkt. Die Power kommt vorrangig aus den Beinen (Vor-Dehnung/Plyometrie) sowie der Eindrehbewegung in Stoßrichtung. Häufigste Fehler dabei sind das „Werfen“ der Kugel und die zu geringe Beugung des hinteren Beins.

• **Lauf-ABC** (Lauf-Schule)
Vor allem aus der Leichtathletik stammen diese speziellen Lauf-Übungen, welche meistens nur über die **Vorderfußballen**-Technik absolviert werden. Kurze, schnelle wie hoch-frequentierte Ausführungen bereiten die entsprechenden Beinmuskeln ideal auf die folgenden Trainingseinheiten vor. Neben Anfersen, Hopsern, Seit-Kreuzen und Seit-Galopp gehören noch das Knieheben sowie das Tapping (Skipping) mit zum (gängigen) Lauf-ABC-Programm.

• **Liegestütz** (Push-up)
Eine einfache und doch effektive Ganzkörper-Übung, die jedoch von Schülern eher ungern absolviert wird. Dabei lässt sich über kurze Hebel (kniend) und kleine Hausaufgaben (täglich 25 Push-ups) enorm schnell ein Erfolg erreichen. Denn wenn der Schüler spürt, wie auch in jungen Jahren sich seine Oberkörperkraft (Schulter-, Brust- und Armstrecker-Muskeln sowie Rumpfkraft) verbessert, kann man ihn für ein Fitness-Training eher begeistern. Nicht umsonst sind gerade diese „Old-school-Übungen“ wieder groß im Kommen (siehe: **Freeletics**).

• **Life-Kinetik®** (Brain-Fitness)
„Durch Bewegung besser lernen!“ Der Urheber dieser innovativen Trainingsmethode ist der Dipl. Sportlehrer H. **LUTZ**, der mit **Life Kinetik®** Anfang 2000 dem (Fußball-)Training neue Impulse verlieh. Da sich in der Lernphase sportlicher Handlungen, insbesondere in der Feinst-Form, (ungewollt) eine Trainings-Monotonie einschleicht, benötigt das Gehirn andere Reize und (teils) sport-fremde Aufgaben. „Zwei Bälle über Kreuz fangen und auf eine indirekte Ansage das linke Bein nach vorne setzen!“ Hier muss der Athlet sich auf das parallele Ball-Hochwerfen, dann auf das Kreuzen mit Fangen und auf das (richtige) Beinvorsetzen konzentrieren. Er arbeitet nicht nur über das Auge, sondern auch über den akustischen Input für die korrekte Feinmotorik. **Life Kinetik®** unterteilt dabei das Gehirn nicht nur in **zwei** Hemisphären (links-rechts), sondern zusätzlich in einen **oberen** und **unteren** Bereich für die Bewegung von Armen und Beinen (Horizontal-Ebene) sowie eine vordere und hintere Sphäre (Frontal-/Sagittal-Ebene) für Bewegungen nach vorne und nach hinten.

• **Lobus frontalis** (dorso-lateraler Präfrontal-Cortex)
Dieser Bereich ist DAS Gehirnareal für Bewegungslernen schlechthin. Hinter der Stirn (Stirnlappen, also im Vorderhirnbereich) werden alle Bewegungen abgespeichert bzw. neu gelernt.

• **Lunges** (Ausfallschritte)
Die nach vorne weit gegrätschten Beine „öffnen“ die Hüfte und ergeben mit einer ergänzenden Oberkörper-Rotation eine anspruchsvolle Kraft- und Koordinations-Übung. Dabei steht i. d. R. der vordere Fuß komplett am Boden, während der hintere Fuß nur mit dem Vorderfußballen Bodenkontakt hält (Ferse löst sich). Für eine effektive Dehnung der

Hüft-Beuger-Muskeln muss das hintere Knie immer abgelegt werden (= kleiner Ausfallschritt). Der große Ausfallschritt wird im Yoga auch als „Der Krieger" bezeichnet.

• **Merk-Ball** (Zombie-Ball)
„Merke dir deinen Abwerfer!" Erst wenn dieser auch abgeworfen bzw. getroffen wurde (also ohne dass der Ball sicher gefangen wurde), darfst du wieder in das Spiel zurück. Diese Variante verlängert die Verweildauer oder Pause in einer Zone (z. B. Langbank seitlich am Spielfeld) gegenüber dem Spiel **„Sieben Zwerge"**. Hier dürfen maximal nur sieben Schüler in der Zone stehen. Kommt der achte Schüler dazu, „klinkt sich" der erste Schüler/Zwerg sofort wieder in das Spiel ein.

• **Muskel** (Skelett-Muskulatur)
Der Muskel stellt eine Summe aus vielen einzelnen Muskelfaser-**Bündeln** (Faszikeln) dar. Diese bestehen wiederum aus vielen Muskel-**Fasern**, den Muskel-**Zellen** mit ihren Muskel-**Fibrillen**. Innerhalb einer einzelnen Myo-Fibrille liegen – wie eine Kette – viele Tausend Sarkomere hinter- sowie viele Hunderte nebeneinander. Sowohl die Myo-Fibrillen bis hin zu dem eigentlichen Muskel-Bauch werden alle Fasern durch festes, straffes Bindegewebe (Faszien) zusammengehalten. Die Enden der Muskel-Fasern gehen in die Sehnen über, welche in den Knochen inserieren und die Kraft weiterleiten bzw. übertragen. Der körpernahe (proximale) „Befestigungspunkt" wird als Ursprung, der entfernte (distale) Punkt als Ansatz bezeichnet. Die Zugrichtung erfolgt stets zum Ursprung hin.

• **Muskel-Kater** (Muskel-Katarrh/delayed onset muscle soreness)
Nicht die „Übersäuerung" im Muskel (z. B. > 20 mmol/l Laktat nach einem 400-Meter-Sprint), sondern „kleinste Einrisse" (Mikro-Läsion) an den Verbindungspunkten **Aktin** und **Z-Scheibe** verursachen den (zeitversetzten) „Muskel-Kater-Schmerz", ausgelöst durch **exzentrische** Belastungen (z. B. Niedersprünge) oder durch ein ungewohnt intensives Training. Folglich „verbieten" sich endgradige Dehnübungen bei Muskelkater.

• **Muskel-Spindeln** („Dehn-Bremse")
Eine Vielzahl an „Messfühlerchen" steuert und kontrolliert unsere Bewegung bzw. registriert jede noch so kleine Veränderung. Meist erfolgen reflexartige (unbewusste) Antworten in Form einer muskulären An- oder Entspannung. Die **Muskel-Spindeln** liegen dabei im Verlauf der Muskelfasern (parallele Anordnung) und reagieren äußerst sensibel auf jede (kurzzeitige) Dehnung mit einer **Kontraktion**. Somit bedeutet diese Reaktion einen wichtigen Schutz vor einer „Über-Dehnung" (Gefahr eines Muskelfaserrisses). Die Muskel-Spindeln funktionieren also (im Gegensatz zu den **Sehnen-Spindeln**) wie eine **„Dehn-Bremse"**. Durch die kontrolliert ausgeführte Vor-Dehnung im Muskel (siehe: **Plyometrie**) werden über die Reizung der Muskel-Spindeln höhere (Explosiv-)Kräfte gewonnen.

• **Oberarm-Stütz** (Barren-Stütz)
Der Oberarm-Stütz erfolgt (regulär) am Barren. Dabei rollt der Athlet mit Schwung kopfüber in die Senkrechte und stützt sich mit den Schulter-Nacken-Flächen sicher auf den Holmen ab. Für den Schulsport empfiehlt sich immer die Variante an zwei eng zueinander gestellten Turnkästen und eine Hilfestellung (links-rechts). Mit wenigen Versuchen gelingt den meisten Schülern diese senkrechte Stützübung inkl. einem sicheren Abrollen am Kasten (siehe Kapitel 4.7).

• **Orientierung** (Bewegungs-Koordination)
Innerhalb der Koordination stellt die räumliche wie zeitliche Orientierung eine Teilfertigkeit dar. Ein schönes Beispiel hierzu ist das Zuspiel an den Mitspieler. Der Passgeber erkennt, wohin sein Mitspieler rennt und spielt (z. B. die Frisbee-Scheibe oder den Fußball) weit nach vorne in den Lauf. Ohne Abbremsen zu müssen, nimmt der Fänger den Schwung mit und spielt mit deutlichem Raumgewinn die Scheibe/den Ball weiter.

• **Parkour**
Mit dem eigenen Körper von A nach B springen, hüpfen, klettern und alle Hindernisse nicht nur überwinden, sondern auch in die Fortbewegung miteinbeziehen. Dabei erinnern viele Elemente an das klassische Turnen, in der Gesamtheit ist es aber weit weniger „reglementiert“ (Pflicht und Kür). Der Parkourer kann je nach Situation dabei weit kreativer (offenes Handlungsfeld) agieren und stets neue Möglichkeiten entdecken, um z. B. über Hauswände auf Dächer zu jumpen. Parkour kommt ursprünglich aus Frankreich (1990er Jahre/ Vater und Sohn **BELLE**) und wurde in Deutschland maßgeblich durch Andy **HAUG** (Stuttgart) bekannt.

• **Passives Dehnen**
Das passive Dehnen, auch **Stretching** genannt, umschreibt eine Maßnahme zur Längenveränderung von Ursprung und Ansatz einzelner Muskeln bzw. Muskelgruppen (z. B. Brustmuskulatur). Dabei wird mit Hilfe eines Partners (Therapeut) oder eines Widerstands (Türrahmen) der Arm nach seitlich-außen geführt; und dies dosiert langsam und über einen längeren Zeitraum von 20–30 Sekunden. Es erfolgt also keine zusätzliche eigene Aktivität der queren Rückenmuskeln, die als Gegenspieler zum Brustmuskel funktionieren. Dieses passive Dehnen sollte vor allem **nach** dem Sport zur Tonus-Senkung eingesetzt werden.

• **Pezzi®-Ball** (großer Gymnastik-Ball)
Der grüne Gymnastik-Ball wurde bereits in den 1950er Jahren von der italienischen Firma **LEDRAGOMMA** entworfen und die Namensgebung **Pezzi®-Ball** als Markenname gesichert. Während früher der Ball eher nur im Leistungs-Sport zum Einsatz kam, ist dies heute ein gängiges wie effektives Trainingsmedium im Rahmen von z. B. **propriozeptivem Training**

(z. B. Schulterbrücke/Bridging mit den Fersen auf dem Ball). Aber auch im Schulsport werden die Bälle (z. B. Abwerfen im Völkerball oder Fußball-Tennis) mehr und mehr verwendet.

• **Pflicht** (vs. Kür)
„You have to do!" Hier müssen alle Athleten einen bestimmten Sprung (z. B. eineinhalbfacher Salto vom 1-Meter-Turm) oder eine Abfolge von Schwungelementen am Hochreck zeigen. Erst dadurch lässt sich gut gegeneinander vergleichen und eine Rangliste (für die Kür) erstellen (siehe Kapitel 4.7: Modernes Turnen).

• **Pilates** (Pilates-Methode)
Joseph **PILATES** (1883–1967) ist der Urheber der Pilates-Methode. Als junger Mann war er in England Artist und trainierte dort die Soldaten, später in Deutschland (Hamburg) die Polizei. 1926 wanderte er in die USA aus. Hier lernte er seine Frau, eine Tanzlehrerin, kennen, und man eröffnete 1950 in New York das erste Pilates-Studio. Die Übungen stellen ein Ganzkörper-Training mit Fokus auf den Rumpf (Powerhouse) dar. Viele Pilates-Übungen werden über „lange Hebel" (z. B. Der Sitz) aus-geführt und erfordern ein hohes Maß an Körperspannung. Mittlerweile wird die Pilates-Methode, obgleich bis dato als Markenname (noch) nicht geschützt, über eine eigenständige Ausbildung (> 200 Std.), auch als Präventions-Kursangebot anerkannt.

• **Piratenspiel**
Dieses Fang-Spiel benötigt alle verfügbaren Groß- und Kleingeräte aus dem Geräteraum. Ohne Struktur werden diese in der Turnhalle wahllos verteilt. Dabei sind die Abstände so zu gestalten, dass man von einem Gerät zum nächsten Gerät springen kann, ohne dabei den Boden zu berühren. Neben den Matten und Reifen werden Trampolins, Bänke, Kästen, aber auch Turnringe und Seile eingesetzt, damit aus diesem Fangspiel ein anspruchsvolles Reaktions- und Schnelligkeits-Spiel wird.

• **Prävention** (Präventions-Sport)
Das Vorbeugen von Erkrankungen oder (vorrangig) körperlichen Funktions-Störungen gilt als eine Präventiv-Maßnahme.
Da von Jahr zu Jahr die Kosten für Folgeerkrankungen wegen „körperlicher Inaktivität" in Kombination mit einer „ungesunden Ernährung" in den zweistelligen Milliardenbereich klettern, darf mit gutem Gewissen auch der Grundschul-Sport als wirkungsvolle Prävention definiert werden. Wenn Kinder bereits in den frühen Jahren lernen, dass Bewegung und Ernährung viele gesundheitliche wie soziale Vorteile mit sich bringen, wären de facto viele Symptome im Erwachsenenleben vermeidbar. Denn allein mit „einmaligen" Präventions-Kursen (im Verein oder VHS) lässt sich nachhaltig ein Bewegungsausgleich zum Berufs-Alltag nicht „erzwingen". Das Bewusstsein und das Verhalten für einen gesunden Lebensstil

werden in den frühen Lebensjahren geschult („... denn was Hänschen nicht lernt...“) und müssen von den Eltern mit vorgelebt werden.

• **Pritschen** (oberes Zuspiel)
Die obere Annahme sowie das obere Zuspiel im **Volleyball** nennt man auch **Pritschen**. Dabei darf der Ball nur kurz (< 0,5 Sek.) von den gespreizten Fingern gespielt werden. Je leiser dabei der Volleyball angenommen und zugespielt wird, desto besser die Technik, auch wegen einer guten Beuge-Streck-Bewegung der Arme (und Beine).

• **Prellen** (Handball)
Während im Basketball der Ball einhändig und sehr häufig auf den Boden **gedribbelt** wird, erfolgt hingegen im Handball das **Prellen** eher selten und wird durch das schnelle wie raumgreifende Pass-Spiel ersetzt.

• **Propriozeption** (Propriozeptives Training)
Neben den fünf großen Wahrnehmungsorganen (Auge, Ohr, Haut, Mund und Nase) unterstützt das sechste Sinnessystem, die Propriozeption, die Körperstellung im Raum. Dabei wird (bewusst wie unbewusst) jede Information über die Stellung, den Krafteinsatz und die Bewegung der Gelenke verarbeitet und (an das ZNS) weitergeleitet. Viele dieser „Messfühlerchen“ liegen dabei an den Bändern und Sehnen sowie an den Kapseln und registrieren jede Spannungsveränderung. Aber auch an den Fußsohlen befinden sich viele dieser Rezeptoren. Daher fallen viele Übungen allein durch den „Barfußstand“ deutlich schwerer aus, da das Stützmedium Schuh fehlt. Weitere Erkennungsmerkmale eines propriozeptiven Trainings sind „instabile“ (wackelige) Bedingungen (z. B. kniend auf dem **Pezzi®-Ball**). Denn gerade durch diese erschwerte Bodenhaftung benötigt der Sportler zum einen eine bedeutend differenziertere Aktivität aller dafür notwendigen Bein-Muskeln (intra- und inter-muskuläre Koordination). Zum anderen erweitert sich die Muskelaktivität auch weiter auf den Rumpf- und Oberkörperbereich. Folglich fördert diese Form von „Wackel-Training“ die Rumpfstabilität, insbesondere durch das Aktivieren der tieferliegenden (lokalen) Muskeln nahe der einzelnen Wirbelkörper (= segmentale Stabilisation).

• **Range of Motion** (ROM)
Insbesondere in der Physiotherapie kommt zur Bestimmung der Beweglichkeit das **ROM**-Verfahren zum Einsatz. Dabei vergleicht der Therapeut die momentane (eingeschränkte) Beweglichkeit z. B. Im Schultergelenk (bei Impingment-Syndrom) gegenüber der regulär zulässigen (schmerzfreien) Beweglichkeit. Auf einer Skala in Grad (Prozent-Werte) gibt es für alle Bereiche (z. B. Kopf-Seitneigung < 35 %) detaillierte ROM-Angaben (= NNM, Neutral-Null-Methode nach **DEBRUNNER**).

• **Rehabilitation** (Rehabilitations-Sport)
Im Gegensatz zur Prävention i. S. einer vorbeugenden Anwendung bemühen sich alle Maßnahmen einer Rehabilitation (stationär oder ambulant) um einen möglichst schnellen wie intakten Einstieg in Beruf und Alltag (Wiedererlangung der geistigen wie körperlichen Ausgangssituation). Ambulante Reha-Sportkurse vor Ort (z. B. I-RENA/T-RENA) bieten auch begleitend zum Beruf die Möglichkeit, wiederkehrende Symptome (z. B. chronische Rückenschmerzen) aktiv zu therapieren. Hierfür wird vom Arzt eine Verordnung über i. d. R. 25 – 50 TE ausgestellt, die nach Genehmigung der GKK für den Kunden/Patienten kostenfrei ist. Anbieter dieser Reha-Kurse müssen eine spezielle berufliche Ausbildung (z. B. Dipl. Sportlehrer) bzw. eine Zusatzqualifikation (z. B. orthopädische Rehabilitation) vorweisen und sich regelmäßig (< vier Jahre) weiterbilden.

• **Retardierung**
Während **Akzeleration** die verfrühte/vorauseilende (körperliche) Entwicklung umschreibt, bedeutet **Retardierung** (Retardiertheit) ein „verzögertes" Wachstum. Auffallend – gerade im Sport – ist hierbei meist das unterschiedliche Längenwachstum sowie Muskelprofil innerhalb eines (Unterstufen-)Jahrgangs bzw. einer Sportklasse. Dies erfordert auch stets eine Rücksichtnahme bzw. eine faire Gleichstellung, gerade bei der Wahl von Teams oder diversen (Turn-)Übungen.

• **Rhythmisierung** (Bewegung)
Unter dem Dachbegriff der Koordination werden Teilfertigkeiten wie Gleichgewicht, Orientierung oder zeitliche Abstimmung (Timing) zusammengefasst. Die Rhythmisierung ist ebenso eine der vielen koordinativen Fähigkeiten. Hierbei geht es um die fein abgestimmte Abfolge mehrerer Bewegungen zu- und nacheinander. Dies kann z. B. der Anlauf im Weitwurf oder die Tanzbewegung im Takt sein.

• **Rist-Griff** (vs. Kamm-Griff)
Der Rist-Griff am Reck oder den Turnringen erfolgt mit nach **innen** gedrehten Daumen (= Pronation). Man schaut also auf die Handrücken-(Rist-)Flächen. Welche Grifftechnik nun besser/leichter ist, lässt sich – gerade im Schulsport – durch „ausprobieren" gut herausfinden. Dabei ist es auch von Bedeutung, ob der Schüler eng oder weit greift. Im Fitness- und Krafttraining gilt: je breiter der Griff, desto mehr Wirkung auf den breiten Rückenmuskel (M. latissimus dorsi). Je enger der Griff inkl. Außendrehung (= Kamm-Griff/Supination), desto mehr Anteil an der (vorderen) Schulter-/Brust- sowie Oberarmbeuger-Muskulatur.

· Sarkomer

Die kleinste kontraktile Einheit im Muskel ist das Sarkomer. Jeweils nur etwa ~ **2,5 µm** lang/breit wird je ein Sarkomer durch zwei Rahmen, die **Z-Scheiben**, begrenzt. Innerhalb dieser Einheit befinden sich mehrere Protein-Bausteine wie **Aktin**, **Titin** und **Myosin**. Je nach Gesamtlänge eines Muskels (z. B. M. sartorius bis zu 30 cm) liegen 1.000 bis 10.000 (und mehr) einzelne Sarkomere hintereinander und bestimmen dadurch die Länge des Muskels bzw. der einzelnen **Myofibrille**.

· Schlagwurf

Der Begriff Schlagwurf wird neben dem Ball-Weitwurf auch im Handball verwendet. Hierbei erfolgt mittels einer weiten Ausholbewegung (Vor-Dehnung) von hinten-außen nach vorne-innen (aus dem Stand oder im Sprung) der kräftige Torwurf.

· Schnelligkeit

Per Definition gilt Schnelligkeit als die „schnellstmögliche Reaktion auf ein (akustisches/optisches) Signal hin". Dabei leitet das ZNS den Kontraktionsbefehl über die Nerven an die (entsprechenden) Muskeln mit einer Verzögerung von 0,1–0,3 Sekunden weiter. Bei einer Reiz-Leitungsgeschwindigkeit von ca. 60–120 Meter/Sekunde reagiert der Muskel mit einer explosiven Kontraktion (z. B. Tiefstart 100-Meter-Sprint).

· Schritte (Schrittfolge, Schrittregel)

Die Schrittregel spielt insbesondere im Basketball und im Handball eine sehr wichtige Rolle. So erfolgreich die eigentliche (Korb-/Tor-)Wurfaktion war, bei Missachtung der Zweier- bzw. Dreier-Schrittregel gilt der Treffer leider nicht. Aber auch die **Fünf-Schritt-Folge** zwischen den einzelnen Hürden oder der **Sechs-Schritt-Anlauf** im Hochsprung sind für ein (individuelles) Gelingen von großer Bedeutung.

· Schucken (Kugelstoß)

Als eine gute Vorbereitung zum Kugelstoßen (im Schulsport ab der zehnten Klasse) hat sich das beidhändige Schucken der Kugel bewährt. Um den Schülern die Notwendigkeit der Beinarbeit bzw. der tiefen Beuge-Streck-Bewegung zu vermitteln, wird die Kugel mit beiden Händen und langen Armen zwischen den gebeugten Beinen gehalten. Mit Hilfe einer explosiven Bein-Streckung schleudert oder schuckt der Schüler die Kugel über den Kopf nach weit hinten (Vertikalschwung). Im **Cross-Fit** kommen ähnliche Schwung-Übungen mit dem **Kettle-Bell®** zum Einsatz.

· Schwunggymnastik (aktiv-dynamische Dehnung)

Der Schwunggymnastik haftet (leider) immer noch ein „negativer" Touch an. Dabei haben sich diese dynamischen wie ballistischen Aufwärm-Übungen (z. B. Arm-, Rumpf- oder

Hüftkreisen) gerade aus den „älteren" Sportarten wie Geräte-Turnen oder Leichtathletik entwickelt. Mit Hilfe von „ähnlichen" Bewegungsabläufen hat sich der Sportler gezielt auf die anstehenden dynamischen Belastungen vorbereitet. In den 1990er-Jahren wurden Stimmen laut, dass eine zu ruckartige und unkontrollierte Ausführung u. a. das Muskel-Gewebe schädigt und somit als (geeignete) Vorbereitung abzulehnen sei. Diese Annahme konnte aber in den 2000er-Jahren widerlegt werden, immer unter der Prämisse, dass die Schwunggymnastik (auf natürliche Weise) kontrolliert und ohne ruckartige/zerrende Ausführung erfolgt. Heute erfährt diese Form der intermittierenden Technik (zu Recht) eine Renaissance und gilt als „das Mittel der Wahl" für ein adäquates Warm-up unmittelbar **vor** den schnell-zyklischen wie explosiven Belastungen (z. B. Sprinten oder Stoßen).

• **Sehnen** (Sehnen-Fibrillen)
Die Sehnen „ähneln" zwar in ihrer Struktur den zähen Fasern der Bänder, welche von Knochen zu Knochen ziehen und das Gelenk stabilisieren (z. B. drei Außenbänder des oberen Sprunggelenks). Ihre wichtige Funktion ist jedoch die Weiterleitung der Muskelkraft an den Knochen. Damit diese Kraftübertragung optimal erfolgt, zeigen die Sehnenfibrillen ein leicht „wellenförmiges" Muster. Diese Wellenform sollte daher vor (schnell-zyklischen) Sportarten über intensive/lange Dehn-Übungen nicht „aufgelöst" bzw. „gestrafft" werden. Eine chronische Reizung (z. B. Tendopathie mit Kalkablagerungen) kann gerade bei „älteren" Sportlern dazuführen, dass z. B. die kräftigste Sehne (Achillessehne) bei einer nur geringen Belastung rupturiert, und dies mit einem lauten Knall.

• **Sehnen-Spindeln** (Golgi-Spindeln, „Kontraktions-Bremse")
Die Sehnen-Spindeln liegen im Übergangsbereich von Muskel zu Sehne. Diese „Messfühlerchen" verlaufen dabei in Serie zur Faserrichtung und registrieren insbesondere die (zu starke) Kontraktion der Muskeln.
Wie auch bei den **Muskel-Spindeln** kommt den Sehnen-Spindeln eine notwendige Schutzfunktion zu. Fällt der Zug auf die Sehne zu hoch aus, antworten die Sehnen-Spindeln mit einer reflexartigen **Entspannung**. Während die Muskel-Spindeln als „**Dehnungs-Bremse**" funktionieren, wirken die Sehnen-Spindeln somit wie eine „**Kontraktions-Bremse**". Der italienische Arzt C. **GOLGI** hat bereits 1906 die Sehnen-Spindeln entdeckt und ihre essentielle Funktion beschrieben. Er erhielt im gleichen Jahr den Nobelpreis für Medizin.

• **Seit-Galopp** (Seit-Laufen)
Eine Variante der Lauf-ABC-Schule ist der Seit-Galopp. Dabei läuft oder springt man seitlich über die Vorderfuß-Ballen inkl. einem kräftigen Armschwung. Bei tieferer Ausführung spricht man von **Seit-Steps**, die vor allem in den Indoor-Sportarten (z. B. Badminton oder Basketball) für eine schnelle Beinarbeit benötigt werden.

- **Seit-Kreuzen** (Über-Kreuz-Laufen)
Das Seit-Kreuzen unterscheidet sich vom Seit-Galopp durch das schnelle wie wechselseitige Überkreuzen beider Füße. Auch hier tänzelt der Sportler nur auf den Vorderfuß-Ballen und rotiert in die entgegengesetzte Richtung mit seinem Oberkörper (leicht) und seinen Armen (stark) mit.

- **Shoot-out** (Moorhuhn-Spiel)
Nicht nur im Basketball wird gerne Shoot-out gespielt. Hier spielen Kleingruppen (fünf bis acht Teilnehmer) mit je zwei Basketbällen auf einen Basketball-Korb. In einer Reihe an der Freiwurflinie stehend, versucht immer der zweite Spieler seinen Vordermann mit einem Korbtreffer „rauszuschießen". Aber auch im Rahmen des Parkour werfen die Schüler die Gegner ab, damit diese nicht erfolgreich ins Ziel gelangen (Moorhuhn-Spiel).

- **Sit-up** (Bauch)
Der Begriff Sit-up (oder Sit-ups) steht für eine Bauchmuskelübung. Dabei werden – im Gegensatz zum **Crunch**(en) – die Fußspitzen z. B. an der Sprossenwand oder von einem Mitschüler fixiert. Meist mit angewinkelten Beinen kann sich der Sportler nun deutlich leichter mit dem Oberkörper aufrichten. Der Grund hierfür ist die Mithilfe der kräftigen Hüftbeuger-Muskeln (Synergisten) mit bis zu 50 %. Für eine effizientere und rückenschonendere Trainingsvariante bietet sich wahlweise das Crunchen (ohne Beinfixierung) an.

- **Skipping** (Tapping)
Das schnellstmögliche Trippeln mit den Vorderfußballen auf dem Boden oder auf einer Weichmatte dient als gutes Training der Schnelligkeit bzw. einer schnelleren Beinarbeit (quick legs), welche mittlerweile auch im Ballsport den Schlüssel zum Erfolg darstellt.

- **Slackline**
Ein breites (ca. 4–8 cm) Band wird an zwei starren Bezugspunkten (z. B. zwei Bäume) fixiert. Durch die schmale wie wackelige Auflage werden alle verfügbaren Muskeln benötigt, um sicher auf dem Band (ein-/zweibeinig) zu stehen. Für ein (anspruchsvolles) **propriozeptives** Training ideal geeignet, kommt es nicht nur im Leistungssport, sondern auch in der Rehabilitation (z. B. nach Kreuzbandriss) daher verstärkt zum Einsatz.

- **Speer** (Speer-Wurf)
Das „archaische" Wurfgerät mit 600–800 Gramm Eigengewicht wird auch in der Oberstufe als Teil-Disziplin der Leichtathletik verwendet. Im Gegensatz zum Ball-Weitwurf muss sowohl mit Explosiv-Kraft wie auch mit ebenso viel Feingefühl der Speer steil (> 60 Grad) und weit geworfen werden. Hierbei nutzt der Sportler das Prinzip der **Bogenspannung**, auch (muskuläre) Vor-Dehnung/Vor-Spannung aus, um mehr Explosiv-Kraft für den Wurf zu

generieren. Die aktuellen „Drei Muskel-Tiere" im Deutschen Speerwurf sind **HOFMANN**, **ROEHLER** und **VETTER** mit über 90 Meter.

• **Spielbein** (vs. Standbein)
Das Spielbein stellt in vielen Sportarten (z. B. Fußball oder Hochsprung) die Beinseite dar, mit welcher über viel Schwung über eine ausholende Bewegung (**Plyometrie**) der Ball oder der Absprung kraftvoll wie energetisch unterstützt wird. Um Einseitigkeiten gegenüber dem dominanten **Standbein** zu reduzieren, werden – gerade im Leistungssport – stets gezielte Ausgleichsübungen in das (funktionelle) Training eingebaut. Aber auch im Reha-Sport sind die (wechselnden) Standbein-Übungen wichtige Maßnahmen, u. a. als Gleichgewichts-/Balanceschulung und als Sturzprophylaxe.

• **Sprungwurf**
Sowohl im Basketball wie im Handball gilt der Korb- oder Schlagwurf aus dem Sprung heraus bzw. in der Luft „stehend" als klassischer Sprungwurf. Während im Handball über die Dreier-Schrittfolge (links-rechts-links) der Ball mit der rechten Hand in das Tor geworfen wird, erfolgt im Basketball ein Anstellschritt mit Absprung beider Füße gleichzeitig.

• **Squats** (Kniebeuge)
Die (mittlere wie tiefe) Kniebeuge stellt eine (natürliche) vertikale Beuge-Streck-Bewegung aus Hüfte und Beinen heraus dar. Bei geradem Oberkörper (Blick weit nach vorne) gilt diese mehr-gelenkige Übung auch ohne Langhantel als das „Mittel der Wahl" für ein effektives Bein- und Hüftmuskeltraining.

• **Staffel** (Varianten)
Die Staffelform stellt in der Leichtathletik die Königsdisziplin dar. Innerhalb eines **Vierer**-Teams sprinten die Athleten jeweils zwischen 100, 200 und 400 Meter (Kurz-Staffel). Dabei erfolgt nach absolvierter Distanz die (sichere) Übergabe (ohne Zeitverlust) eines Staffel-Holzes. In der Turnhalle oder auf dem Fußball-Feld lassen sich ähnliche Lauf- wie Ballspiel-Varianten mit den Schülern gut umsetzen. Dabei kann zwischen der **Pendel**- und der **Umkehr**-Staffel gewählt werden. Während bei der Umkehr-Staffel der Schüler von einer Turnhallen-Seite (Start) zur Gegenseite läuft (z. B. um eine Pylone) und wieder zur Startposition zurücksprintet (also umkehrt), wechselt bei der Pendel-Staffel der Schüler nur die Seite (inkl. Abklatschen), damit sein Partner wieder zurücksprinten kann.

• **Standbein** (vs. Spielbein)
Im Rahmen des **funktionellen Trainings** erfolgt eine Vielzahl von Einbeinstand-Übungen mit ergänzenden Zusatzbewegungen über das **Spielbein** wie z. B. Slides, kleine Kniebeuge oder Vorbeuge. Diese anspruchsvollen Koordinations- und Kraft-Übungen finden sich ebenso im Bereich Yoga („Der Baum" oder „Die Standwaage") wieder. Aber auch im Fußball dominiert meist die (z. B. linke) Standbein-Seite, da nur über das rechte Spielbein geschossen wird. Dies kann über Jahre hin zu einer einseitigen Stabilität führen. Um diesem Ungleichgewicht (neuro-muskuläre Dysblance) vorzubeugen bzw. entgegenzuwirken, sind daher gezielte Ausgleichsübungen auch auf der „schwächeren" (Spielbein-)Seite wichtig.

• **Sternschritt** (Ausfallschritt)
Der Sternschritt ist insbesondere im Basketball ein notwendiges (technisches) Hilfsmittel, um nach der Zwei-Schritt-Regel den Ball zu einem Mitspieler weiterzupassen. Dabei bleibt der hintere Fuß bzw. der Vorderfuß am Boden und der Spieler rotiert um das Bein in alle Richtungen. Der Ausfallschritt beschreibt hingegen – bei gleicher Ausführung – nur die Bewegung nach vorne und nach hinten bzw. als Druckpass vor und zurück.

• **Stiffness** (Muskel-Tonus)
Der Muskel besitzt auch in Ruhe eine Grundspannung. Diese Stiffness wird von **Titin** und den **Muskel**- wie **Sehnen**-Spindeln kontrolliert. Ein leicht erhöhter Tonus ist gerade bei explosiven Bewegungen (z. B. Sprint) sehr wichtig und kann durch gezielte Übungen (Lauf-ABC oder Skipping) weiter angehoben werden. Um den (teilweise) stark erhöhten Tonus in den Beinmuskeln (z. B. nach einem Halb-Marathon) effektiv zu senken, haben sich (neben Massagen) ausgiebige **passive Dehnübungen** bewährt.

• **Stretching** (passives Dehnen)
Stretching gilt per Definition als eine Maßnahme, durch welche z. B. der vordere Oberschenkel-Muskel von außen (z. B. mit Hilfe der Hand den Fuß ans Gesäß führen) in die Länge gezogen wird und dies über einen längeren Zeitraum (20–30 Sek. verweilend). Diese Technik nennt man auch passives, statisch-isometrisches Dehnen und kommt vorrangig **nach** dem Sport zum Einsatz (tonus-senkende Wirkung).

• **Strohmann** (Völkerball)
In dem wunderbaren Abwurf- und Fangball-Spiel **Völkerball** hat sich seit jeher der Name „Strohmann" etabliert. Ähnliche Bezeichnungen wie z. B. „Hintermann", „König" oder „Grenzwächter" finden – je nach Region – ihre Verwendung. Dabei startet dieser zu Beginn des Spiels außerhalb des gegnerischen Feldes und kann ebenso mit dem Ball die Gegner „abwerfen". Erst wenn alle seine Mitspieler aus dem eigenen Feld geworfen wurden, kommt der „Strohmann" in das Feld. I. d. R. besitzt dieser „drei Leben" oder „drei Chancen".

Das Spiel gilt als verloren, wenn der „Strohmann“ dreimal erfolgreich abgeworfen wurde.

• **Super-Kompensation**
Ein Begriff, an dem kein Trainer und Sportler vorbeikommt. Gemeint ist der (notwendige) Zustand, in dem nach einer vor allem körperlich starken (ungewohnten wie seltenen) Beanspruchung (z. B. lange Bergwandertour) der Organismus sich erholen muss. In dieser Phase der Regeneration von ca. ein bis fünf Tagen werden (kurzfristig) die Phosphat- und (mittelfristig) die Glykogen-Speicher wieder aufgefüllt. Langfristig erfolgen durch die Proteinsynthese u. a. kleine Heilungs- bzw. Reparatur-Maßnahmen (z. B. bei **Muskelkater**). Nach erfolgreicher Regeneration startet der Körper dann aus einem „höheren“ Ausgangslevel, um die nächste intensive Belastung besser „kompensieren“ zu können. Wie lange so eine Pause zu erfolgen hat, signalisiert uns der Körper mit Hinweisen wie z. B. „schwere Beine“ oder „fehlende Motivation“. Prinzipiell gilt: Je intensiver die TE, desto länger die Pause!

• **Taktik**
Wie stelle ich mich auf den Gegner ein? Wo liegen seine Schwächen? Und mit welchen Mitteln kann man gewinnen? Es ist immer wieder erstaunlich, wenn bei Fang- oder Ballspielen die jungen Schüler **induktiv** wie **situativ** sich mit kleinen Tricks Vorteile erarbeiten. Ohne Tipps seitens der Lehrkraft wird die jeweilige Spielsituation analysiert und mit bisweilen interessanten wie kreativen Lösungen reagiert.

• **Tapping** (Skipping)
Jeder Ball-Sportler, aber auch die Leichtathleten bedienen sich – im Rahmen von Schnelligkeits-Übungen – des Tappings bzw. Skippings. Dabei werden nur die Vorderfußballen mit einer maximal kurzen Kontaktzeit und einer hohen Frequenz am Boden aufgesetzt. Ein ähnlicher Begriff ist das schnelle Trippeln mit den Füßen z. B. durch eine Koordinations-Leiter.

• **Titin** (Filament)
Dieses Protein-Filament wurde erst Mitte der 19**80**er-Jahre entdeckt. Mit der Erforschung von Titin veränderte sich die Trainingslehre grundlegend bzw. musste für den Bereich Dehn- und Kraft-Training umgeschrieben werden. Nicht umsonst erhielt Titin den Titel „**Das Filament des Jahrhunderts**“! Titin, welches (wie Aktin) innerhalb eines Sarkomers an den beiden **Z-Scheiben** fest verankert ist, verbindet sich dabei mit den **Myosin**-Enden bzw. „umgarnt“ das Myosin. Dabei reagiert es äußerst sensibel auf jede Längen-Zunahme im Muskel (= Spannungsregler). Es funktioniert weiter wie eine „**hoch-elastische molekulare Feder**“ und zieht nach einer Dehnung den Muskel sofort wieder in seine Ausgangsposition zurück. Somit darf Titin auch als „Abstandshalter“ definiert werden. Folglich kann Dehnen oder Stretching für sich alleine nicht die Beweglichkeit (z. B. im Arm-Schulter-Brustbereich)

effektiv und langfristig beeinflussen. Dem gegenüber sind gezielte Kraft-Übungen der Antagonisten (z. B. Butterfly revers) als „das Mittel der Wahl" für eine wirkungsvollere Verbesserung der aktiven Beweglichkeit vermehrt anzuwenden. Prinzipiell gilt: Als gezielter Ausgleich muss vorrangig die „schwächere" Muskelseite wieder verstärkt gekräftigt werden!

• **Tonus** (Muskel-Stiffness)
Der Begriff Tonus steht für einen Spannungszustand im Muskel und wird auch mit **Stiffness** umschrieben. Gerade explosive wie schnell-zyklische Bewegungen (z. B. Weitsprung) benötigen einen leicht erhöhten Tonus. Jeder Läufer kennt dabei das Gefühl einer „harten Wade". Aber auch nach einem intensiven Work-out (z. B. Kniebeugen-Training) hat sich der Tonus (zu) stark erhöht. Geeignete Gegenmaßnahmen zur Reduzierung können u. a. lange, passive Dehnübungen oder Massagen sein. Die Steuerung und Kontrolle des Muskeltonus erfolgt dabei über die **Muskel**- und **Sehnenspindeln** sowie die **Titin**-Filamente.

• **Training** (vs. Übung)
Die Trainingslehre versteht unter dem Begriff Training eine **zielgerichtete** Maßnahme i. S. einer (objektiven/messbaren) Leistungssteigerung und unterscheidet sich damit klar von dem Begriff **Übung**. Um solch eine Verbesserung (z. B. schnellere 10-km-Laufzeit) zu erlangen (Gesetz der strukturellen Anpassung), muss über einen längeren Zeitraum (von vielen Wochen bis einigen Monaten) wiederholt „überschwellig" intensiv trainiert werden. Das Üben alleine kann diese biologischen Adaptationen nicht oder nur bedingt auslösen. Somit bedeutet **Training** nicht nur eine zielorientierte, sondern auch eine **strukturierte** wie langfristig **geplante** (makro-zyklische) Maßnahme, ergänzt durch kurze (mikro-zyklische) Trainings-Einheiten.

• **Trainingsmethoden** (Trainingsmaßnahmen)
Zum Erreichen von bestimmten Trainingszielen – egal, ob mehr Kraft oder mehr Ausdauer – bedient man sich verschiedener Trainingsmethoden. Die sogenannte **Dauermethode** steht für eine über einen längeren Zeitraum (relativ) konstant bestehende Belastung bzw. Intensität (z. B. 60 Minuten Joggen bei rund 140 S/m). Ihr gegenüber ist das Intervall-Training oder die **Intervallmethode** durch einen (bewussten) Wechsel von intensiven und moderaten Belastungen gekennzeichnet. So kann z. B. auf der 400-Meter-Bahn eine Runde locker (> 03:00 Minuten) und eine Runde schnell (< 02:00 Minuten) mehrmals im Wechsel absolviert werden. Hierbei verändert sich über das Lauftempo analog auch die Atem- und die Herzfrequenz, mit der Folge, dass sich der Organismus schneller erholt bzw. die Regenerationsfähigkeit trainiert wird.
Dabei unterscheidet die Trainingslehre zwischen einer **vollen** und einer nur bedingten („lohnenden") Pause. Die **lohnende** Pause ist durch eine nicht-vollständige Erholungsphase bzw. durch eine verkürzte Pause gekennzeichnet, also z. B. von Puls 160 S/m auf (nur) Puls

120 S/m. Wird jedoch eine vollständige, genügend lange Pause gewährt (i. S. einer vollen Erholung), startet die nächste Wiederholung erst dann, wenn der Puls wieder auf den Ausgangswert (Puls 80 S/m) zurückfällt. Dieses Trainingsmittel gilt als die **Wiederholungsmethode**. Neben dem Ausdauertraining lassen sich alle genannten Methoden auch für das **Krafttraining** anwenden. Bei (nur) 4–6 Wh./Satz mit 90 % der Max-Kraft (z. B. LH-Kniebeuge) und vollen Pausen (> 3 Minuten) bei fünf bis acht Folge-Sätzen wirkt die Wiederholungsmethode. Die Bein- und Gesäß-Muskeln haben sich vollständig erholt. Wählt man hingegen ein niedrigeres Gewicht (z. B. 60 % der Max-Kraft) bei vielen Wh. (> 20/S) und nur kurzen Pausen (< 1 Minute) zwischen den (vier bis sechs) Sätzen, wird verstärkt die Kraft-Ausdauer und die Regenerationsfähigkeit im Muskel trainiert. Alle Methoden sollten stets in langen Phasen zur Anwendung kommen.

• **Übung** (vs. Training)
Der Begriff Üben wird in der Trainingslehre deutlich vom Begriff **Training** abgegrenzt bzw. unterschieden. Vereinfacht gesagt bedeutet Üben eine Ausführung ohne stärkere körperliche Belastung. Weiter wird die Übung als eine (eher) unregelmäßige und weniger zielgerichtete wie geplante Maßnahme im Sport definiert. Der Volksmund sagt gerne auch „... man übt mal ein bisschen ...“! Während das Training i. d. R. bewusst die Veränderung von strukturellen Parametern (z. B. Muskelfaser-Verdickung) anstrebt, wirkt sich das Üben vorrangig auf die kognitiv-koordinative Ebene positiv aus (z. B. Jonglieren mit Bällen) und zeigt bereits nach nur wenigen Einheiten einen Erfolg.

• **Uhrzeiger-Richtung** (Uhrzeiger-Sinn/Uhrzeiger-Modus)
Mit Blick auf eine analoge Uhr wandern die Zeiger im Uhrzeiger-Sinn nach **rechts** ↻ (ausgehend vom mittigen Drehpunkt). Stehen die Schüler z. B. im Kreis, erfolgt der Positionswechsel oder die Ballübergabe jedoch (im Uhrzeiger-Sinn) nach **links** (←/↻) bzw. zum **links** stehenden Partner. Bei einem Rundlauf (siehe: Badminton) erfolgt ebenso die Laufrichtung im Uhrzeiger-Sinn zur nächsten Kleingruppeoder zum nächsten Partner nach **links** (←/↻). Interessant ist hingegen, dass (fast) alle Laufdisziplinen im Sport-Wettkampf (z. B. 400-Meter-Staffel) **gegen** den Uhrzeiger-Modus (↺) stattfinden.

• **Ultimate** (Frisbee-Scheibe)
Die Frisbee-Scheibe wird immer häufiger im Sportunterricht eingesetzt. Die klassische Spielform mit der Flugscheibe heißt **Ultimate-Frisbee**. Hier agieren zwei Teams mit je sieben Spielern auf einem Fußballfeld bzw. vier Spieler/Team in einer Dreifach-Turnhalle gegeneinander. Ziel ist es, dass die Scheibe in einer bestimmten Zone (z. B. 16-Meter-Torraum) gefangen wird. Dazu müssen sich die Schüler die Scheibe untereinander direkt zuwerfen. Ohne eine Bodenberührung und ohne Schritte (nur Ausfall- oder Sternschritte) erfolgen dabei die sicheren Wurf- und Fang-Aktionen.

• **Versteinern** (vs. Befreien)
In vielen Fangspielen geht es darum, die Beute/Gegner für eine weitere Fortbewegung „auszubremsen". Dabei hat sich das Antippen mit der Hand bewährt. Sobald ein Schüler berührt wurde, bleibt dieser wie „versteinert" am Ort stehen. „Freie" Mitschüler können ihren Partner wieder befreien. Für beide Aktionen lassen sich viele kreative Übungen (z. B. Beingrätsche mit Hindurchkrabbeln) einsetzen.

• **Vierfüßler** (Vier-Fuß-Stand/Vier-Punkt-Stand)
Der „Vierfüßler" ist in der Wirbelsäulen-/Rückengymnastik sowie in der Physiotherapie ein (zu Recht) gerne eingesetztes Trainingsmedium. Mit angewinkelten Beinen (kurze Hebel) und Handstütz erfolgen diverse Mobilisations- und Kräftigungs-Übungen. Durch Extension und Flexion wird die gesamte Wirbelsäule in longitudinaler Ausrichtung beweglich gehalten. Die (kontra- und ipsi-lateralen) Hebe-Senk-Bewegungen von Arm zu Bein gelingen über die langen wie queren Rückenmuskeln sowie im Weiteren über die Hüftstrecker und (stabilisierend) über die schrägen Bauchmuskeln. Interessant hierzu ist die Tatsache, dass dieser Klassiker aus dem **Yoga** stammt. Dort nennt man diese Asana „Katze und Kuh".

• **Volley-Ball**
Das Ballspiel „aus der Luft" bzw. „ohne Bodenberührung" wurde 1895 von W. G. **MORGAN**, einem Studenten an der Springfield Universität, erfunden. Also an der gleichen Universität, an der 1891 sein Dozent J. **NAISMITH** das Basketball-Spiel entwickelt hat. Neben der Idee, einen Ball in einen hoch hängenden (10 Feet = 3,05 Meter) Weidenkorb zu werfen, sollte der Gegner (im Vergleich zu Rugby oder Foot-Ball) weniger berührt werden. MORGAN suchte jedoch nach einer Ballspiel-Variante, in der ein Kontakt ausgeschlossen war und trennte beide Teams durch ein Volleyball-Netz (8 Feet = 2,44 Meter hoch) voneinander.

• **Vorderfuß-Ballen** (Lauf-ABC)
Je geringer die Kontaktzeit am Boden (0,1–0,3 Sek.) ausfällt, desto schneller lassen sich Lauf- oder Sprung-Bewegung ausführen. Die Vorderfuß-Ballentechnik ist dabei das Mittel der Wahl. Während beim Walken oder Joggen eher über die Ferse, meist über den Mittelfuß abgerollt werden sollte, erfolgt der Sprint idealerweise nur noch über das (kurzzeitige) Aufsetzen der Fußballen. Um diese Technik zu festigen, werden stets die Lauf-ABC-Übungen wie das Knie-Heben, das An-Fersen oder die Seit-Steps trainiert.

• **Völkerball**

Aktuell werden Forderungen laut, den seit vielen Jahren etablierten wie bekannten Begriff **Völkerball** im Sportunterricht zu verbieten. Es bleibt (eigene Meinung des Autors) jedem Sportlehrer oder Trainer aber freigestellt, diesen zu verwenden oder einen anderen „neuen“ Titel zu kreieren. Aus historischer Sicht wurde dieses Abwurf-Spiel auch „Zweifelder-Spiel“ genannt. Dabei „verteidigt“ je ein „Volk“ sein Territorium und versucht, mögliche Treffer seitens des Gegners zu vermeiden. Ein „**Strohmann**“ oder „**Grenzwächter**“ postiert sich um das gegnerische Feld. Bei einem erfolgreichen Abwurf muss sich der getroffene Spieler auch um/hinter das gegnerische Feld begeben. Von hier kann er sich wieder (ebenso durch einen erfolgreichen Treffer) in sein Feld zurückspielen. Somit gibt es (vorerst) keine „klassischen“ Verlierer oder Sieger. Als Hinführung zum **Handball** (Werfen vs. Fangen) ist Völkerball daher bestens geeignet.

• **Vor-Dehnung** (Vor-Spannung)

Der Begriff Vor-Dehnung wird oft mit einer Maßnahme von Dehn-Übungen vor dem Sport verwechselt. Die hier gemeinte Vor-Dehnung beschreibt jedoch den Zustand, dass ein(e) Muskel(-Kette) umso mehr Kraft entwickeln kann, je weiter dieser in die Länge geführt wurde. Durch diese kurzzeitige wie dynamische „Öffnung“ können elastische Kräfte (in den Muskel-Sehnen-Strukturen) „freigesetzt“ werden. Gerade schnell-zyklische wie explosive Wurfbewegungen (z. B. Speerwurf) benötigen das Prinzip der Vor-Dehnung (Vor-Spannung). Durch eine extrem weitausholende Armrückführung nach hinten-außen (inkl. Oberkörper- und Hüft-Drehung) lässt sich der Speer bedeutend weiter werfen, ja „katapultieren“. Auslöser dieser reflektorischen (Gegen-)Kontraktion aus einer Vor-Dehnung (= Plyometrie) heraus sind die **Muskelspindeln**.

• **Wand-Stand** (Hand-Stand)

Die methodische Lernreihe für einen erfolgreichen (freien) Handstand startet u. a. mit dem Erlernen einer Ganz-Körperspannung. Dazu dienen diverse Stütz-und Stemmübungen (z. B. Liegestütz), auch um speziell im Schulter-Armbereich die notwendige „Stabilität“ zu gewährleisten. Im nächsten Schritt hat sich das (selbstständige) „Hochkrabbeln“ an der Wand bewährt. Dabei beginnt der Schüler aus der waagerechten Position mit einem Liegestütz, wobei seine Füße bereits am Wandsockel anstehen. In kleinen Schritten nähert er sich mit den Händen nun der Wand an und „krabbelt“ mit den Fußspitzen sicher in die (annähernd) senkrechte Position. Wenn diese Wandstütz-Übung gelingt, ist der Weg zum Wand-(Hand-)Stand (mit Fersen an der Wand) und mit Hilfestellung gut umsetzbar.

• **Wer hat Angst vor dem schwarzen Mann?** (Fangspiel)
Wie auch das Spiel „**Völkerball**“ wird die Umschreibung „**Wer hat Angst vor dem schwarzen Mann?**“ nicht nur von Sportpädagogen als „kritisch“ oder „bedenklich“ gewertet. Historisch jedoch geht dieser Titel auf das 15. Jahrhundert zurück und steht für den „schwarzen Tod“ (die Pest). Somit bedeutet das Wegrennen vor dem „Mann mit dem schwarzen Umhang“ ein „Sich-Retten“, um nicht „angetippt“ zu werden (i. S. von angesteckt werden). Da jedoch vielen die Historie weniger bekannt ist und viele darin eine (irrtümlicherweise) eher „rassistische“ Beleidigung vermuten, bietet es sich rein präventiv an, alternative Umschreibungen (z. B. „Wer hat Angst vor dem weißen Hai?“) zu verwenden.

• **Yoga** (Hatha)
Im Allgemeinen darf Yoga als eine „meditative Bewegungskunst“ umschrieben werden. Dabei nehmen sowohl die körperliche wie auch die geistige Ebene eine zentrale Rolle bei der Ausführung der Übungen (Asanas) ein. Im Besonderen gilt das Hatha-Yoga (auch westliches Yoga genannt) als eine moderne Form von sowohl Dehn-, Kräftigungs- und Atem-Übungen. Im Rahmen von Präventions-oder Gesundheits-Kursen (siehe: ZPP/DOSB) wird diese Yoga-Variante auch von den Gesetzlichen Krankenkassen (GKK) gefördert. Dabei gehen viele moderne Fitness-Übungen (z. B. der Liegestütz oder der Ausfallschritt) ursprünglich vom Yoga („Das Brett“ bzw.„Die Sphinx“) aus.

• **Zacharias** (Zacharias-Hürde/Zacharias-Latte)
In vielen modern ausgestatteten Turnhallen finden sich u. a. flexible/klappbare wie gepolsterte Hürden. Auch zum Hochsprung werden – statt der harten Latte – die Gummibänder bevorzugt eingesetzt. Beide erleichternden Materialien sind Erfindungen von T. **ZACHARIAS** (geb. 1947). Dieser war in den 1980er Jahren ein sehr erfolgreicher Hochspringer (> 2,20 Meter) und später ein ebenso erfolgreicher Kadertrainer in der Leichtathletik sowie Fachbuchautor. Für ein angstfreies Überspringen der Hochsprung-Latte benötigt man (zwingend) das nachgebende Gummi-/Plastikband und fördert damit den „unbefangenen“ (a-zyklischen) Bewegungsablauf wesentlich.

• **Zombie-Ball** (Merk-Ball)
Für das Ball-Spiel „Jeder wirft seine Gegner ab“ (siehe Kapitel 1.1) eignet sich z. B. der Titel „Sieben Zwerge“ sehr gut, da immer nur sieben Schüler (analog zum Handball) nach einem Treffer (kurzzeitig) in einer Zone „pausieren“ müssen. Aufbauend auf diesem Spielgedanken, verweilen die „getroffenen“ Spieler solange in der Zone, bis (endlich) ihr Abwerferauch getroffen wurde. Die Schüler müssen sich also ihre Abwerferstets merken. **Merk-Ball** (oder Zombie-Ball) wird i. d. R. mit weichen wie farbigen Soft- oder „Elefantenhaut-Bällen“ (als Alternative zu den härteren Gymnastik-Bällen) gespielt (z. B. als Hinführung zum Handball). Als Hinführung zum Basketball bietet sich auch das Spiel „Fünf Freunde“(entsprechend mit fünf Spielern) an.

• **Zoll** (Inch)
Die englische Maßeinheit **Zoll** entspricht der amerikanischen Einheit Inch und beträgt genau 2,54 cm (mal 12 gleich 1 Foot = 30,5 cm).

• **ZPP** (Präventions-Sport)
Die Zentrale Prüfstelle für Prävention (ZPP) mit Sitz in Essen ist seit 2014 für die Zertifizierung von sogenannten Präventionsangeboten im Bereich des Gesundheitssports (z. B. bei VHS oder im Verein) zuständig. Für eine erfolgreiche Anerkennung müssen mehrere Kriterien erfüllt werden. Nach den Leitlinien der Prävention (SGB § 20, Abs. V) sind dies u. a. eine bestimmte berufliche **Qualifikation** (z. B. Dipl. Sport-Wissenschaftler oder Sport-Therapeut), bestimmte **Handlungsfelder** (z. B. Herz-Kreislauf- und/oder Rücken-Training) sowie ein „geschlossenes“ **Kursangebot**. Regelmäßige Re-Zertifizierungen (< alle drei Jahre) gewährleisten einen hohen Qualitäts-Standard seitens der Anbieter. Die erfolgreiche Teilnahme an einem Kurs (max. zweimal/Jahr) wird von den Gesetzlichen Krankenkassen (GKK) mit bis zu 80 % der Anmeldegebühr unterstützt. Ziel dieser Präventions-Maßnahmen ist es, dass Teilnehmer (wieder) lernen bzw. für sich feststellen, „Bewegung tut gut“. Folglich beinhaltet ein Kurs, neben dem aktiven Übungsteil auch wichtige Informationen zum gesunden Lebensstil mit einer nachhaltigen Veränderung.

• **Z-Scheiben** (Z-Linien)
Die kleinste kontraktile Einheit im Muskel ist das sogenannte **Sarkomer**. Jede dieser einzelnen Zylinder hat eine Länge von etwa ~ **2,5 µm** und wird durch zwei Rahmen, den **Z**-(Zwischen-) **Scheiben**, begrenzt bzw. von den hintereinander liegenden Sarkomeren unterteilt. Jeweils nach innen gerichtet sind die Eiweiß-Filamente **Aktin** und **Titin** an den Z-Scheiben verankert. Dabei „umgarnen“ je **sechs Aktin**-Filamente (hexagonale Anordnung) von beiden Z-Seiten das **eine** (dickere) **Myosin**-Filament. Über das Festhaken der Myosin-Köpfchen und deren Kippbewegung werden die **Aktin**-Filamente herangezogen, mit dem Ergebnis einer Kontraktion (= Gleit-Filament-Theorie nach A. F. **HUXLEY**). Etliche tausend dieser einzelnen Sarkomere reihen sich (wie eine Kette) hintereinander auf und bilden in ihrem Gesamtbild die eine **Myofibrille**.

• **Zufallsprinzip**
Bei der Zusammenstellung von Mannschaften oder Teams bietet es sich an, dass die Sportlehrkraft nach dem **Zufallsprinzip** auswählt. Dabei wird jeder Schüler z. B. von 1 bis 4 (bei vier Teams) „angezählt“. Somit gelingt nicht nur innerhalb einer kurzen Zeitspanne die Wahl der Teams. Wichtiger noch, auch die Ausgeglichenheit (je nach Ball-Sportart oder Fitnesslevel) bleibt gewährleistet.

• **Zyklische Bewegung** (vs. a-zyklische Bewegung)
Die meisten (natürlichen) Bewegungsformen (nicht nur im Sport) sind **zyklisch**. Ihnen gemeinsam ist die **Zwei**-Phasen-Struktur mit einer wechselnden Standbein- und Spielbein-Phase. Beide Arme oder beide Beine können für sich versetzt (links-rechts im Wechsel) agieren oder zusammen diagonal (linkes Bein und rechter Arm), und dies in sich wiederholend und ohne längere Pausen (z. B. Gehen, Laufen, Radfahren oder Schwimmen). Die gleichseitige (i. d. R. „falsche") Bewegung ist der „Pass-Gang", bei der sowohl der rechte Arm und auch das rechte Bein vorschwingen. Die Beschreibung einer in sich wiederkehrenden „**lokomotorischen**" Bewegung verdeutlicht dabei sehr gut den zyklischen Ablauf und unterscheidet sich grundlegend von den **nicht-zyklischen** bzw. den **a-zyklischen** Bewegungen (z. B. Kugelstoß oder Volleyball-Aufschlag) mit einer klassischen **Drei**-Phasen-Struktur. Diese lässt sich von außen betrachtet gut in eine Vorbereitungs-, eine Haupt- und eine Endphase unterteilen. Beim Hochsprung wäre dies somit der schnelle Anlauf, gefolgt vom Absprung mit Überqueren der Latte sowie die sichere Landung.

• **Zyklus** (Trainingsplanung)
Im Rahmen einer Trainingsplanung werden kurze und mittlere von langen Zyklen bzw. Trainingsphasen unterschieden. Weitere Differenzierungen sind die Vorbereitungsphase, die Wettkampfphase (On-Season) und die Nachbereitungsphase (Off-Season). Allen Phasen gemeinsam ist dabei die Planung von mehreren (2–7) TE innerhalb je einer Woche bzw. sieben Tage, beschrieben als **Mikro-Zyklus**. Einige wenige Wochen (2–4) werden dann als **Meso-Zyklus**, viele Wochen (6–8) bzw. wenige Monate (2–4) weiter als **Makro-Zyklus** definiert.

So müssen z. B. für eine messbare/objektive Verbesserung (biologische Adaptation) der Ausdauerleistung (als Vorbereitung zu einem Halb-Marathon) mehrere Monate (= Makro-Zyklus bei 4–6 Monaten) mit unterschiedlichen TE innerhalb der vielen Mikro-Zyklen eingeplant werden. In der Summe ergeben sich somit mindestens 45 bis 75 einzelne TE.

Zu Beginn (6–8 Wochen bzw. > 20 TE) startet man mit der **Dauermethode** bei einer moderaten, aber längeren Belastung zur Schulung der Grundlagen-Ausdauer (z. B. 2–3 TE/Woche ca. 60-90 Minuten Joggen). Danach wird für ca. vier bis sechs Wochen das Training mit kürzeren wie intensiveren Einheiten (z. B. 2.000-Meter-Läufe bei 5–10 Serien) i. S. der **Intervallmethode** gewählt. Die letzten verbleibenden vier bis sechs Wochen (bei bewusst nur 2–3 TE/Woche) orientieren sich dann an dem Wettkampf-Ziel (hier: Halb-Marathon bei 21 km). Der ambitionierte Hobby-Läufer „tastet" sich also von TE zu TE (über 10, 14, 18 km) gegen Ende (letzte TE fünf Tage vor dem Wettkampf) an die volle Distanz heran. Voilà!

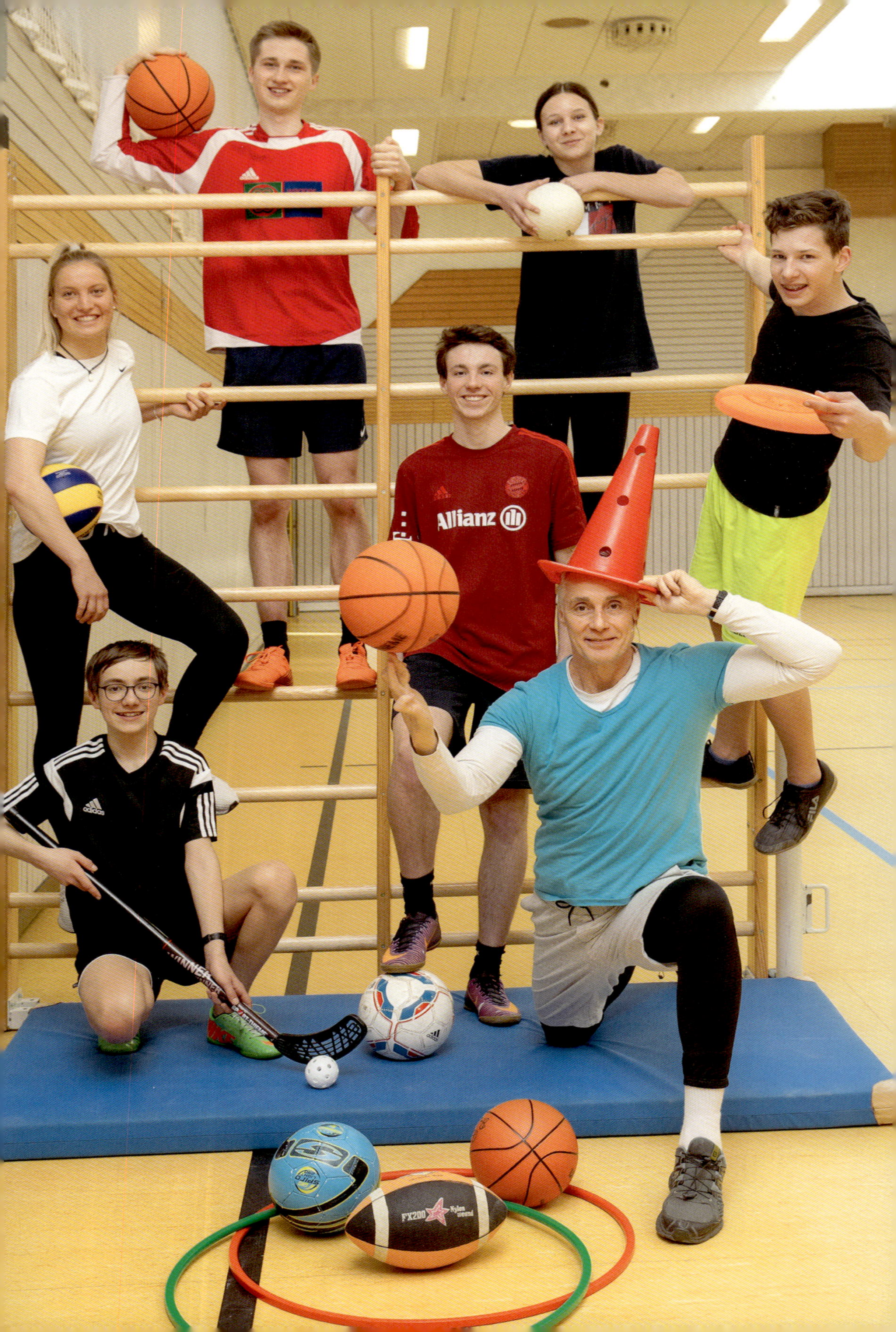
Allianz

Danksagung

Auch wenn dies nunmehr mein drittes Sport-Buch ist und sich zwangsläufig eine gewisse Routine, gerade bei Layout und Textgestaltung, entwickelt, steht trotzdem zu Beginn immer erst das „Rohwerk“ in Form einer sehr umfangreichen Word-Datei.

Das, was Sie als Leser aber in der Hand halten und – so hoffen wir – begeistert, gelingt nur über die unkomplizierte und kreative Mitarbeit des Verlags **Neuer Sportverlag** in Waiblingen. Hier arbeiten Grafik-Designer, Buchgestalter und Lektoren Hand in Hand und verwandeln das Sportbuch in ein lesenswertes wie sehr anschaulich designtes Nachschlagewerk. Die Balance zwischen Text und Information einerseits und Fotos und Skizzen andererseits wurde richtig gut gelöst.

Eine Neuerung in diesem Buch, und dies war mir ein sehr wichtiges Anliegen, ist die Integration hunderter Videos. Text und Fotos hin oder her, wenn der Sportlehrer oder der Trainer diese (teils vielfältigen) Übungsabfolgen oder Spielvarianten noch mal als Kurzfilm sichten kann, entwickelt sich eine ganz andere, ja überzeugende und damit viel einfachere Umsetzbarkeit für sich in seiner Turnhalle oder zu Hause. Und genau darum geht es, dass eben die vielen Ideen schnell und sicher ausprobiert sowie angewendet werden.

Folglich geht mein herzlichster Dank an Horst Anger. Über mehrere Sessions wurden all die Fotos und Videos in professioneller Form erstellt und geben diesem Buch seine ganz eigene, besondere Note. Das Ergebnis kann sich wirklich sehen lassen!

Und natürlich bedanke ich mich ganz besonders bei Josy Schiebel, die mit Ihrem Organisationstalent sowohl die Schüler und Schülerinnen, wie auch die Turnhalle in Benningen stets freigeplant hat sowie bei den Foto-Models Viktoria Knox, Tim Leuschner, Jonas Mendler, Anna Neugebauer, Jan Neugebauer, Sarah Sinner, Jonas Unglert, Paul Unglert und Sarah Wassermann.

Ihr Autor Christian Koch

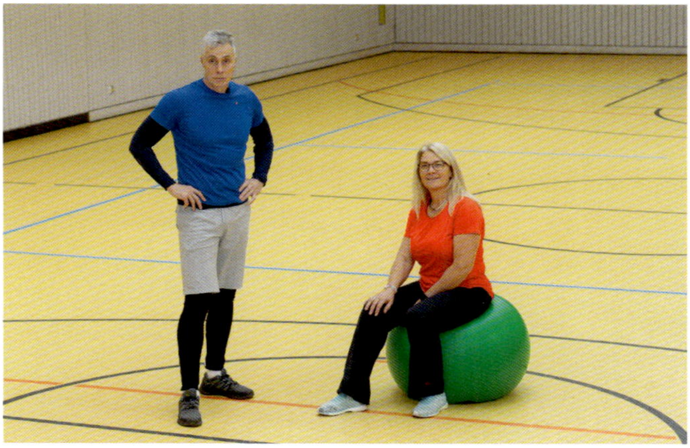

Quellennachweis

- Die große Methodenfundgrube Sport
  C. Koch, Verlag an der Ruhr, Mülheim a. d. Ruhr 2015

- Hatha-Yoga im Sport
  C. Koch, Vianova Verlag, Petersberg 2017

- Der Körper des Menschen
  A. Faller, Thieme Verlag, Stuttgart 2004

- Life-Kinetik®
  H. Lutz, BLV-Verlag, München 2015

- Koordinationstherapie – Propriozeptives Training
  U. Häfelinger & V. Schuba, Meyer & Meyer Verlag, Aachen2013

- Sensomotorisches Training – Alle Kräfte ins Gleichgewicht
  K. Oltmanns, Philippka-Sportverlag, Köln 2011

- Fitness-Krafttraining
  U. Boeckh-Behrens, W. Buskies, Rowohlt Verlag, Hamburg 2008

- Handbuch Motorische Tests
  K. Bös, Hogrefe Verlag, Göttingen 2001

- Links: www.sportunterricht.de
  Titin-Filament, Staffellauf-Varianten, Basics TL, BL etc.

- Links: www.moosburger.at
  Was ist dran am Dehnen? – Mythos Dehnen-Stretching!

NEUER SPORTVERLAG

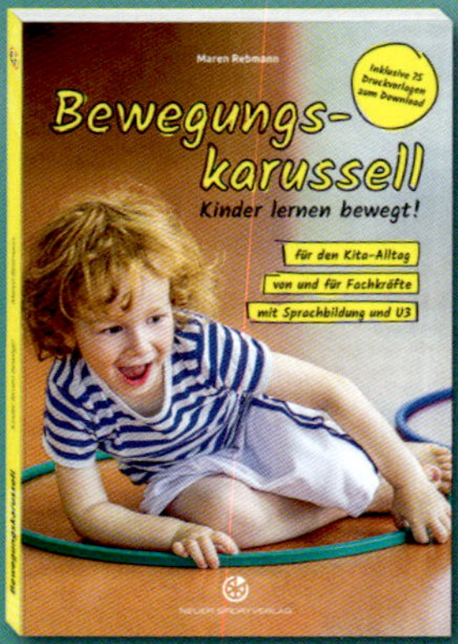

Bewegungskarussell – Kinder lernen bewegt!

Bewegung im Kindesalter ist einer der Schlüssel für die frühkindliche Entwicklung. Dieses Buch bietet spannende und abwechslungsreiche Bewegungseinheiten in der Kita, speziell für die Umsetzung im Kita-Gruppenraum entwickelt, Bewegungseinheiten mit Alltagsmaterialien oder auch Ideen für Feste mit der ganzen Familie. Alle erprobten Inhalte richten sich an das frühe Kindesalter (1-6 Jahre) und können von Pädagogischen Fachkräften und Übungsleiter/innen – mit und ohne Material – unkompliziert angepasst werden.

ISBN 978-3-96416-027-0 **EUR 24,90**

Taktik im Tennis – Wie du mit Spielintelligenz punkten kannst

Das erste Buch von Philipp Heger zeigt auf anschauliche Weise, wie sich Spieler taktisch und strategisch klüger verhalten können und behandelt die Themengebiete Strategie, Taktik und Antizipation. Er beschreibt detailliert, wann welche Schläge sinnvoll sind und in welchen Spielsituationen bestimmte Schläge vermieden werden sollten. Klare Taktikregeln geben ein besseres Verständnis, wie man sich in bestimmten Spielsituationen verhält und wie man Schläge des Gegners antizipieren kann. Abgerundet werden die theoretischen Informationen durch viele praktische Übungsformen.

ISBN 978-3-96416-023-2 **EUR 24,90**

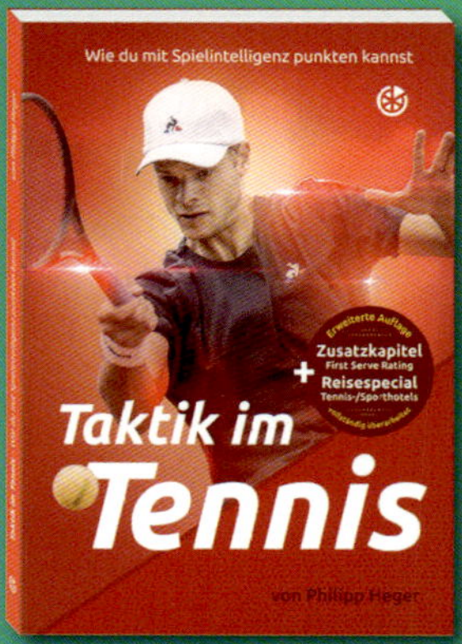

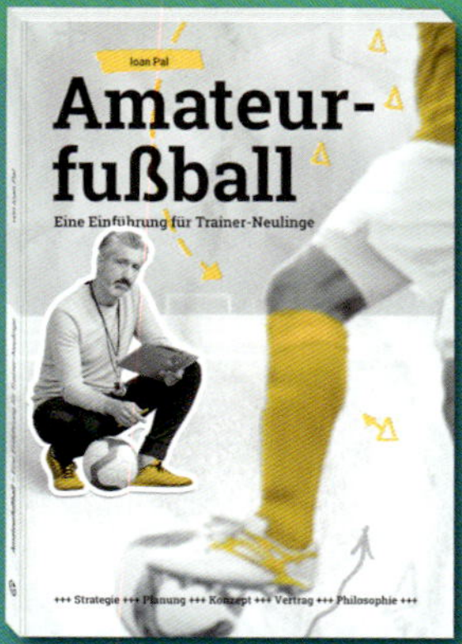

Amateurfußball – Eine Einführung für Trainer-Neulinge: Strategie, Planung, Konzept, Vertrag, Philosophie

Autor Ioan Pal hat mehr als fünf Jahrzehnte Erfahrung als Fußball-Trainer für Amateure. In diesem Buch hat er die Essenz seiner Erfahrungen aufgeschrieben, um das weitergeben zu können, was einen jungen Trainer erwartet und wie er darauf bestmöglich reagiert, »von der ersten Vertragsunterschrift bis zur ersten Kündigung«. Denn tatsächlich handelt es sich bei diesem Buch nicht um eine handwerkliche Anleitung mit Übungen und Trainingsprogrammen, sondern um eine gesamtheitliche Betrachtung der Trainertätigkeit.

ISBN 978-3-96416-061-4 **EUR 19,50**

NEUER SPORTVERLAG

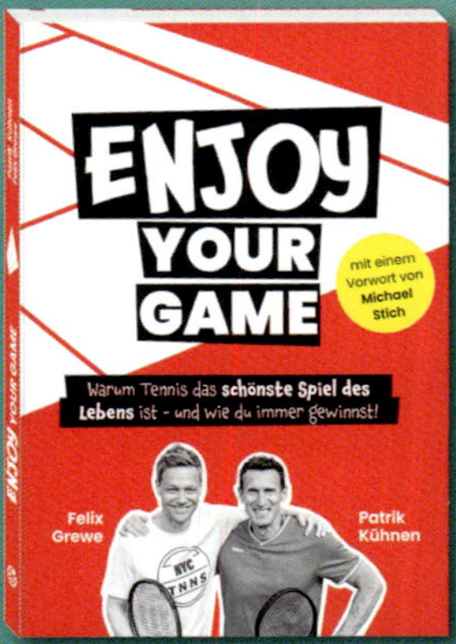

Enjoy your Game – Warum Tennis das schönste Spiel des Lebens ist – und wie du immer gewinnst!

Tennis kann glücklich machen! Wären da nicht die Selbstzweifel, die Nervosität und die Angst vor Niederlagen, die Amateuren und Profis gleichermaßen das Spiel erschweren. Dabei kann es so einfach sein, mehr Spaß, Leichtigkeit und Lockerheit auf dem Court zu erleben. In Enjoy your Game zeigen Patrik Kühnen und Felix Grewe, wie sich die Spielfreude steigern lässt und der Erfolg dadurch ganz automatisch kommt. Ein Schmökerwerk voller Inspirationen und Impulse, die das Tennisspiel (und sogar den Rest des Lebens) leichter und noch schöner machen.

ISBN 978-3-96416-075-1 **EUR 24,90**

Die Z.E.N.-Strategie – Mit Achtsamkeit zu ganzheitlicher Fitness

Was sind die Bausteine für ein Leben voller Freude, Gesundheit und Glück? Im Buch von Harald Kümmel werden die entscheidenden Aspekte ganzheitlich beleuchtet und deren Umsetzung im Alltag beschrieben. Ganzheitlich bedeutet, dass wir das Zusammenspiel unserer individuellen Energien erkennen, trainieren, nutzen und verbessern können. Die Z.E.N.-Strategie eben, die alles mit einbezieht, was ein erfülltes gesundes Leben ausmacht. Ob Herz-Kreislaufsystem, die körperliche und mentale Fitness, die Intuition, die Begeisterung oder die Achtsamkeit, alles ist Energie, die dazu beiträgt, gesund und zufrieden zu sein und zu bleiben.

ISBN 978-3-96416-000-3 **EUR 19,50**

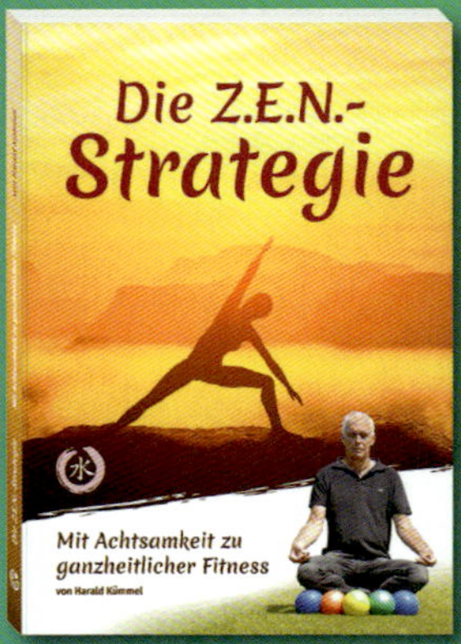

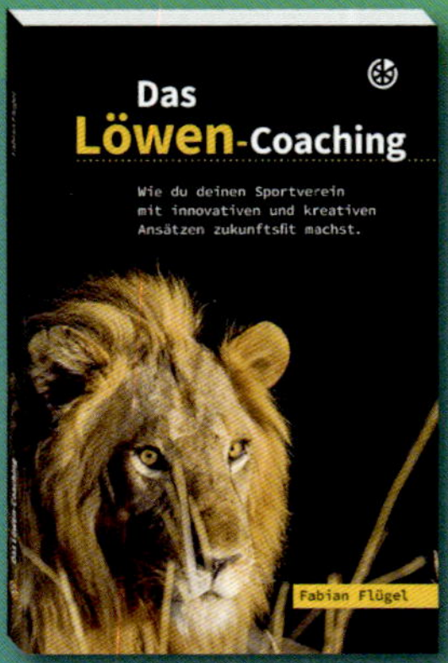

Das Löwen-Coaching – Wie du deinen Sportverein mit innovativen und kreativen Ansätzen zukunftsfit machst

Welchen Herausforderungen müssen sich Vereine in der heutigen Zeit stellen, und wie können sie darauf zukunftsorientiert reagieren? Dies verrät die Fabel über ein Löwen-Rudel in Afrika, welche die Situation vieler Sportvereine beschreibt und inspirierende und innovative Lösungsstrategien aufzeigt. Der zweite Teil des Buches beinhaltet Interpretationsansätze und notwendige Schritte für einen Veränderungsprozess. Außerdem werden zehn Erfolgsfaktoren des Sportvereins dargestellt und eine Trendprognose für die Sportvereins-Zukunft gewagt.

ISBN 978-3-96416-039-3 **EUR 17,90**